Astronomía y la e

CIENCIAS
interactivas

PEARSON

Boston, Massachusetts
Chandler, Arizona
Glenview, Illinois
Upper Saddle River, New Jersey

AUTORES

¡Eres el autor!

A medida que escribas en este libro de Ciencias, dejarás un registro de tus respuestas y descubrimientos personales, de modo que este libro será único para ti. Por eso eres uno de los principales autores de este libro.

✏️ En el espacio que sigue, escribe tu nombre y el nombre de tu escuela, ciudad y estado. Luego, escribe una autobiografía breve que incluya tus intereses y tus logros.

TU NOMBRE _____

ESCUELA _____

CIUDAD, ESTADO _____

AUTOBIOGRAFÍA _____

Tu foto

Acknowledgments appear on pages 177–178, which constitutes an extension of this copyright page.

Copyright © 2011 Pearson Education, Inc., or its affiliates. All Rights Reserved. Printed in the United States of America. This publication is protected by copyright, and permission should be obtained from the publisher prior to any prohibited reproduction, storage in a retrieval system, or transmission in any form or by any means, electronic, mechanical, photocopying, recording, or likewise. For information regarding permissions, write to Rights Management & Contracts, Pearson Education, Inc., One Lake Street, Upper Saddle River, New Jersey 07458.

Pearson, Prentice Hall, Pearson Prentice Hall, Lab zone, and Planet Diary are trademarks, in the U.S. and/or other countries, of Pearson Education, Inc., or its affiliates.

Certain materials herein are adapted from *Understanding by Design, 2nd Edition*, by Grant Wiggins & Jay McTighe © 2005 ASCD. Used with permission.
UNDERSTANDING BY DESIGN® and UbD™ are trademarks of ASCD, and are used under license.

PEARSON

ISBN-13: 978-0-13-363851-6
ISBN-10: 0-13-363851-0
9 17

EN LA PORTADA
Un gran trabajo de reparación
¿Cómo se repara un telescopio en el espacio? ¡Se envía a un astronauta! Este astronauta ayudó a reparar el Telescopio espacial *Hubble*, o HST, por sus siglas en inglés, en mayo de 2009. Aquí puedes verlo fuera del transbordador espacial *Atlantis*, que transportó al equipo encargado de la reparación hasta el HST. Los astronautas repararon, cambiaron y ajustaron los instrumentos del HST.

Autores del programa

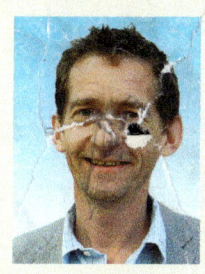

DON BUCKLEY, M.Sc.
Director de Tecnología de la información y las comunicaciones, The School at Columbia University, Nueva York, Nueva York
Durante casi dos décadas, Don Buckley ha estado a la vanguardia de la tecnología educativa para los grados K a 12. Fundador de Tecnólogos de Escuelas Independientes de la ciudad de Nueva York (NYCIST) y presidente de la conferencia anual de TI de la Asociación de Escuelas Independientes de Nueva York desde hace tiempo, Buckley ha enseñado a estudiantes de dos continentes y ha creado sistemas de instrucción multimedia y basados en Internet para escuelas de todo el mundo.

ZIPPORAH MILLER, M.A.Ed.
Directora ejecutiva adjunta de programas y conferencias para profesionales, Asociación Nacional de Maestros de Ciencias (NSTA), Arlington, Virginia
Directora ejecutiva adjunta de programas y conferencias para profesionales de la NSTA, Zipporah Miller es ex supervisora de Ciencias para los grados K a 12 y coordinadora de Ciencias, Tecnología, Ingeniería y Matemáticas del Distrito de Escuelas Públicas del Condado de Prince George, Maryland. Es consultora educativa de Ciencias y ha supervisado el desarrollo del plan de estudios y la capacitación de más de 150 coordinadores de Ciencias del distrito.

MICHAEL J. PADILLA, Ph.D.
Decano adjunto y director, Escuela de educación Eugene P. Moore, Clemson University, Clemson, Carolina del Sur
Ex maestro de escuela media y líder en la enseñanza de Ciencias en la escuela media, el doctor Michael Padilla se ha desempeñado como presidente de la Asociación Nacional de Maestros de Ciencias y como redactor de los Estándares Nacionales para la Enseñanza de Ciencias. Actualmente es profesor de Ciencias en Clemson University. Como autor principal de la serie *Science Explorer*, el doctor Padilla ha inspirado al equipo a desarrollar un programa que promueva la indagación en los estudiantes y cubra las necesidades de los estudiantes de hoy.

KATHRYN THORNTON, Ph.D.
Profesora y decana adjunta, Escuela de Ingeniería y Ciencias aplicadas, University of Virginia, Charlottesville, Virginia
Seleccionada por la NASA en mayo de 1984, la doctora Kathryn Thornton es veterana de cuatro vuelos espaciales. Tiene en su haber más de 975 horas en el espacio, incluidas más de 21 horas de actividades extravehiculares. Como autora de la serie *Scott Foresman Science*, el entusiasmo que Thornton siente por las ciencias ha inspirado a maestros de todo el mundo.

MICHAEL E. WYSESSION, Ph.D.
Profesor adjunto de Ciencias planetarias y Ciencias de la Tierra, Washington University, St. Louis, Missouri
Autor de más de 50 publicaciones científicas, el doctor Wysession ganó las prestigiosas becas de Packard Foundation y Presidential Faculty por su investigación en geofísica. El doctor Wysession es un experto en la estructura interna de la Tierra y ha realizado mapeos de varias regiones de la Tierra mediante la tomografía sísmica. Es conocido en todo el mundo por su trabajo en la enseñanza y difusión de la geociencia.

Autor de Diseño Pedagógico

GRANT WIGGINS, Ed.D.
Presidente, Authentic Education, Hopewell, Nueva Jersey
El doctor Wiggins es co-autor de *Understanding by Design, 2nd Edition* (ASCD 2005). Su enfoque de diseño pedagógico provee a los maestros con un método disciplinado de pensamiento para desarrollar el currículo, la evaluación y la instrucción, que transforma la enseñanza de cubrir contenido a asegurar la comprensión.
UNDERSTANDING BY DESIGN® and UbD™ are trademarks of ASCD, and are used under license.

Autor de *Planet Diary*

JACK HANKIN
*Maestro de Ciencias y Matemáticas, The Hilldale School, Dale City, California
Fundador del sitio web* Planet Diary
Jack Hankin es el creador y escritor de *Planet Diary*, un sitio web de actualidad científica. Le apasiona divulgar noticias sobre ciencia y fomentar la conciencia acerca del medio ambiente. Dictó talleres de *Planet Diary* en la NSTA y otros cursos de capacitación para docentes de escuelas medias y superiores.

Consultor de ELL

JIM CUMMINS, Ph.D.
Profesor y titular del Canada Research, Departamento de plan de estudios, enseñanza y aprendizaje de University of Toronto.
El doctor Cummins se centra en la lectoescritura en escuelas multilingües y el rol de la tecnología para estimular el aprendizaje entre planes de estudios. *Ciencias interactivas* incorpora principios fundamentales basados en la investigación para integrar la lengua con la enseñanza de contenidos académicos, según su marco educativo.

Consultor de Lectura

HARVEY DANIELS, Ph.D.
Profesor de educación secundaria, University of New Mexico, Albuquerque, Nuevo México
El doctor Daniels es consultor internacional para escuelas, distritos y organismos educativos. Es autor y co-autor de 13 libros acerca de la lengua, lectoescritura y educación. Sus trabajos más recientes son *Comprehension and Collaboration: Inquiry Circles in Action* y *Subjects Matter: Every Teacher's Guide to Content-Area Reading*.

iii

REVISORES

Escritores colaboradores

Edward Aguado, Ph.D.
Profesor, Departamento de Geografía
San Diego State University
San Diego, California

Elizabeth Coolidge-Stolz, M.D.
Escritora médica
North Reading, Massachusetts

Donald L. Cronkite, Ph.D.
Profesor de Biología
Hope College
Holland, Michigan

Jan Jenner, Ph.D.
Escritora de Ciencias
Talladega, Alabama

Linda Cronin Jones, Ph.D.
Profesora adjunta de Ciencias y Educación ambiental
University of Florida
Gainesville, Florida

T. Griffith Jones, Ph.D.
Profesor clínico adjunto de Educación en Ciencias
College of Education
University of Florida
Gainesville, Florida

Andrew C. Kemp, Ph.D.
Maestro
Jefferson County Public Schools
Louisville, Kentucky

Matthew Stoneking, Ph.D.
Profesor adjunto de Física
Lawrence University
Appleton, Wisconsin

R. Bruce Ward, Ed.D.
Investigador principal adjunto
Departamento de Educación en Ciencias
Harvard-Smithsonian Center for Astrophysics
Cambridge, Massachusetts

Revisores de contenido

Paul D. Beale, Ph.D.
Departamento de Física
University of Colorado at Boulder
Boulder, Colorado

Jeff R. Bodart, Ph.D.
Profesor de Ciencias físicas
Chipola College
Marianna, Florida

Joy Branlund, Ph.D.
Departamento de Ciencias de la Tierra
Southwestern Illinois College
Granite City, Illinois

Marguerite Brickman, Ph.D.
División de Ciencias biológicas
University of Georgia
Athens, Georgia

Bonnie J. Brunkhorst, Ph.D.
Educación en Ciencias y Ciencias geológicas
California State University
San Bernardino, California

Michael Castellani, Ph.D.
Departamento de Química
Marshall University
Huntington, West Virginia

Charles C. Curtis, Ph.D.
Profesor investigador adjunto de Física
University of Arizona
Tucson, Arizona

Diane I. Doser, Ph.D.
Departamento de Ciencias geológicas
University of Texas
El Paso, Texas

Rick Duhrkopf, Ph.D.
Departamento de Biología
Baylor University
Waco, Texas

Alice K. Hankla, Ph.D.
The Galloway School
Atlanta, Georgia

Mark Henriksen, Ph.D.
Departamento de Física
University of Maryland
Baltimore, Maryland

Chad Hershock, Ph.D.
Centro para la Investigación del Aprendizaje y la Enseñanza
University of Michigan
Ann Arbor, Michigan

Jeremiah N. Jarrett, Ph.D.
Departamento de Biología
Central Connecticut State University
New Britain, Connecticut

Scott L. Kight, Ph.D.
Departamento de Biología
Montclair State University
Montclair, Nueva Jersey

Jennifer O. Liang, Ph.D.
Departamento de Biología
University of Minnesota–Duluth
Duluth, Minnesota

Candace Lutzow-Felling, Ph.D.
Directora de Educación
The State Arboretum of Virginia
University of Virginia
Boyce, Virginia

Cortney V. Martin, Ph.D.
Virginia Polytechnic Institute
Blacksburg, Virginia

Joseph F. McCullough, Ph.D.
Presidente del Programa de Física
Cabrillo College
Aptos, California

Heather Mernitz, Ph.D.
Departamento de Ciencias físicas
Alverno College
Milwaukee, Wisconsin

Sadredin C. Moosavi, Ph.D.
Departamento de Ciencias de la Tierra y Ciencias ambientales
Tulane University
Nueva Orleans, Luisiana

David L. Reid, Ph.D.
Departamento de Biología
Blackburn College
Carlinville, Illinois

Scott M. Rochette, Ph.D.
Departamento de Ciencias de la Tierra
SUNY College at Brockport
Brockport, Nueva York

Karyn L. Rogers, Ph.D.
Departamento de Ciencias geológicas
University of Missouri
Columbia, Missouri

Laurence Rosenhein, Ph.D.
Departamento de Química
Indiana State University
Terre Haute, Indiana

Sara Seager, Ph.D.
Departamento de Ciencias planetarias y Física
Massachusetts Institute of Technology
Cambridge, Massachusetts

Tom Shoberg, Ph.D.
Missouri University of Science and Technology
Rolla, Missouri

Patricia Simmons, Ph.D.
North Carolina State University
Raleigh, Carolina del Norte

William H. Steinecker, Ph.D.
Investigador académico
Miami University
Oxford, Ohio

Paul R. Stoddard, Ph.D.
Departamento de Geología y Geociencias ambientales
Northern Illinois University
DeKalb, Illinois

John R. Villarreal, Ph.D.
Departamento de Química
The University of Texas–Pan American
Edinburg, Texas

John R. Wagner, Ph.D.
Departamento de Geología
Clemson University
Clemson, Carolina del Sur

Jerry Waldvogel, Ph.D.
Departamento de Ciencias biológicas
Clemson University
Clemson, Carolina del Sur

Donna L. Witter, Ph.D.
Departamento de Geología
Kent State University
Kent, Ohio

Edward J. Zalisko, Ph.D.
Departamento de Biología
Blackburn College
Carlinville, Illinois

Museum of Science®

Agradecemos especialmente al *Museum of Science* (Museo de Ciencias) de Boston, Massachusetts, y a Ioannis Miaoulis, presidente y director del museo, su contribución como consultores de los elementos de tecnología y diseño de este programa.

Revisores docentes

Herb Bergamini
The Northwest School
Seattle, Washington

David R. Blakely
Arlington High School
Arlington, Massachusetts

Jane E. Callery
Capital Region Education Council (CREC)
Hartford, Connecticut

Jeffrey C. Callister
Ex maestro de Ciencias de la Tierra
Newburgh Free Academy
Newburgh, Nueva York

Colleen Campos
Cherry Creek Schools
Aurora, Colorado

Scott Cordell
Amarillo Independent School District
Amarillo, Texas

Dan Gabel
Maestro consultor, Ciencias
Montgomery County Public Schools
Montgomery County, Maryland

Wayne Goates
Polymer Ambassador de Kansas
Intersociety Polymer Education Council (IPEC)
Wichita, Kansas

Katherine Bobay Graser
Mint Hill Middle School
Charlotte, Carolina del Norte

Darcy Hampton
Presidente del Departamento de Ciencias
Deal Middle School
Washington, D.C.

Sean S. Houseknecht
Elizabethtown Area Middle School
Elizabethtown, Pensilvania

Tanisha L. Johnson
Prince George's County Public Schools
Lanham, Maryland

Karen E. Kelly
Pierce Middle School
Waterford, Michigan

Dave J. Kelso
Manchester Central High School
Manchester, New Hampshire

Beverly Crouch Lyons
Career Center High School
Winston-Salem, Carolina del Norte

Angie L. Matamoros, Ed.D.
ALM Consulting
Weston, Florida

Corey Mayle
Durham Public Schools
Durham, Carolina del Norte

Keith W. McCarthy
George Washington Middle School
Wayne, Nueva Jersey

Timothy McCollum
Charleston Middle School
Charleston, Illinois

Bruce A. Mellin
Cambridge College
Cambridge, Massachusetts

John Thomas Miller
Thornapple Kellogg High School
Middleville, Michigan

Randy Mousley
Dean Ray Stucky Middle School
Wichita, Kansas

Yolanda O. Peña
John F. Kennedy Junior High School
West Valley, Utah

Kathleen M. Poe
Fletcher Middle School
Jacksonville Beach, Florida

Judy Pouncey
Thomasville Middle School
Thomasville, Carolina del Norte

Vickki Lynne Reese
Mad River Middle School
Dayton, Ohio

Bronwyn W. Robinson
Directora de plan de estudios
Algiers Charter Schools Association
Nueva Orleans, Luisiana

Sandra G. Robinson
Matoaca Middle School
Chesterfield, Virginia

Shirley Rose
Lewis and Clark Middle School
Tulsa, Oklahoma

Linda Sandersen
Sally Ride Academy
Whitefish Bay, Wisconsin

Roxanne Scala
Schuyler-Colfax Middle School
Wayne, Nueva Jersey

Patricia M. Shane, Ph.D.
Directora adjunta
Centro de Educación en Matemáticas y Ciencias
University of North Carolina at Chapel Hill
Chapel Hill, Carolina del Norte

Bradd A. Smithson
Coordinador del plan de estudios de Ciencias
John Glenn Middle School
Bedford, Massachusetts

Sharon Stroud
Consultora
Colorado Springs, Colorado

Consejo de catedráticos

Emily Compton
Park Forest Middle School
Baton Rouge, Luisiana

Georgi Delgadillo
East Valley School District
Spokane Valley, Washington

Treva Jeffries
Toledo Public Schools
Toledo, Ohio

James W. Kuhl
Central Square Middle School
Central Square, Nueva York

Bonnie Mizell
Howard Middle School
Orlando, Florida

Joel Palmer, Ed.D.
Mesquite Independent School District
Mesquite, Texas

Leslie Pohley
Largo Middle School
Largo, Florida

Susan M. Pritchard, Ph.D.
Washington Middle School
La Habra, California

Anne Rice
Woodland Middle School
Gurnee, Illinois

Richard Towle
Noblesville Middle School
Noblesville, Indiana

CONTENIDO

CAPÍTULO 1 — La Tierra, la Luna y el Sol

La Pregunta principal 1
¿Cómo interactúan la Tierra, la Luna y el Sol?

Destreza de vocabulario: Identificar significados múltiples 2
Destrezas de lectura 3

LECCIÓN 1
Observar el cielo desde la Tierra 4
- Descubre la Pregunta principal 4
- Destreza de indagación: Predice 8

LECCIÓN 2
La Tierra en el espacio 10
- Descubre la Pregunta principal 10
- Destreza de indagación: Infiere 14
- ¡Usa las matemáticas! Calcula porcentajes 17

LECCIÓN 3
Gravedad y movimiento 18
- Descubre la Pregunta principal 18
- ¡Usa las matemáticas! Gravedad y distancia 21
- Destreza de indagación: Saca conclusiones 21

LECCIÓN 4
Fases y eclipses 22
- Descubre la Pregunta principal 22
- Destreza de indagación: Haz modelos 24
- Explora la Pregunta principal 27
- Responde la Pregunta principal 27

LECCIÓN 5
Mareas 28
- Descubre la Pregunta principal 28
- Destreza de indagación: Observa 31

LECCIÓN 6
La luna de la Tierra 32
- Descubre la Pregunta principal 32
- Destreza de indagación: Desarrolla hipótesis 35

Guía de estudio y Repaso y evaluación 36
- Repasa la Pregunta principal 36
- Aplica la Pregunta principal 38

El rincón de la ciencia 40
• Llevar la cuenta del tiempo • Después de Apolo: Explorar la Luna

---

Entra en la Zona de laboratorio para hacer una indagación interactiva.

Investigación de laboratorio del capítulo:
• Indagación dirigida: Razones de las estaciones
• Indagación abierta: Razones de las estaciones

Indagación preliminar: • El cielo terrestre • ¿Por qué existen el día y la noche? • ¿Qué factores afectan a la gravedad? • ¿Cómo se mueve la Luna? • ¿Cuándo hay marea alta? • ¿Por qué los cráteres son diferentes entre sí?

Actividades rápidas de laboratorio:
• Observar el cielo nocturno • Movimientos en el cielo • Las sombras del Sol • Atención con la atracción • Vueltas y más vueltas • Fases de la Luna • Eclipses • Hacer un modelo de la fuerza de gravedad de la Luna • Mirar la Luna

---

my science online

Visita MyScienceOnline.com para interactuar con el contenido del capítulo en inglés.
Palabra clave: *Earth, Moon, and Sun*

> UNTAMED SCIENCE
• *Phased by the Moon!*

> PLANET DIARY
• *Earth, Moon, and Sun*

> INTERACTIVE ART
• *Constellations* • *Seasons and Earth's Revolution* • *Solar and Lunar Eclipses*

> ART IN MOTION
• *Cause of Tides*

> VIRTUAL LAB
• *What Affects Gravity?*

Astronomía y la ciencia espacial

CAPÍTULO 2

Exploración espacial

La Pregunta principal 42
¿En qué beneficia a los habitantes de la Tierra la exploración espacial?

Destreza de vocabulario: Identificar familias de palabras 44
Destrezas de lectura 45

LECCIÓN 1
La ciencia de los cohetes 46
- Descubre la Pregunta principal 46
- ¡Usa las matemáticas! La altitud de un cohete 49
- Destreza de indagación: Interpreta datos 49

LECCIÓN 2
La historia de la exploración espacial 52
- Descubre la Pregunta principal 52
- Destreza de indagación: Haz modelos 60

LECCIÓN 3
Aplicación de la ciencia espacial 62
- Descubre la Pregunta principal 62
- Destreza de indagación: Saca conclusiones 63, 64
- Explora la Pregunta principal 67
- Responde la Pregunta principal 67

Guía de estudio y Repaso y evaluación 68
- Repasa la Pregunta principal 68
- Aplica la Pregunta principal 70

El rincón de la ciencia 72
- Un pasaje al espacio, por favor • Vivir en el espacio: La tripulación de la expedición 18

Zona de laboratorio
Entra en la Zona de laboratorio para hacer una indagación interactiva.

⚠️ **Investigación de laboratorio del capítulo:**
- Indagación dirigida: Derivaciones espaciales
- Indagación abierta: Derivaciones espaciales

⚠️ **Indagación preliminar:** ¿Cuál es la fuerza que mueve un globo? • ¿A qué parte de la Luna llegaron los astronautas? • Aplicar la ciencia espacial

⚠️ **Actividades rápidas de laboratorio:**
- Historia de los cohetes • Ser un científico espacial • Hacer un modelo de cohetes de múltiples etapas • El ser humano en el espacio • ¿Qué herramienta usarías en el espacio? • Control remoto • ¿Qué necesitas para sobrevivir en el espacio?
- Satélites útiles

---

my science online

Visita MyScienceOnline.com para interactuar con el contenido del capítulo en inglés.
Palabra clave: *Exploring Space*

▶ **UNTAMED SCIENCE**
A Little Outer Space Here on Earth

▶ **PLANET DIARY**
Exploring Space

▶ **INTERACTIVE ART**
Multistage Rocket • Build an Orbiter • Space Spinoffs

▶ **VIRTUAL LAB**
Get a Rocket Into Orbit

vii

CONTENIDO

CAPÍTULO 3 — El sistema solar

La Pregunta principal **74**
¿Por qué los cuerpos del sistema solar son diferentes unos de otros?

　　Destreza de vocabulario: Palabras de origen griego　**76**
　　Destrezas de lectura **77**

LECCIÓN 1
Modelos del sistema solar **78**
　Descubre la Pregunta principal 78
　Destreza de indagación: Haz modelos 80

LECCIÓN 2
Introducción al sistema solar **82**
　Descubre la Pregunta principal 82
　¡Usa las matemáticas! Conversión de unidades 83
　Destreza de indagación: Calcula 83
　Explora la Pregunta principal 87
　Responde la Pregunta principal 87

LECCIÓN 3
El Sol **88**
　Descubre la Pregunta principal 88
　¡Usa las matemáticas! Temperatura solar 91
　Destreza de indagación: Interpreta datos 91

LECCIÓN 4
Los planetas interiores **94**
　Descubre la Pregunta principal 94
　Destreza de indagación: Comunica ideas 101

LECCIÓN 5
Los planetas exteriores **102**
　Descubre la Pregunta principal 102
　Destreza de indagación: Plantea preguntas 109

LECCIÓN 6
Cuerpos pequeños del sistema solar **110**
　Descubre la Pregunta principal 110
　Destreza de indagación: Clasifica 114

Guía de estudio y Repaso y evaluación **116**
　Repasa la Pregunta principal 116
　Aplica la Pregunta principal 118

El rincón de la ciencia **120**
• Rovers de Marte • María Mitchell • ¡Adiós, Plutón!

Zona de laboratorio Entra en la Zona de laboratorio para hacer una indagación interactiva.

Investigación de laboratorio del capítulo:
• Indagación dirigida: Una carrera alrededor del Sol
• Indagación abierta: Una carrera alrededor del Sol

Indagación preliminar: • ¿Qué hay en el centro? • ¿De qué tamaño es la Tierra? • ¿Cómo puedes observar el Sol sin peligro? • Anillos alrededor del Sol • ¿De qué tamaño son los planetas? • Colección de micrometeoritos

Actividades rápidas de laboratorio: Dar vueltas en círculos • Una elipse muy particular • Aglomeración de planetas • Las capas del Sol • Ver manchas solares • Características de los planetas interiores • El efecto invernadero • Densidad misteriosa • Hacer un modelo de Saturno • Órbitas que cambian

---

my science online.com

Visita MyScienceOnline.com para interactuar con el contenido del capítulo en inglés.
Palabra clave: *The Solar System*

▶ **UNTAMED SCIENCE**
• *100 Meters to Neptune*

▶ **PLANET DIARY**
• *The Solar System*

▶ **INTERACTIVE ART**
• *Objects of the Solar System* • *Anatomy of the Sun*

▶ **ART IN MOTION**
• *Formation of the Solar System*

▶ **VIRTUAL LAB**
• *Why Isn't Pluto a Planet?*

viii

Astronomía y la ciencia espacial

CAPÍTULO 4

Las estrellas, las galaxias y el universo

La Pregunta principal 122
¿Cómo estudian los astrónomos los cuerpos distantes del universo?

   Destreza de vocabulario: Sufijos 124
   Destrezas de lectura 125

LECCIÓN 1
Telescopios 126
   Descubre la Pregunta principal 126
   Destreza de indagación: Infiere 131

LECCIÓN 2
La escala del universo 132
   Descubre la Pregunta principal 132
   ¡Usa las matemáticas! Notación científica ... 134
   Destreza de indagación: Calcula 134

LECCIÓN 3
Características de las estrellas 136
   Descubre la Pregunta principal 136
   Destreza de indagación: Interpreta datos ... 138

LECCIÓN 4
La vida de las estrellas 142
   Descubre la Pregunta principal 142
   Destreza de indagación: Predice 146

LECCIÓN 5
Sistemas estelares y galaxias 148
   Descubre la Pregunta principal 148
   Explora la Pregunta principal 150
   Responde la Pregunta principal 151
   Destreza de indagación: Saca conclusiones ... 153

LECCIÓN 6
El universo en expansión 154
   Descubre la Pregunta principal 154
   Destreza de indagación: Haz modelos 155

Guía de estudio y Repaso y evaluación .. 158
   Repasa la Pregunta principal 158
   Aplica la Pregunta principal 160

El rincón de la ciencia 162
   • Agujeros negros • Aprendices de astrónomos

Apéndice, Glosario español-inglés, Índice 164

Entra en la Zona de laboratorio para hacer una indagación interactiva.

⚠ **Investigación de laboratorio del capítulo:**
• Indagación dirigida: Diseña y construye un telescopio
• Indagación abierta: Diseña y construye un telescopio

⚠ **Indagación preliminar:** • ¿Qué efecto tiene la distancia en una imagen? • Medición con cordel • ¿En qué difieren las estrellas? • ¿De qué depende la duración de la vida de las estrellas? • ¿Por qué la Vía Láctea se ve brumosa? • ¿Cómo se expande el universo?

⚠ **Actividades rápidas de laboratorio:**
• Observar un espectro continuo • ¿A qué distancia está esa estrella? • Medir el universo • El brillo de las estrellas • Cómo interpretar un diagrama H-R • El ciclo de vida de las estrellas • La muerte de una estrella • Planetas que giran alrededor de otras estrellas • Una galaxia espiral • El futuro del universo

my science online

Visita MyScienceOnline.com para interactuar con el contenido del capítulo en inglés.
Palabra clave: *Stars, Galaxies, and the Universe*

▶ **PLANET DIARY**
Stars, Galaxies, and the Universe

▶ **INTERACTIVE ART**
Universe at Different Scales • *Lives of Stars* • *Refracting and Reflecting Telescopes*

▶ **ART IN MOTION**
Expanding Universe

▶ **REAL-WORLD INQUIRY**
How Can Light Help You Find Life?

ix

CIENCIAS interactivas

Puedes escribir en el libro. Es tuyo.

¿CÓMO TENEMOS LUZ GRACIAS AL VIENTO?

¿Cuáles son algunas de las fuentes de energía de la Tierra?

Este hombre está reparando un aerogenerador en un parque eólico de Texas. La mayoría de los aerogeneradores están al menos a 30 metros del suelo, donde los vientos son rápidos. La velocidad del viento y la longitud de las paletas determinan la mejor manera de aprovechar el viento y transformarlo en energía. **Desarrolla hipótesis** ¿Por qué crees que se trabaja para aumentar la energía que se obtiene del viento?

UNTAMED SCIENCE Mira el video de *Untamed Science* para aprender más sobre los recursos energéticos.

174 Recursos energéticos

¡Participa!
Al comienzo de cada capítulo verás dos preguntas: una Pregunta para participar y la Pregunta principal. Con la Pregunta principal de cada capítulo empezarás a pensar en las Grandes ideas de la ciencia. ¡Busca el símbolo de la Pregunta principal a lo largo del capítulo!

Untamed Science™
Sigue al equipo de los videos de *Untamed Science* mientras viaja por el mundo explorando las Grandes ideas de la ciencia.

Interactúa con tu libro.

Interactúa con la indagación.

Interactúa en línea.

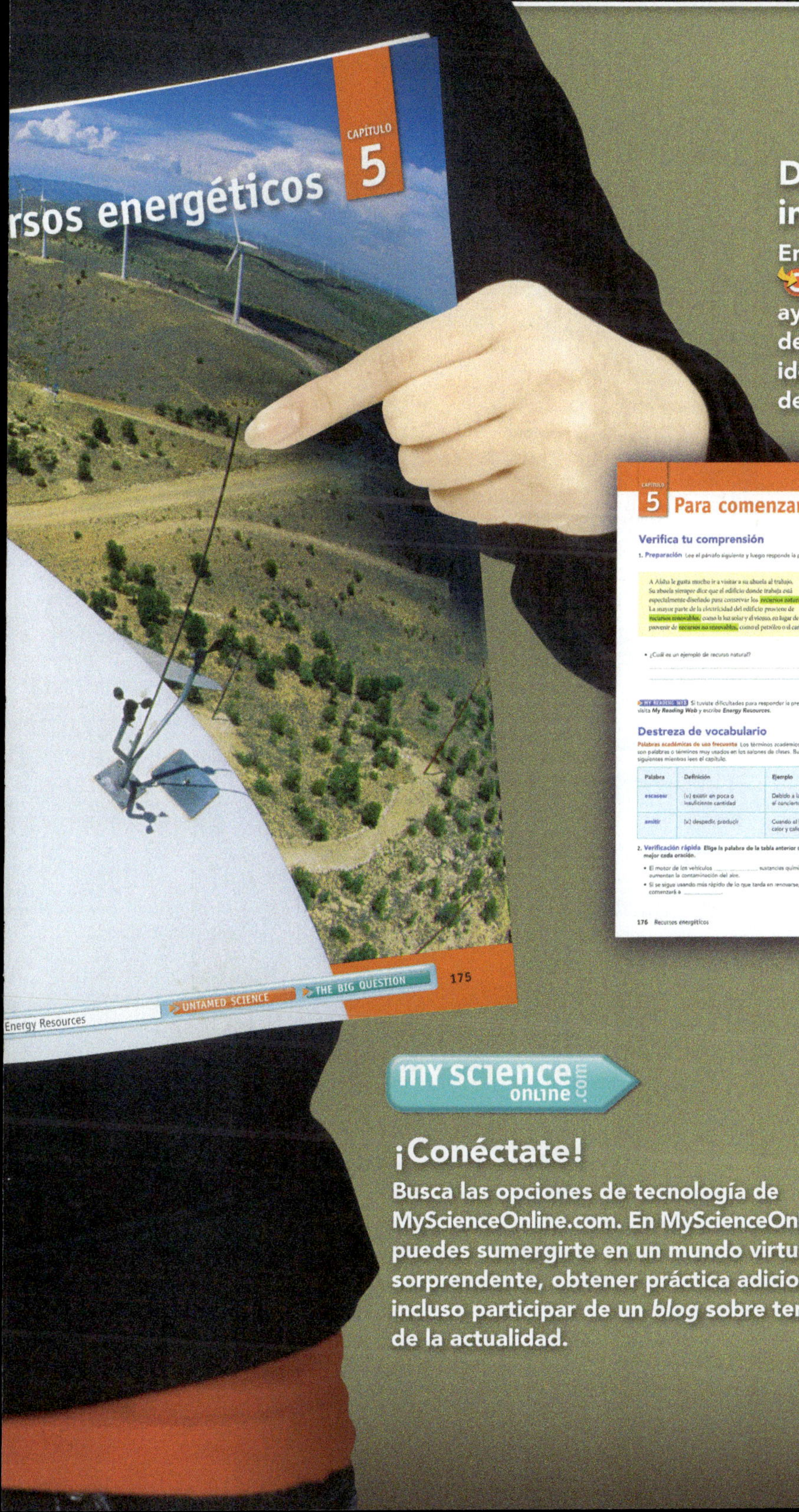

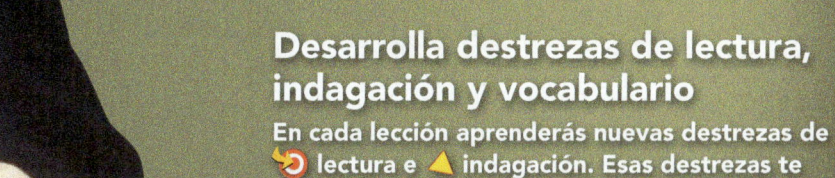

Desarrolla destrezas de lectura, indagación y vocabulario

En cada lección aprenderás nuevas destrezas de lectura e indagación. Esas destrezas te ayudarán a leer y pensar como un científico. Las destrezas de vocabulario te permitirán comunicar ideas de manera efectiva y descubrir el significado de las palabras.

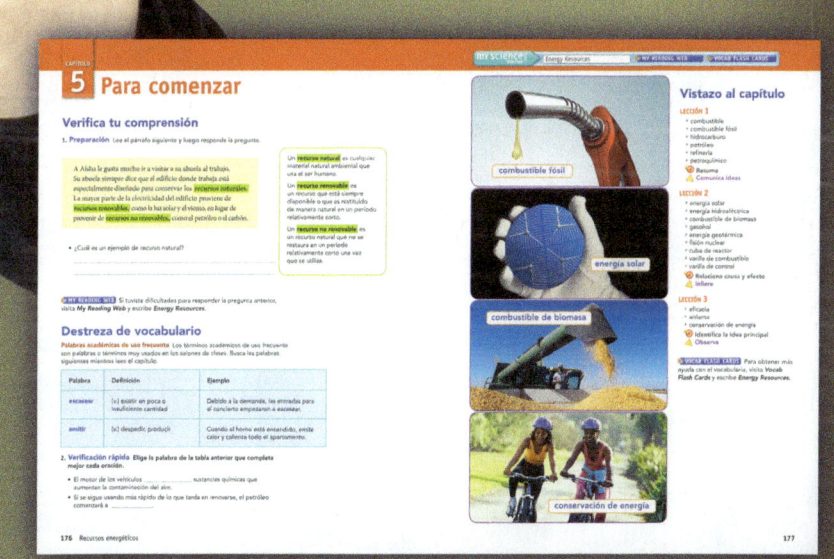

¡Conéctate!

Busca las opciones de tecnología de MyScienceOnline.com. En MyScienceOnline.com puedes sumergirte en un mundo virtual sorprendente, obtener práctica adicional en inglés e incluso participar de un *blog* sobre temas científicos de la actualidad.

xi

INTERACTÚA... CON TU LIBRO...

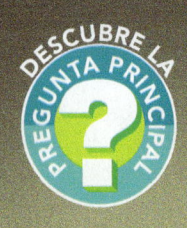

Explora los conceptos clave.
Cada lección comienza con una serie de preguntas sobre conceptos clave. Las actividades interactivas de cada lección te ayudarán a entender esos conceptos y a descubrir la Pregunta principal.

mi diario del planeta
Al comienzo de cada lección, Mi diario del planeta te presentará sucesos increíbles, personas importantes y descubrimientos significativos de la ciencia, o te ayudará a aclarar conceptos erróneos comunes en el mundo de la ciencia.

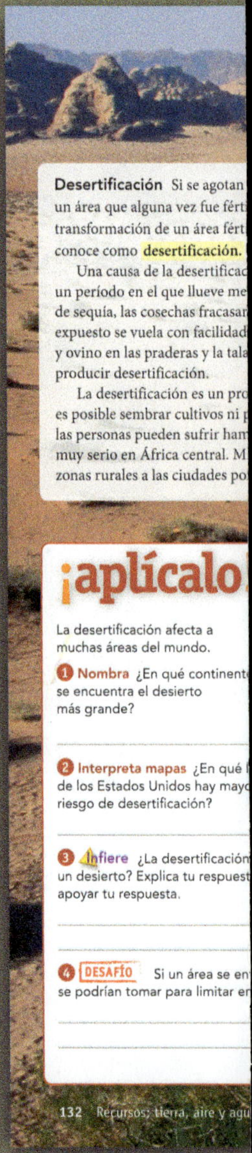

Explica lo que sabes.
Busca el símbolo del lápiz. Cuando lo veas, será momento de interactuar con tu libro y demostrar lo que has aprendido.

¡aplícalo!
Desarrolla tus conocimientos con las actividades de Aplícalo. Ésta es tu oportunidad de poner en práctica lo que aprendiste y aplicar esas destrezas a situaciones nuevas.

xii

CON LA INDAGACIÓN... EN LÍNEA...

CIENCIAS interactivas
Interactúa con tu mundo.

Zona de laboratorio

Cuando veas el triángulo de la Zona de laboratorio, es hora de hacer una indagación de laboratorio interactiva. En cada lección, tendrás la oportunidad de hacer una actividad de indagación interactiva que te ayudará a reforzar la comprensión del tema principal.

Recuperación de la tierra Afortunadamente, es posible reemplazar la tierra dañada por la erosión o la minería. El proceso que consiste en restaurar un área de tierra y llevarla a un estado más productivo se denomina **recuperación de la tierra**. Además de recuperar la tierra para la agricultura, este proceso puede recuperar hábitats para la vida silvestre. Hoy en día, en todo el mundo, se están llevando adelante muchos tipos diferentes de proyectos de recuperación de la tierra. De todos modos, suele ser más difícil y más caro restaurar la tierra y el suelo dañados que proteger esos recursos desde un primer momento. En algunos casos, es probable que la tierra nunca vuelva a su estado original.

ILUSTRACIÓN 4
Recuperación de la tierra
Estas fotografías muestran un área de terreno antes y después de la explotación minera.

Comunica ideas Debajo de las fotografías, escribe una historia sobre lo que sucedió con la tierra.

Haz la Actividad rápida de laboratorio *Hacer mod...*
la conse...

Evalúa tu comprensión

1a. Repasa El subsuelo tiene (menos/más) materia vegetal y animal que el suelo superior.

c. Aplica conceptos que podrían imp... recuperación...

b. Explica ¿Qué puede suceder con el suelo si se sacan las plantas?

¿comprendiste?

○ ¡Comprendí! Ahora sé que la administración del suelo es importa...

○ Necesito más ayuda con

Consulta **MY SCIENCE COACH** en línea para obtener ayuda en inglés sobre este tema.

¿comprendiste?

Evalúa tu progreso.

Después de responder la pregunta de ¿Comprendiste?, reflexiona sobre tu progreso. ¿Comprendiste el tema o necesitas un poco de ayuda? Recuerda: puedes consultar **MY SCIENCE COACH** para más información en inglés.

xiii

INTERACTÚA... CON TU LIBRO...

Explora la Pregunta principal.
En un momento del capítulo, tendrás la oportunidad de poner en práctica todo lo que aprendiste para indagar más sobre la Pregunta principal.

Contaminación y soluciones

¿Qué podemos hacer para usar los recursos con responsabilidad?

ILUSTRACIÓN 4
REAL-WORLD INQUIRY Todos los seres vivos dependen de la tierra, el aire y el agua. Conservar estos recursos para el futuro es importante. Parte de la conservación de los recursos consiste en identificar y limitar las fuentes de contaminación.

Interpretar fotos En la fotografía, escribe en cada círculo la letra que mejor identifica la fuente de contaminación.

Tierra
Describe al menos una cosa que tu comunidad podría hacer para reducir la contaminación de la tierra.

Aire
Describe al menos una cosa que tu comunidad podría hacer para reducir la contaminación del aire.

Agua
Describe al menos una cosa que tu comunidad podría hacer para reducir la contaminación del agua.

Clave de las fuentes de contaminación
A. Sedimentos
B. Desechos sólidos urbanos

Responde la Pregunta principal.
Es hora de demostrar lo que sabes y responder la Pregunta principal.

CON LA INDAGACIÓN... EN LÍNEA...

CIENCIAS interactivas
Interactúa con tu mundo.

Repasa lo que has aprendido.
Usa la Guía de estudio del capítulo para repasar la Pregunta principal y prepararte para el examen.

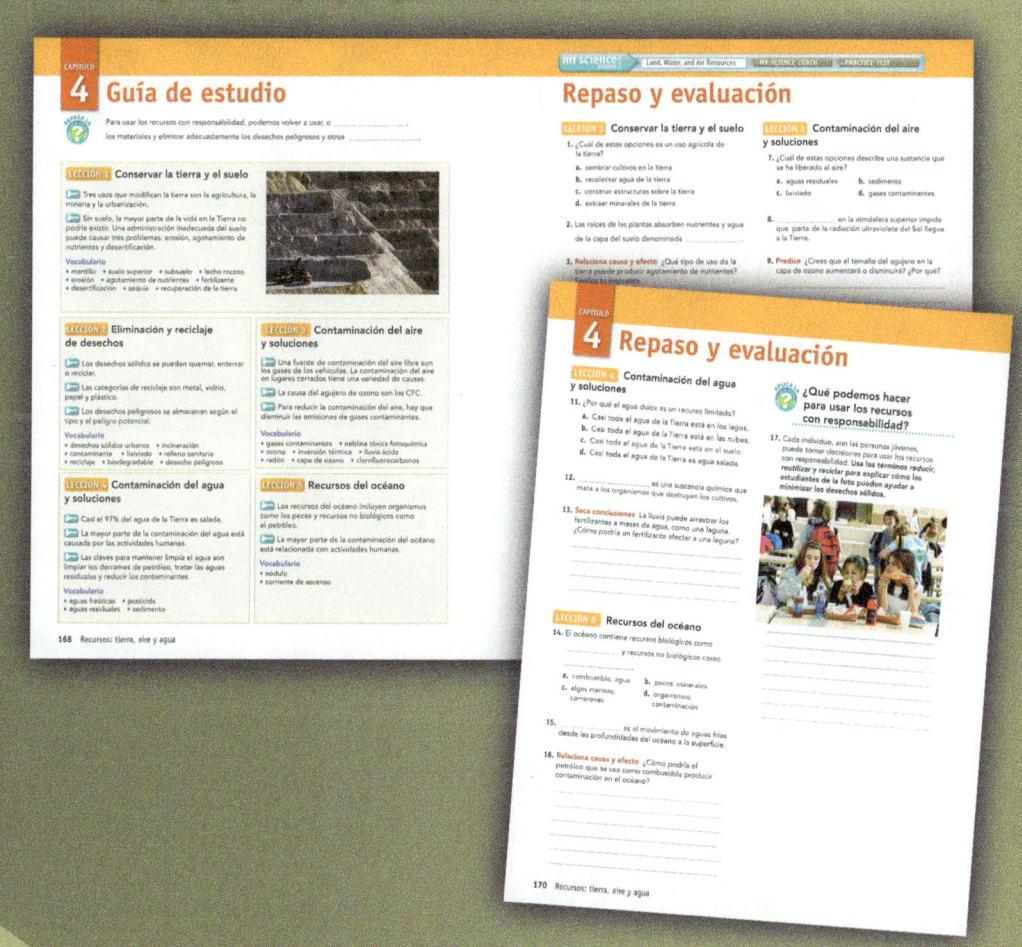

Practica para los exámenes.
Aplica la Pregunta principal y haz un examen de práctica en el formato de examen estandarizado.

XV

INTERACTÚA... CON TU LIBRO...

Visita **MyScienceOnline.com** y sumérgete en un mundo virtual sorprendente.

▶ THE BIG QUESTION

Cada capítulo en línea comienza con una Pregunta principal. Tu misión es descubrir el significado de esa Pregunta principal a medida que se desarrolla cada lección de Ciencias.

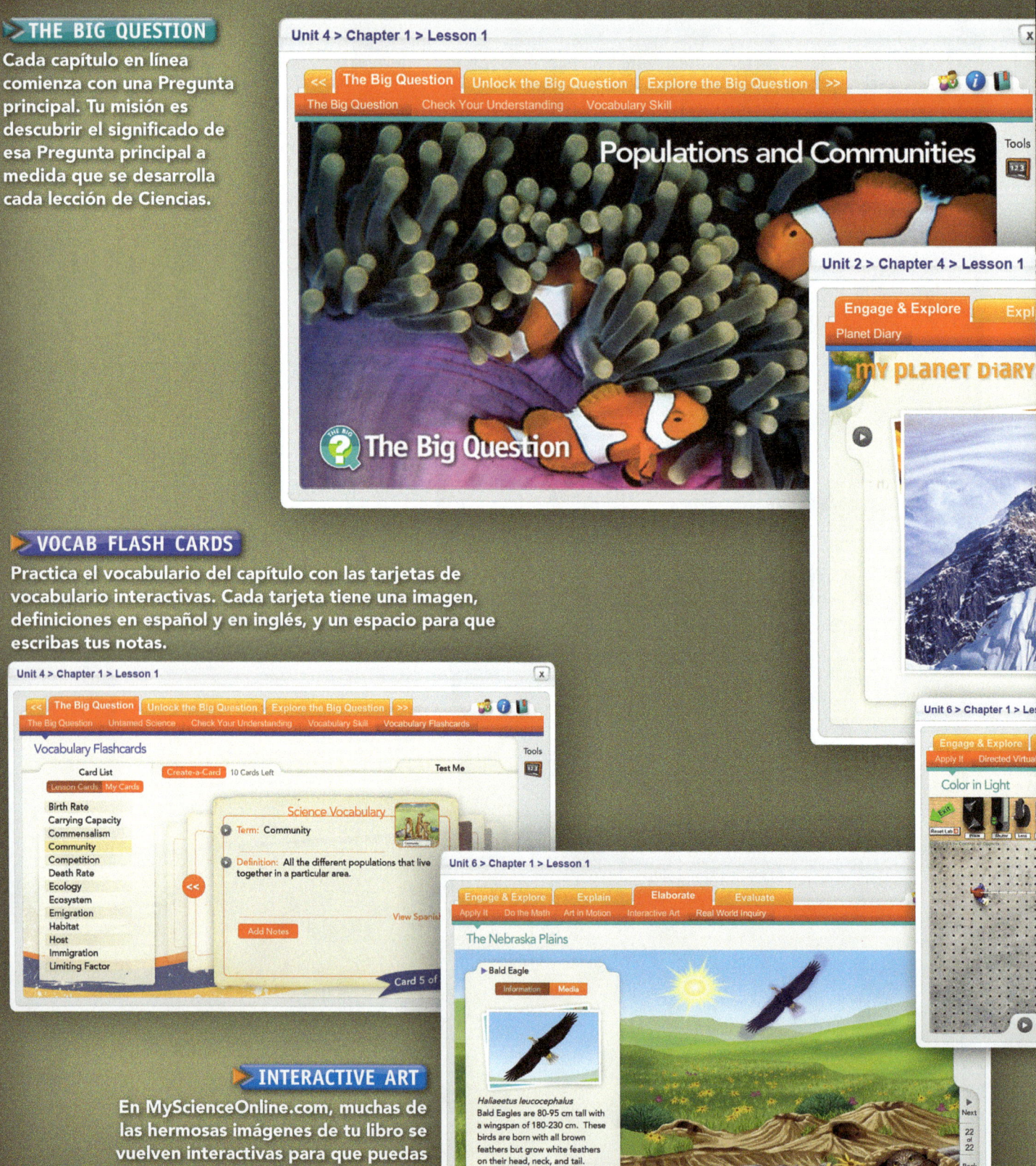

▶ VOCAB FLASH CARDS

Practica el vocabulario del capítulo con las tarjetas de vocabulario interactivas. Cada tarjeta tiene una imagen, definiciones en español y en inglés, y un espacio para que escribas tus notas.

▶ INTERACTIVE ART

En MyScienceOnline.com, muchas de las hermosas imágenes de tu libro se vuelven interactivas para que puedas ampliar tus conocimientos.

CON LA INDAGACIÓN...

CIENCIAS interactivas

CONÉCTATE

my science online | Populations and Communities | PLANET DIARY | LAB ZONE | VIRTUAL LAB

http://www.myscienceonline.com/

▶ PLANET DIARY
Consulta *My Planet Diary* en línea para hallar más información y actividades en inglés relacionadas con el tema de la lección.

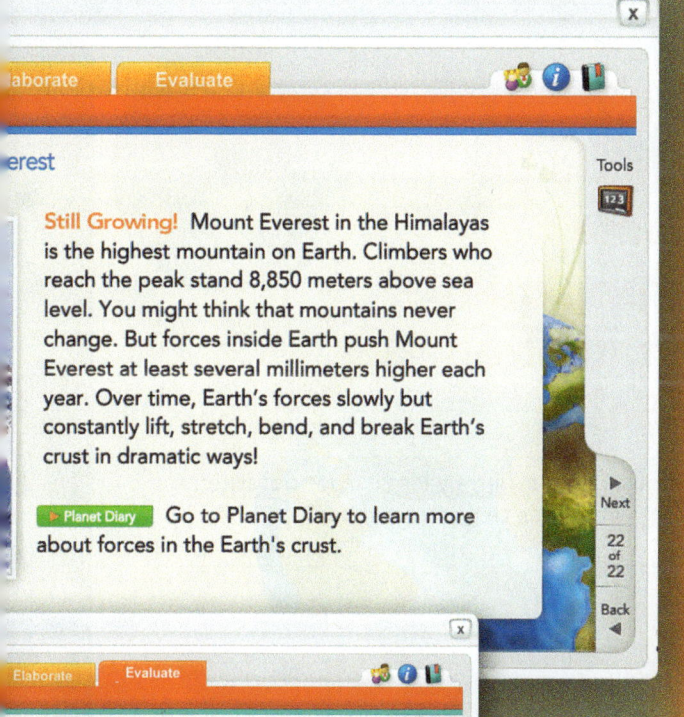

Busca tu capítulo

1 Visita www.myscienceonline.com.

2 Ingresa tu nombre de usuario y contraseña.

3 Haz clic en tu programa y selecciona el capítulo.

Búsqueda de palabras clave

1 Visita www.myscienceonline.com.

2 Ingresa tu nombre de usuario y contraseña.

3 Haz clic en tu programa y selecciona *Search* (Buscar).

4 Escribe en el casillero de búsqueda la palabra clave en inglés (que aparece en tu libro).

Still Growing! Mount Everest in the Himalayas is the highest mountain on Earth. Climbers who reach the peak stand 8,850 meters above sea level. You might think that mountains never change. But forces inside Earth push Mount Everest at least several millimeters higher each year. Over time, Earth's forces slowly but constantly lift, stretch, bend, and break Earth's crust in dramatic ways!

▶ Planet Diary Go to Planet Diary to learn more about forces in the Earth's crust.

Contenido adicional disponible en línea

▶ **UNTAMED SCIENCE** Sigue las aventuras de estos jóvenes científicos en sus sorprendentes *blogs* con videos en línea mientras viajan por el mundo en busca de respuestas a las Preguntas principales de la ciencia.

▶ **MY SCIENCE COACH** ¿Necesitas más ayuda? *My Science Coach* es tu compañero de estudio personal en línea. *My Science Coach* es una oportunidad para obtener más práctica en inglés con los conceptos clave de Ciencias. Te permite elegir varias herramientas distintas que te orientarán en cada lección de Ciencias.

▶ **MY READING WEB** ¿Necesitas más ayuda con las lecturas de un tema de Ciencias en particular? En *My Reading Web* encontrarás una variedad de selecciones en inglés adaptadas a tu nivel de lectura específico.

▶ VIRTUAL LAB
Obtén más práctica en estos laboratorios virtuales realistas. Manipula las variables en pantalla y pon a prueba tus hipótesis.

xvii

LAS GRANDES IDEAS DE LA CIENCIA

¿Alguna vez has resuelto un rompecabezas? Generalmente, los rompecabezas tienen un tema que sirve de guía para agrupar las piezas según lo que tienen en común. Pero el rompecabezas no queda resuelto hasta que se colocan todas las piezas. Estudiar Ciencias es como resolver un rompecabezas. Las grandes ideas de la ciencia son como temas de un rompecabezas. Para entender las grandes ideas, los científicos hacen preguntas. Las respuestas a esas preguntas son como las piezas de un rompecabezas. Cada capítulo de este libro plantea una pregunta principal para que pienses en una gran idea de la ciencia. A medida que respondas estas preguntas principales, estarás más cerca de comprender la gran idea.

✎ Antes de leer cada capítulo, escribe qué sabes y qué más te gustaría saber sobre el tema.

Júpiter, sus lunas y la Tierra son parte del sistema solar. La gravedad mantiene a cada uno en su órbita.

GRAN IDEA

La Tierra forma parte de un sistema de cuerpos que orbitan alrededor del Sol.

¿Qué sabes sobre la Tierra y los cuerpos del sistema solar? ✎ ¿Qué más te gustaría saber?

_____
_____
_____
_____

Preguntas principales

❓ ¿Cómo interactúan la Tierra, la Luna y el Sol? Capítulo 1

❓ ¿Por qué los cuerpos del sistema solar son diferentes unos de otros? Capítulo 3

✎ Después de leer los capítulos, escribe lo que has aprendido sobre la Gran idea.

_____
_____
_____
_____

GRAN IDEA

La ciencia, la tecnología y la sociedad se afectan mutuamente.

Los astronautas han desarrollado nuevas herramientas que pueden usarse en el espacio. Algunas de ellas también hacen más fácil la vida en la Tierra.

¿Qué sabes sobre cómo la sociedad y la tecnología se afectan mutuamente? ¿Qué más te gustaría saber?

Pregunta principal

❓ ¿En qué beneficia a los habitantes de la Tierra la exploración espacial? Capítulo 2

✏️ Después de leer el capítulo, escribe lo que has aprendido sobre la Gran idea.

GRAN IDEA

El universo es muy antiguo y muy grande, y cambia continuamente.

Esta galaxia, que puede observarse cerca de la Osa Mayor, se encuentra tan lejos que la luz que emite tarda 12 millones de años en llegar a la Tierra.

¿Qué sabes sobre el universo? ✏️ ¿Qué más te gustaría saber?

Pregunta principal

❓ ¿Cómo estudian los astrónomos los cuerpos distantes del universo? Capítulo 4

✏️ Después de leer el capítulo, escribe lo que has aprendido sobre la Gran idea.

¿QUÉ ESTÁ SUCEDIENDO CON LA LUNA?

¿Cómo interactúan la Tierra, la Luna y el Sol?

Esta fotografía muestra una serie de imágenes de la Luna, tomadas durante el transcurso de una noche. ¿Por qué crees que la Luna se ve diferente en cada imagen? **Desarrolla hipótesis** Explica qué crees que ocurrió durante el tiempo que muestra la fotografía.

> **UNTAMED SCIENCE** Mira el video de *Untamed Science* para aprender más sobre la Luna.

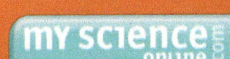

La Tierra, la Luna y el Sol

CAPÍTULO
1

CAPÍTULO 1 Para comenzar

Verifica tu comprensión

1. Preparación Lee el párrafo siguiente y luego responde la pregunta.

> Santiago está estudiando un globo terráqueo. Observa el Polo Norte y el Polo Sur de la Tierra. El globo terráqueo **rota** alrededor de una línea que pasa por el centro y une los dos polos. Otra línea que se denomina **ecuador** divide la Tierra en dos mitades, el **hemisferio norte** y el **hemisferio sur**.

Rotar es girar en un mismo lugar alrededor de una línea central o eje.

El **ecuador** es la línea imaginaria que divide la Tierra en dos mitades, el **hemisferio norte** y el **hemisferio sur**.

- ¿Dónde se encuentra el ecuador?

_____

_____

▶ MY READING WEB Si tuviste dificultades para responder la pregunta anterior, visita *My Reading Web* y escribe *Earth, Moon, and Sun*.

Destreza de vocabulario

Identificar significados múltiples Es probable que las palabras que usas en la vida diaria tengan un significado diferente en las ciencias. Observa los distintos significados de las palabras siguientes.

Palabra	Significado cotidiano	Significado científico
peso	(s.) cosa pesada, carga **Ejemplo:** Reparte el *peso* entre ambos recipientes para llevarlos más fácilmente.	(s.) medida de la fuerza de gravedad que actúa sobre un objeto **Ejemplo:** El *peso* del objeto era 10 newtons.
fuerza	(s.) capacidad para hacer un trabajo o mover algo **Ejemplo:** Entre los tres, no teníamos la *fuerza* necesaria para mover el auto.	(s.) empuje o atracción que se ejerce sobre un cuerpo **Ejemplo:** Ejerces *fuerza* cuando abres o cierras una puerta.

2. Verificación rápida Encierra en un círculo la oración que usa el significado científico de *fuerza*.

- La *fuerza* de gravedad mantiene a los cuerpos en órbita.
- Después de comer y dormir bien, recuperamos nuestras *fuerzas*.

La Tierra, la Luna y el Sol

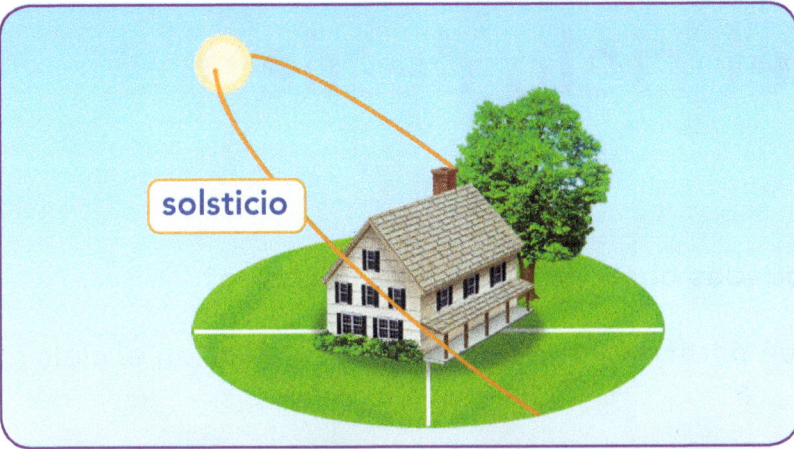

Earth, Moon, and Sun MY READING WEB VOCAB FLASH CARDS

Vistazo al capítulo

LECCIÓN 1
- satélite • planeta • meteoro
- cometa • estrella • constelación
- Identifica la idea principal
- Predice

LECCIÓN 2
- eje • rotación • revolución
- órbita • calendario • solsticio
- equinoccio
- Sigue la secuencia
- Infiere

LECCIÓN 3
- fuerza • gravedad
- ley de gravitación universal
- masa • peso • inercia
- Primera ley de movimiento de Newton
- Pregunta
- Saca conclusiones

LECCIÓN 4
- fase • eclipse • eclipse solar
- umbra • penumbra
- eclipse lunar
- Relaciona el texto y los elementos visuales
- Haz modelos

LECCIÓN 5
- marea • marea viva • marea muerta
- Relaciona causa y efecto
- Observa

LECCIÓN 6
- maria • cráter • meteoroide
- Compara y contrasta
- Desarrolla hipótesis

VOCAB FLASH CARDS Para obtener más ayuda con el vocabulario, visita *Vocab Flash Cards* y escribe **Earth, Moon, and Sun**.

solsticio

inercia

fase

eclipse solar

3

LECCIÓN 1

Observar el cielo desde la Tierra

🔑 ¿Qué puedes observar en el cielo nocturno?

🔑 ¿Por qué parece que se mueven los cuerpos en el cielo?

mi Diario del planeta

BIOGRAFÍA

Observar las estrellas

Cuando miras el cielo nocturno, ¿qué preguntas te haces? ¿Te preguntas por qué parece que las estrellas se mueven o por qué brilla la Luna? Aryabhata fue un astrónomo de la India antigua que pensó en estas preguntas. Aryabhata nació en la India, en el año 476 d. C.

Muchos historiadores piensan que Aryabhata se dio cuenta de que la razón por la que parece que las estrellas se mueven de este a oeste es porque la Tierra rota de oeste a este. También escribió que la Luna y los planetas brillan porque reflejan la luz solar. Y todos estos descubrimientos los hizo usando sólo los ojos y la mente. ¡Los primeros telescopios no aparecerían hasta mil años después!

Comunica ideas Comenta los descubrimientos de Aryabhata con un compañero. Luego, responde las preguntas siguientes.

1. ¿Qué infirió Aryabhata acerca del movimiento de la Tierra?
   _____
   _____
   _____

2. ¿Qué te preguntas cuando observas las estrellas, la Luna o los planetas?
   _____
   _____
   _____

> **PLANET DIARY** Consulta *Planet Diary* para aprender más en inglés sobre el cielo nocturno.

Zona de laboratorio Haz la Indagación preliminar *El cielo terrestre*.

4 La Tierra, la Luna y el Sol

| my science online.com | The Night Sky | PLANET DIARY | INTERACTIVE ART |

Vocabulario
- satélite
- planeta
- meteoro
- cometa
- estrella
- constelación

Destrezas
- Lectura: Identifica la idea principal
- Indagación: Predice

¿Qué puedes observar en el cielo nocturno?

Según cuán oscuro esté el cielo donde vives, podrás ver unas 2,000 ó 3,000 estrellas si usas solamente los ojos. 🗝 En una noche despejada, puedes ver estrellas, la Luna, planetas, meteoros y cometas.

La Luna Durante aproximadamente la mitad de cada mes, la Luna de la Tierra brilla más que cualquier otro cuerpo en el cielo nocturno. La Luna es el único satélite natural de la Tierra. Un satélite es un cuerpo que orbita alrededor de un planeta.

Planetas Puedes observar que, noche tras noche, algunos cuerpos se mueven en el cielo, con las estrellas como fondo. Son los planetas. Un planeta es un cuerpo que orbita alrededor del Sol, que tiene suficiente masa como para permitir que su propia gravedad le dé una forma casi redonda, y que además ha despejado las proximidades de su órbita. Hay ocho planetas en el sistema solar. Cinco se pueden ver desde la Tierra sin telescopio: Mercurio, Venus, Marte, Júpiter y Saturno.

Meteoros y cometas ¿Alguna vez viste una "estrella fugaz"? Estos brillantes rayos de luz repentinos se denominan meteoros. Un meteoro es el rayo de luz que se produce cuando un cuerpo pequeño se incendia al entrar en la atmósfera terrestre. Puedes ver un meteoro casi todas las noches. Los cometas son menos comunes. Un cometa es una mezcla fría de polvo y hielo que deja una larga estela de luz al acercarse al Sol.

Estrellas Las estrellas se ven como pequeños puntos de luz. Sin embargo, los científicos infieren que una estrella es una bola gigante de gases calientes compuesta principalmente de hidrógeno y helio. Cuando las vemos desde la Tierra, no vemos que cambie la posición relativa de las estrellas entre sí.

ILUSTRACIÓN 1
Estas fotografías muestran ejemplos de estrellas, planetas y otros cuerpos.

✏️ **Observa** ¿Qué puedes observar sobre los cuerpos de esta página? Describe al menos dos cuerpos diferentes.

_____
_____
_____
_____

Constelaciones Durante miles de años, los seres humanos observaron patrones en los grupos de estrellas y les dieron nombres. 🔑 **Una constelación es un patrón o grupo de estrellas que se dice se asemeja a una figura, un animal o un objeto.** Los astrónomos también usan la palabra *constelación* para referirse a un área del cielo y a todos los cuerpos que están en esa área.

Las diferentes culturas identificaron diferentes constelaciones. En la cultura occidental, hay 88 constelaciones. La mayoría de los nombres actuales de las constelaciones provienen de los antiguos griegos, quienes probablemente los tomaron de los egipcios y los mesopotámicos.

Algunos nombres de constelaciones provienen del latín. El nombre de la constelación Leo, por ejemplo, es la palabra latina que significa "león". Algunas constelaciones tienen el nombre de personas o animales de los mitos griegos. Es probable que hayas leído algunos de estos mitos en la escuela. ¿Te suenan familiares los nombres *Pegaso* o *Perseo*? Son personajes mitológicos y también constelaciones.

ILUSTRACIÓN 2

▶ **INTERACTIVE ART** **Cómo usar un mapa de estrellas**
Para usar un mapa de estrellas de noche, sigue estos pasos.

1. Elige el mapa que corresponda a tu ubicación y a la estación del año. Este mapa corresponde al verano del hemisferio norte. (En el Apéndice podrás encontrar mapas para las otras estaciones del año).
2. Sostén el mapa verticalmente delante de ti. Gíralo para que el rótulo de la parte inferior esté en la misma dirección que estás mirando. (*Pista:* si ves la Osa Mayor, estás mirando hacia el norte).
3. Sostén el mapa a la altura de tus ojos. Compara las figuras de la mitad inferior del mapa con el cielo que tienes frente a ti.

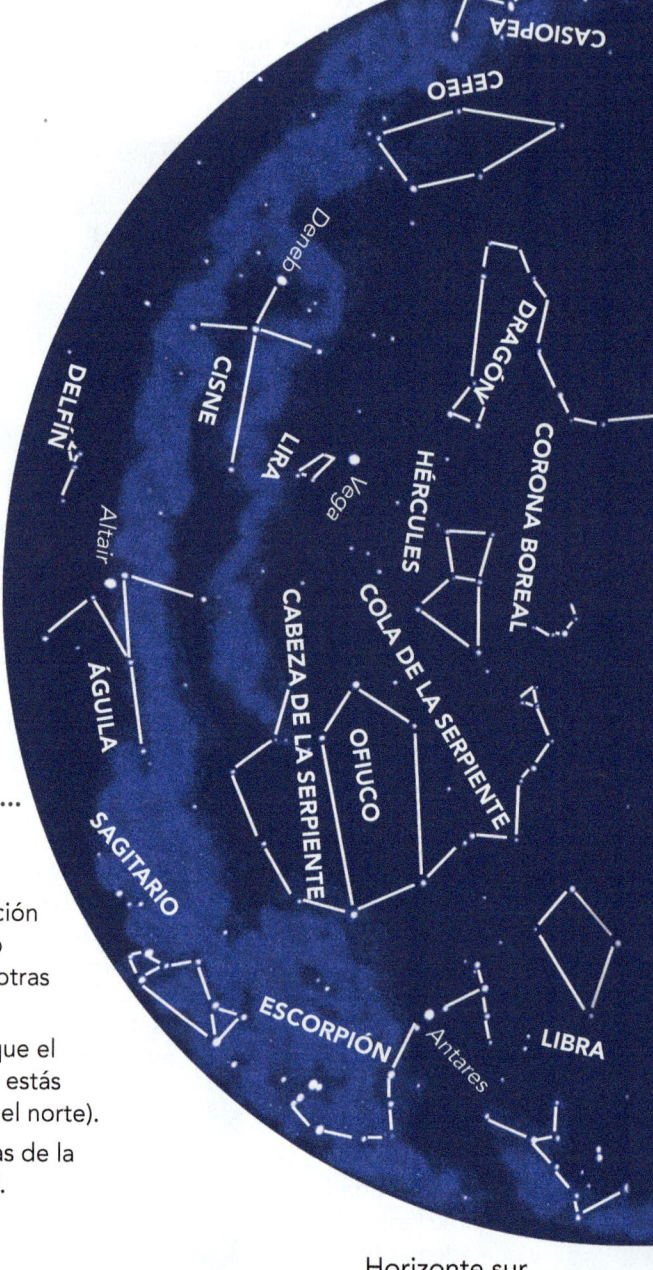

¡aplícalo!

❶ **Interpreta diagramas** Halla estas constelaciones en la **ilustración 2**. Luego escribe el nombre de cada constelación junto a su dibujo.

❷ **DESAFÍO** Elige otra constelación de la **ilustración 2**. ¿Qué representa? Investiga para descubrirlo.

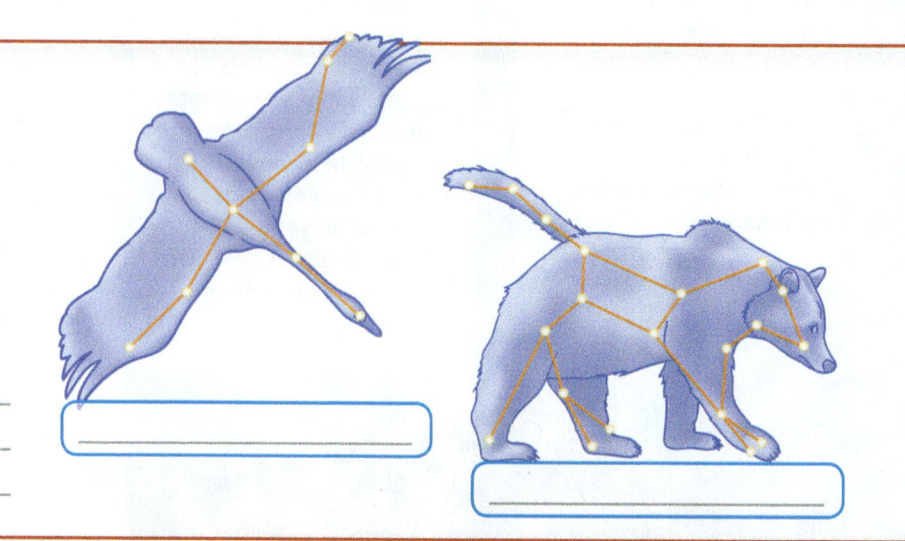

6   La Tierra, la Luna y el Sol

Horizonte norte

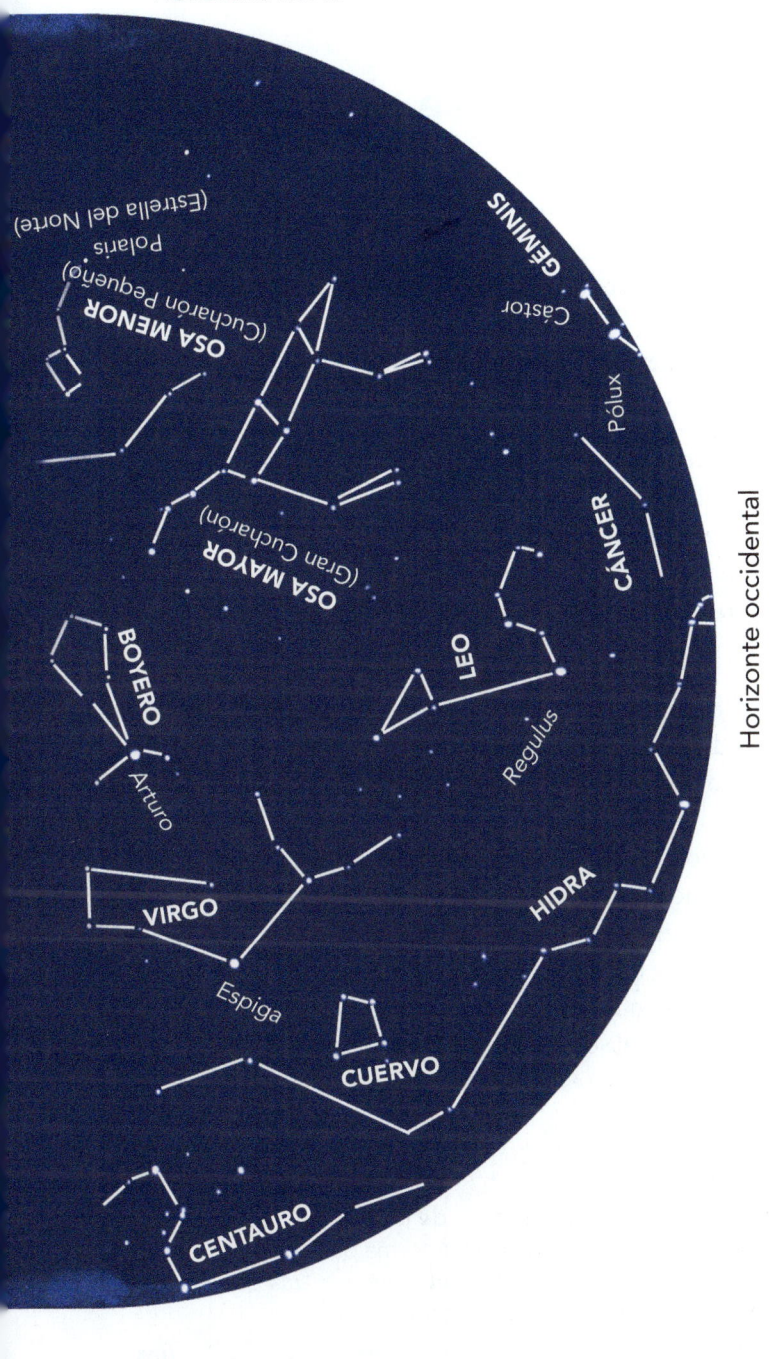

Horizonte occidental

(Constelaciones del mapa: OSA MENOR, Polaris (Estrella del Norte), GÉMINIS, Cástor, Pólux, OSA MAYOR (Gran Cucharón), CÁNCER, BOYERO, Arturo, LEO, Regulus, VIRGO, Espiga, HIDRA, CUERVO, CENTAURO)

Hallar constelaciones Un mapa de estrellas, como el de la **ilustración 2**, te puede ayudar a hallar constelaciones en el cielo nocturno. Lee las instrucciones de cómo usar el mapa. Al principio te puede parecer extraño, pero con un poco de práctica, podrás usarlo fácilmente. Aquí tienes un consejo que te ayudará a comenzar.

Probablemente reconozcas el Gran Cucharón. En realidad, este grupo de estrellas, por sí solo, no forma una constelación. Es parte de la constelación de la Osa Mayor. Las dos estrellas al final del "cuenco" del cucharón se conocen como los Punteros.

Visualiza una línea imaginaria entre esas dos estrellas. Si sigues la línea en dirección opuesta al "cuenco", la primera estrella bien brillante que verás se llama Polaris. A menudo se le denomina Estrella del Norte, ya que está ubicada cerca del Polo Norte del cielo.

En el Apéndice encontrarás mapas de estrellas para las cuatro estaciones. ¡Llévalo contigo afuera en una noche clara y fíjate qué encuentras!

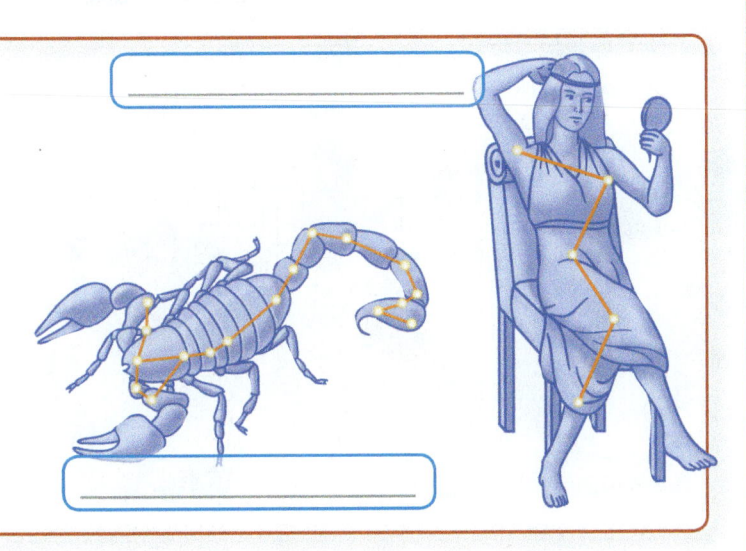

Zona de laboratorio Haz la Actividad rápida de laboratorio *Observar el cielo nocturno.*

🔑 Evalúa tu comprensión
¿comprendiste? ....

○ **¡Comprendí!** Ahora sé que algunos de los cuerpos visibles en el cielo nocturno son _____

_____

_____

○ Necesito más ayuda con _____

_____

Consulta **MY SCIENCE COACH** *en línea para obtener ayuda en inglés sobre este tema.*

7

¿Por qué parece que se mueven los cuerpos en el cielo?

A simple vista, las estrellas, los planetas y otros cuerpos parecieran moverse con el paso del tiempo. En realidad, sí se mueven en el espacio, pero los movimientos reales y los movimientos aparentes, o visibles, pueden ser muy diferentes. 🗝️ **El movimiento aparente de los cuerpos en el cielo depende de los movimientos de la Tierra.**

Movimiento de las estrellas
Aparentemente, las estrellas se mueven de este a oeste en el transcurso de la noche. Como pensaba Aryabhata, este movimiento aparente en realidad se debe al movimiento de oeste a este de la Tierra. El movimiento aparente del Sol durante el día también se debe al movimiento de la Tierra. La **ilustración 3** muestra cómo sucede este tipo de movimiento aparente.

Cambios estacionales
Año tras año, las constelaciones y los patrones de estrellas permanecen iguales, pero la estación del año determina cuáles puedes ver. En las noches de invierno puedes encontrar a Orión en el este, pero en primavera, verás a Orión en el oeste, que desaparece tras el horizonte poco después de la puesta del sol.

Estos cambios estacionales se deben a la órbita que describe la Tierra alrededor del Sol. Cada noche, la posición de la mayoría de las estrellas cambia ligeramente hacia el oeste. Al poco tiempo, ya no ves las estrellas que antes veías en el oeste, y otras estrellas aparecen en el este.

Hay pocas constelaciones que se pueden ver durante todo el año. Son las que están más cerca de la Estrella del Norte. El movimiento de rotación de la Tierra causa que no veamos que estas constelaciones salgan o se pongan.

✏️ **Identifica la idea principal** Subraya la idea principal del párrafo titulado Movimiento de las estrellas.

ILUSTRACIÓN 3 ••
Movimientos opuestos
El restaurante que está en la parte superior de la torre *Space Needle* (Aguja Espacial) en Seattle, rota de la misma forma que la Tierra.
El restaurante rota en una dirección, lo que hace que parezca que los objetos que están afuera rotan en la dirección opuesta.
🔺 **Predice** Dibuja la montaña como se vería en cada una de las horas indicadas.

6:00 p.m. | 6:35 p.m. | 7:20 p.m.

Movimiento del restaurante

8 La Tierra, la Luna y el Sol

ILUSTRACIÓN 4

Seguir la trayectoria de los planetas
Cada noche, los planetas se ven en una posición ligeramente diferente que la noche anterior. Los planetas se ven como si se movieran a lo largo del zodíaco. **Predice** El diagrama muestra tres posiciones de Marte. Marca el lugar en el que esperarías ver a Marte en la Semana 7 y en la Semana 9.

Los planetas Vemos moverse a los planetas sobre un fondo de estrellas, como muestra la **ilustración 4**. Como todos los planetas orbitan alrededor del Sol aproximadamente en el mismo plano, vemos el movimiento aparente a lo largo de una angosta franja en el cielo. Esta franja se denomina zodíaco e incluye constelaciones como Tauro, Leo y Virgo.

Algunos planetas, cuando son visibles, se pueden ver durante toda la noche. Marte, Júpiter y Saturno están más lejos del Sol que la Tierra. A veces, la Tierra pasa entre ellos y el Sol. Cuando ocurre esto, los planetas se ven después de la puesta del sol, una vez que la luz brillante del Sol ya no impide la visión.

Puedes ver a Venus y a Mercurio sólo por la noche o por la mañana. Están más cerca del Sol que la Tierra, por lo que siempre aparecen cerca del Sol. Venus es el cuerpo más brillante del cielo nocturno, después de la Luna. Mercurio aparece bajo en el cielo y sólo se puede ver brevemente, cerca de la salida o la puesta del Sol.

Zona de laboratorio Haz la Actividad rápida de laboratorio *Movimientos en el cielo.*

Evalúa tu comprensión

1a. Explica Los cuerpos en el cielo se ven como si se movieran de _____ a _____ porque la Tierra gira de _____ a _____

b. Haz generalizaciones ¿Qué determina si un planeta se puede ver durante toda la noche?
_____
_____
_____
_____

¿comprendiste?

○ **¡Comprendí!** Ahora sé que parece que los cuerpos en el cielo se mueven _____
_____

○ Necesito más ayuda con _____

Consulta **my science coach** *en línea para obtener ayuda en inglés sobre este tema.*

LECCIÓN 2
La Tierra en el espacio

DESCUBRE LA PREGUNTA PRINCIPAL

🗝 ¿Cómo se mueve la Tierra?

🗝 ¿Por qué existen las estaciones?

mi DiaRio DeL pLaneta

CONCEPTO ERRÓNEO

Las estaciones

Concepto erróneo: Las estaciones cambian porque cambia la distancia de la Tierra al Sol.

Hecho: Las estaciones son el resultado del eje inclinado de la Tierra.

Evidencia: Es cierto que la distancia entre la Tierra y el Sol cambia, pero ésa no es la razón por la cual la Tierra tiene estaciones. Si ésa fuera la causa, las personas de los hemisferios norte y sur tendrían las mismas estaciones al mismo tiempo. Pero las estaciones en los hemisferios norte y sur están invertidas. Cuando la Tierra se mueve alrededor del Sol, algunas veces el hemisferio norte se inclina hacia el Sol. Otras veces, el hemisferio sur se inclina hacia el Sol.

Antes de leer el resto de la lección, responde las preguntas siguientes.

1. ¿Por qué el verano suele ser más cálido que el invierno?
_____
_____
_____
_____

2. ¿En qué lugar de la Tierra es menos probable que la inclinación de la Tierra afecte las estaciones? ¿Por qué?
_____
_____
_____
_____

▶ **PLANET DIARY** Consulta *Planet Diary* para aprender más en inglés sobre los movimientos de la Tierra.

21 Enero

¿Dónde estás y qué estás haciendo hoy?

Zona de laboratorio Haz la Indagación preliminar ¿Por qué existen el día y la noche?

10 La Tierra, la Luna y el Sol

> Earth's Movement   ▶ PLANET DIARY   ▶ MY SCIENCE COACH

Vocabulario
- eje • rotación • revolución • órbita
- calendario • solsticio • equinoccio

Destrezas
🔄 Lectura: Sigue la secuencia
△ Indagación: Infiere

¿Cómo se mueve la Tierra?

Hasta hace algunos cientos de años, la mayoría de las personas pensaba que la Tierra se mantenía quieta y que el Sol, la Luna y las estrellas se movían alrededor de ella. Pero hoy los científicos saben que la Tierra se mueve y que los cuerpos se ven como si se movieran por el cielo como consecuencia de los movimientos de la Tierra. 🔑 **La Tierra se mueve en el espacio principalmente de dos maneras: rotación y revolución.**

Rotación La línea imaginaria que atraviesa el centro de la Tierra y los Polos Norte y Sur es el *eje* de la Tierra. El movimiento giratorio de la Tierra sobre su eje se denomina *rotación*.

La **ilustración 1** muestra que la rotación de la Tierra causa el día y la noche. Como la Tierra rota hacia el este, parecería que el Sol se mueve en el cielo hacia el oeste. A medida que la Tierra se sigue moviendo hacia el este, el Sol se ve como si se pusiera por el oeste. La luz solar no llega al lado de la Tierra que no mira hacia el Sol; por lo tanto, en esos lugares es de noche. La Tierra tarda aproximadamente 24 horas en rotar una vez. Como ya sabes, cada ciclo de 24 horas de día y noche se denomina día.

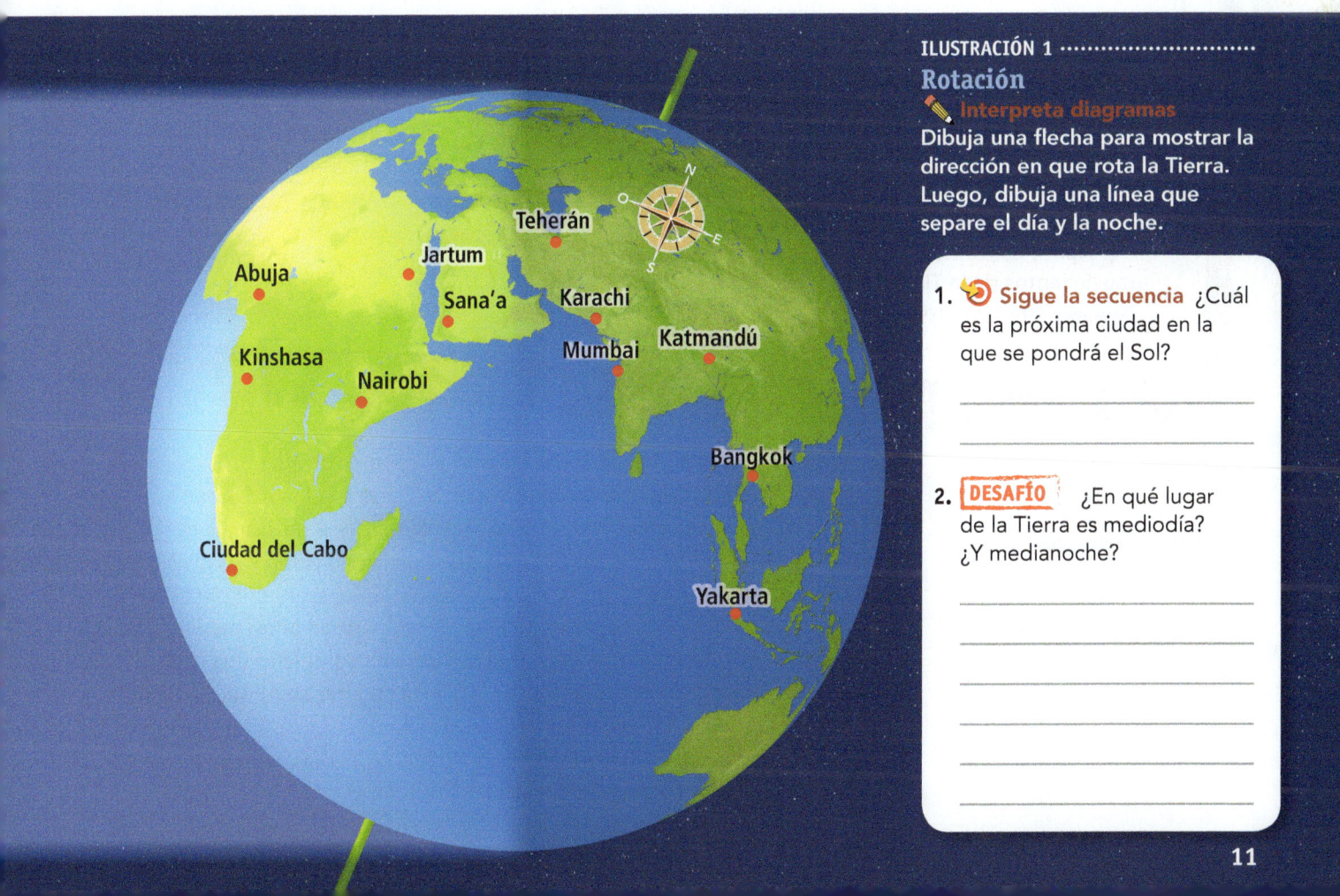

ILUSTRACIÓN 1
Rotación
✏️ **Interpreta diagramas**
Dibuja una flecha para mostrar la dirección en que rota la Tierra. Luego, dibuja una línea que separe el día y la noche.

1. 🔄 **Sigue la secuencia** ¿Cuál es la próxima ciudad en la que se pondrá el Sol?

   _____
   _____

2. **DESAFÍO** ¿En qué lugar de la Tierra es mediodía? ¿Y medianoche?

   _____
   _____
   _____
   _____
   _____
   _____

11

Revolución Además de rotar, la Tierra se desplaza alrededor del Sol. **Revolución** es el movimiento de un cuerpo alrededor de otro. Una revolución de la Tierra alrededor del Sol se denomina año. La trayectoria de la Tierra, u **órbita,** es un círculo ligeramente alargado, o elipse. La órbita de la Tierra la acerca más al Sol en enero.

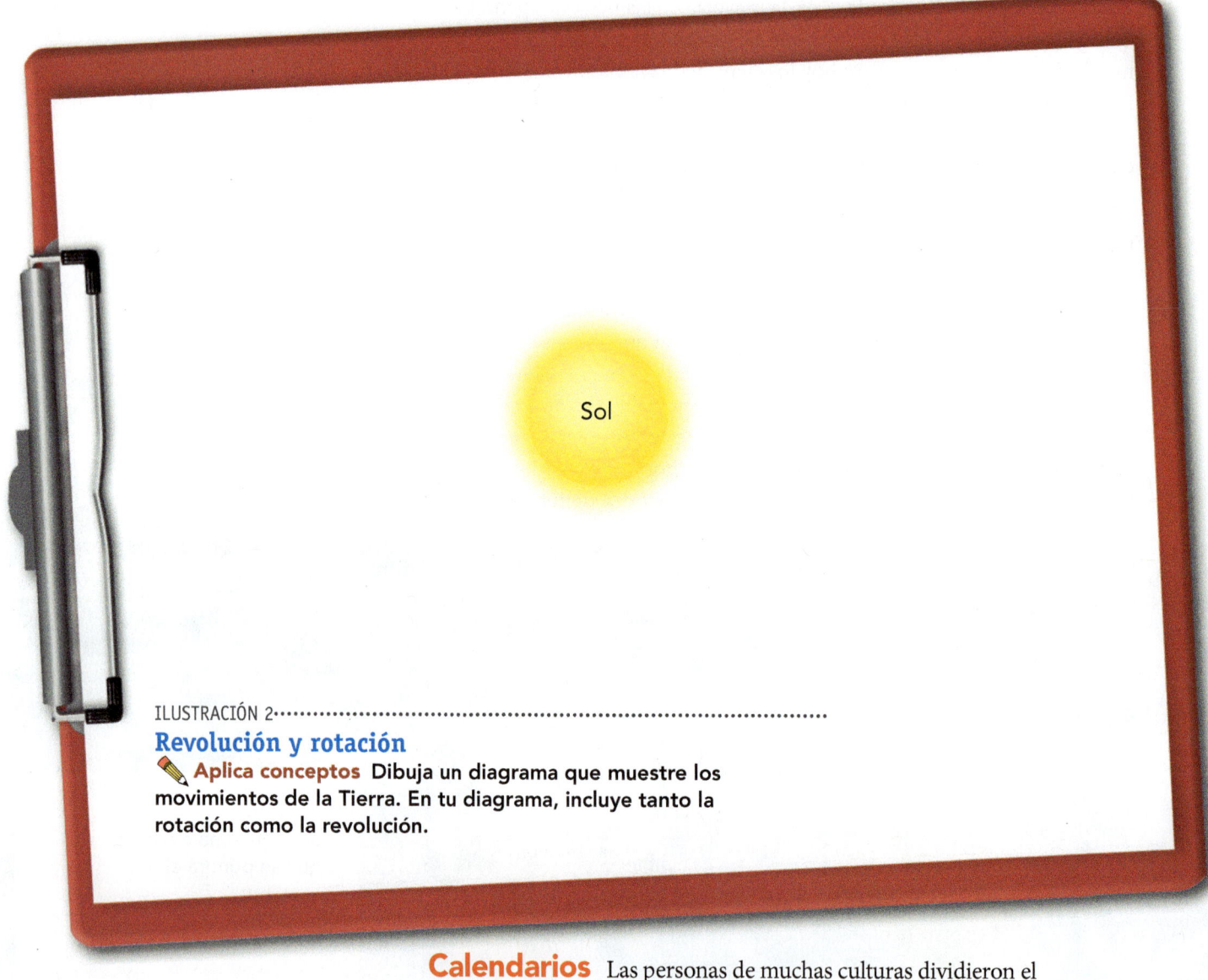

ILUSTRACIÓN 2

Revolución y rotación

✏️ **Aplica conceptos** Dibuja un diagrama que muestre los movimientos de la Tierra. En tu diagrama, incluye tanto la rotación como la revolución.

Sol

Sigue la secuencia ¿Qué calendario de los que se comentan en esta sección se creó más recientemente?

Calendarios Las personas de muchas culturas dividieron el tiempo basándose en los movimientos de la Tierra y la Luna. Usaron los movimientos para crear calendarios. Un **calendario** es un sistema de organización del tiempo que define el principio, la duración y las divisiones de un año.

El calendario más común actualmente se divide en años, meses y días. Un año equivale al tiempo que tarda la Tierra en completar una órbita. Un día equivale al tiempo que tarda la Tierra en girar sobre su eje. El año también está dividido en meses, según el ciclo de la Luna. El tiempo que pasa entre dos lunas llenas es aproximadamente 29 días, aunque los meses modernos no se corresponden exactamente con el ciclo de la Luna.

La historia del calendario

Egipcio
Los antiguos egipcios crearon uno de los primeros calendarios. Basándose en los movimientos de las estrellas, calcularon que el año tenía aproximadamente 365 días. Dividieron el año en 12 meses de 30 días cada uno, y 5 días adicionales al final.

Romano
Los romanos tomaron como punto de partida el calendario egipcio. Pero en realidad, la órbita de la Tierra tarda 365 ¼ días. Los romanos agregaron un día más cada cuatro años para ajustar el calendario egipcio. Ese cuarto año se conoce como "bisiesto", cuando febrero tiene 29 días en vez de los 28 usuales. Usar años bisiestos ayuda a asegurar que los sucesos anuales, como el comienzo del verano, ocurran en la misma fecha cada año.

Gregoriano
El calendario romano tenía un error de poco más de 11 minutos anuales. Con el transcurso de los siglos, esos minutos se fueron sumando. Para el siglo XVI, la primavera empezaba unos diez días más temprano. Para solucionarlo, el Papa Gregorio XIII quitó diez días del año 1582. También hizo otros cambios menores al sistema romano para formar el calendario que usamos en la actualidad.

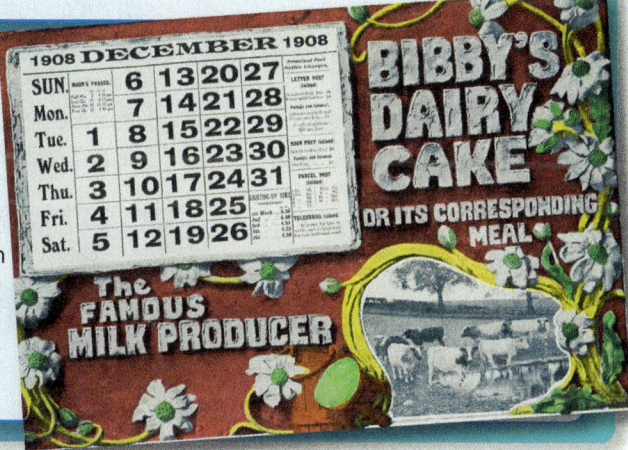

Zona de laboratorio Haz la Actividad rápida de laboratorio *Las sombras del Sol*.

Evalúa tu comprensión

1a. Identifica ¿Cuáles son los dos movimientos principales de la Tierra mientras recorre el espacio?

b. Explica ¿Qué movimiento causa el día y la noche?

c. Infiere ¿Por qué se usan los movimientos de la Tierra para determinar unidades de tiempo?

¿comprendiste?

○ ¡Comprendí! Ahora sé que la Tierra se mueve _____

○ Necesito más ayuda con _____

Consulta **my science coach** en línea para obtener ayuda en inglés sobre este tema.

¿Por qué existen las estaciones?

Muchos lugares que están lejos del ecuador y de los polos tienen cuatro estaciones bien diferenciadas: invierno, primavera, verano y otoño. Pero entre un lugar y otro hay diferencias de temperatura. La temperatura suele ser más cálida cerca del ecuador que cerca de los polos. ¿Por qué?

Cómo llega la luz solar a la Tierra
La **ilustración 3** muestra cómo llega la luz solar a la Tierra. Observa que cerca del ecuador la luz llega casi en línea recta. Cerca de los polos, la luz solar llega en un ángulo inclinado. Como resultado, se esparce sobre un área mayor. Por ese motivo, hace más calor cerca del ecuador que cerca de los polos.

El eje inclinado de la Tierra
Si el eje de la Tierra fuera perfectamente vertical con respecto a su órbita, las temperaturas en un área se mantendrían casi constantes durante todo el año. No habría estaciones. 🗝 **La Tierra tiene estaciones porque su eje está inclinado mientras gira alrededor del Sol.**

Observa en la **ilustración 4** que el eje de la Tierra siempre se inclina en un ángulo de 23.5° con respecto a la vertical. El Polo Norte siempre señala la misma dirección. A medida que la Tierra gira alrededor del Sol, el extremo norte de su eje está inclinado en la dirección opuesta al Sol durante parte del año y hacia el Sol durante la otra parte. La inclinación de la Tierra cuando gira alrededor del Sol causa el verano y el invierno.

ILUSTRACIÓN 3

La luz del Sol en la Tierra
El diagrama muestra cómo la inclinación del eje de la Tierra afecta la intensidad de la luz del sol en diferentes lugares.

⚠ **Infiere** Dibuja un círculo alrededor del área en la cual la luz del sol es más directa. Marca con una X los lugares a los cuales llega la luz del Sol, pero menos directamente.

Cerca del ecuador, la luz solar no se esparce muy lejos. La energía solar se concentra en un área más pequeña.

Cerca de los polos, la misma cantidad de luz solar se esparce sobre un área mayor.

14 La Tierra, la Luna y el Sol

| my science online | Seasons | ▶ INTERACTIVE ART | ▶ DO THE MATH |

Junio En junio, el extremo norte del eje de la Tierra se inclina hacia el Sol. En el hemisferio norte, el Sol del mediodía está alto en el cielo y hay más horas de luz que de oscuridad. Los rayos del Sol están concentrados. En el hemisferio norte es verano.

Al mismo tiempo, al sur del ecuador, la energía solar se esparce sobre un área mayor. El Sol está bajo en el cielo y los días son más cortos que las noches. En el hemisferio sur, es invierno.

Diciembre En diciembre, el hemisferio sur recibe la luz solar más directa, por lo que es verano. Al mismo tiempo, los rayos del Sol que llegan al hemisferio norte están más inclinados y hay menos horas de luz. Por lo tanto, es invierno en el hemisferio norte.

Marzo

Junio

Diciembre

Septiembre

ILUSTRACIÓN 4
▶ INTERACTIVE ART
Estaciones
El diagrama muestra cómo se mueve la Tierra durante el año. No está diseñado a escala.

✏️ **Haz generalizaciones**
Describe el tiempo meteorológico y la luz solar de los hemisferios norte y sur en marzo y en septiembre.

15

Solsticios El Sol está más al norte del ecuador una vez al año y está más al sur una vez al año. Cada uno de estos días es un **solsticio**. El día que el Sol está más al norte es el solsticio de verano en el hemisferio norte y el solsticio de invierno en el hemisferio sur. Ese solsticio ocurre anualmente alrededor del 21 de junio. Es el día más largo del año en el hemisferio norte y el más corto en el hemisferio sur. Como puedes ver en la **ilustración 5**, el Sol sale por el noreste y se pone por el noroeste.

De manera similar, alrededor del 21 de diciembre, el Sol sale más al sur. Es el solsticio de invierno en el hemisferio norte y el solsticio de verano en el hemisferio sur. El Sol sale por el sudeste y se pone por el sudoeste.

Equinoccios Justo entre los solsticios, ninguno de los dos hemisferios está inclinado hacia el Sol. El sol del mediodía está directamente en línea recta sobre el ecuador y sale por el este y se pone por el oeste. Cada uno de estos días es un **equinoccio,** que significa "noche igual". Durante un equinoccio, el día y la noche duran aproximadamente 12 horas cada uno en todos lados. El equinoccio vernal (de primavera) ocurre alrededor del 21 de marzo y marca el comienzo de la primavera en el hemisferio norte. El equinoccio otoñal, o de otoño, ocurre alrededor del 22 de septiembre y marca el comienzo del otoño en el hemisferio norte.

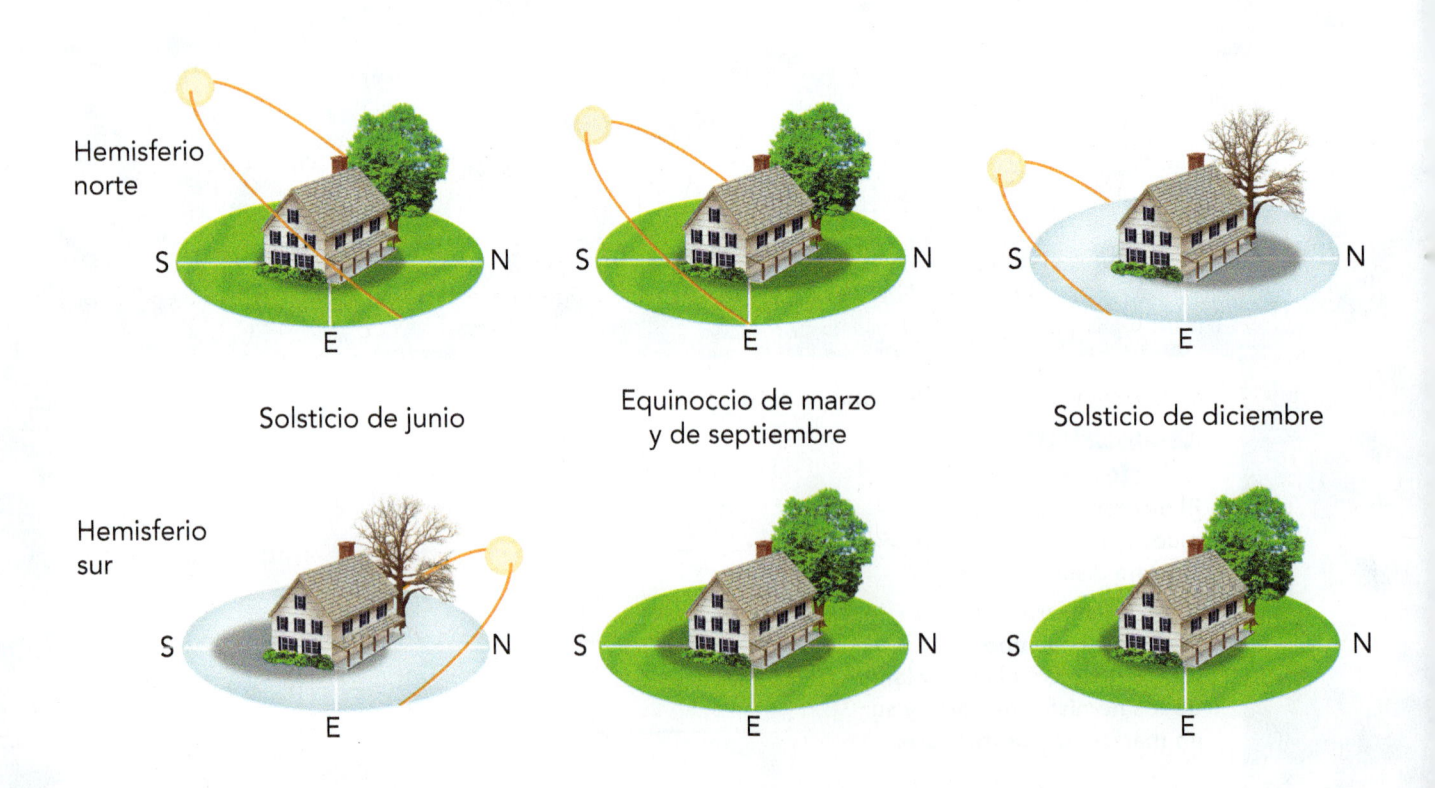

ILUSTRACIÓN 5
Solsticios y equinoccios
Los diagramas muestran el recorrido aparente del Sol en los solsticios y los equinoccios en el hemisferio norte. El sol sale y se pone más al norte en el solsticio de junio y más al sur en el solsticio de diciembre.

✏️ **Aplica conceptos** Dibuja el recorrido del Sol en los equinoccios y en el solsticio de diciembre en el hemisferio sur.

Hemisferio norte

Solsticio de junio

Equinoccio de marzo y de septiembre

Solsticio de diciembre

Hemisferio sur

16 La Tierra, la Luna y el Sol

¡Usa las matemáticas!

Ejemplo de problema

Calcula porcentajes

La tabla muestra el número de horas de luz solar en tres ciudades, en distintos momentos del año. ¿Durante qué porcentaje de un día de 24 horas hay luz solar en Guadalajara el 1.º de enero?

PASO 1 Divide la cantidad total de horas de luz solar entre el número total de horas.

$$\frac{\text{Horas de luz solar}}{\text{Total de horas}} = \frac{10.90 \text{ horas}}{24 \text{ horas}} = 0.45$$

PASO 2 Multiplica por 100 para hallar el porcentaje.

$$0.45 \times 100 = 45\%$$

El 1.º de enero en Guadalajara, hay luz solar durante el 45% de un día de 24 horas.

Ciudad	Latitud aproximada	Horas de luz solar			
		1º de enero	1º de abril	1º de julio	1º de octubre
Helsinki, Finlandia	60 °N	5.98	13.33	18.80	11.45
Filadelfia, Estados Unidos	40 °N	9.38	12.68	14.95	11.77
Guadalajara, México	20 °N	10.90	12.37	13.37	11.95

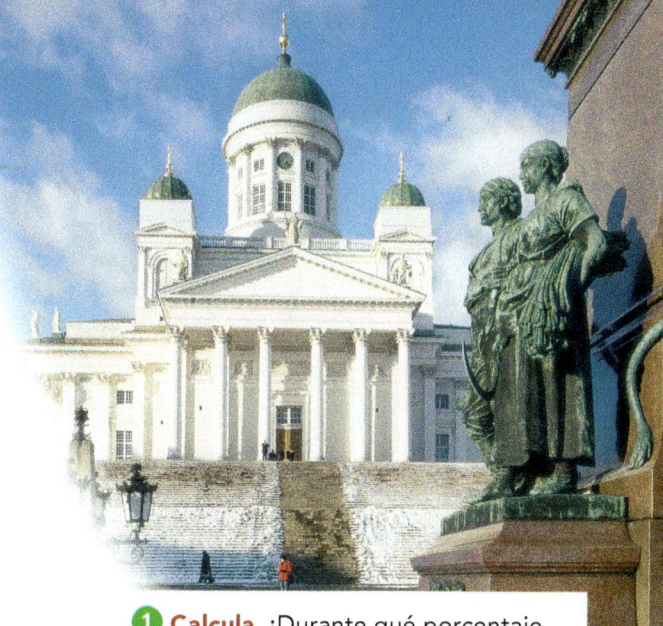

1 Calcula ¿Durante qué porcentaje de un día hay luz solar en Helsinki el 1.º de julio?

2 Calcula ¿Cuál es la diferencia del porcentaje del día que tiene luz solar en Helsinki y en Filadelfia el 1.º de enero?

3 Infiere ¿Durante qué porcentaje del día piensas que habrá luz solar en el ecuador en enero? ¿Y en junio?

Zona de laboratorio Haz la Investigación de laboratorio *Razones de las estaciones*.

Evalúa tu comprensión

2a. Define El sol del mediodía está directamente en línea recta sobre el ecuador durante un (solsticio/equinoccio).

b. Relaciona causa y efecto ¿Cuáles son las causas de las estaciones? _____

c. Predice ¿Cómo cambiarían las estaciones si la Tierra no estuviera inclinada sobre su eje? Explica tu respuesta.

¿comprendiste?

○ **¡Comprendí!** Ahora sé que las causas de las estaciones en la Tierra son _____

○ **Necesito más ayuda con** _____

Consulta **my science coach** en línea para obtener ayuda en inglés sobre este tema.

17

LECCIÓN 3

Gravedad y movimiento

DESCUBRE LA PREGUNTA PRINCIPAL

- ¿Qué determina la gravedad?
- ¿Qué mantiene a los cuerpos en órbita?

mi Diario del planeta

La gravedad asiste

Tal vez creas que todo lo que hace la gravedad es atraer los objetos hacia abajo. ¡Pero la gravedad también puede acelerar cosas, incluso hacerlas volar! Si una sonda espacial se acerca a un planeta, la gravedad misma del planeta cambia la trayectoria de la sonda.

Los ingenieros planifican las misiones espaciales para aprovechar esta "asistencia gravitatoria". La asistencia de la gravedad puede acortar varios años el viaje interplanetario de la sonda. El diagrama muestra cómo la sonda *Voyager 2* usó la asistencia gravitatoria para visitar los cuatro planetas exteriores.

Trayectoria de la nave espacial

TECNOLOGÍA

Usa lo que sabes sobre la gravedad para responder la pregunta.

¿Cómo cambia la gravedad de un planeta la trayectoria de una sonda espacial?

_____
_____
_____

> **PLANET DIARY** Consulta *Planet Diary* para aprender más en inglés sobre la gravedad.

Zona de laboratorio Haz la Indagación preliminar *¿Qué factores afectan a la gravedad?*

¿Qué determina la gravedad?

La Tierra gira alrededor del Sol en una órbita casi circular. La Luna orbita alrededor de la Tierra de la misma manera. Pero, ¿qué mantiene a la Tierra y a la Luna en órbita? ¿Por qué no salen volando por el espacio?

La primera persona que respondió estas preguntas fue el científico inglés Isaac Newton. En el siglo XVII, Newton llegó a la conclusión de que tiene que haber una fuerza que actúa entre la Tierra y la Luna que mantiene a la Luna en órbita. Una **fuerza** es un empuje o una atracción.

18 La Tierra, la Luna y el Sol

| my science online.com | Gravity | ▶ PLANET DIARY | ▶ VIRTUAL LAB |

Vocabulario
- fuerza • gravedad • ley de gravitación universal • masa
- peso • inercia • Primera ley de movimiento de Newton

Destrezas
- Lectura: Pregunta
- Indagación: Saca conclusiones

Gravedad Newton planteó la hipótesis de que la fuerza que atrae a una manzana hacia el suelo también atrae a la Luna hacia la Tierra y la mantiene en órbita. Esta fuerza, denominada **gravedad,** atrae a todos los cuerpos entre sí. La **ley de gravitación universal** de Newton establece que cada cuerpo en el universo atrae a cada uno de los demás cuerpos. **La intensidad de la fuerza de gravedad entre dos cuerpos depende de dos factores: las masas de los cuerpos y la distancia entre ellos.**

Gravedad, masa y peso La intensidad de la gravedad depende en parte de la masa de cada uno de los cuerpos. La **masa** es la cantidad de materia que hay en un cuerpo. Como la Tierra tiene tanta masa, ejerce sobre ti una fuerza mucho mayor que la que ejerce este libro.

La medida de la fuerza de gravedad sobre un objeto se denomina **peso.** La masa no cambia, pero el peso de un objeto puede cambiar según su ubicación. En la Luna, pesarías aproximadamente un sexto de lo que pesas en la Tierra. Esto sucede porque la Luna tiene menos masa que la Tierra, por lo que la atracción de la gravedad de la Luna sobre ti también sería menor.

Gravedad y distancia La distancia entre dos cuerpos también afecta a la gravedad. La fuerza de gravedad disminuye rápidamente a medida que la distancia aumenta. Si la distancia entre dos objetos se duplica, la fuerza de gravedad disminuye a un cuarto de su valor original.

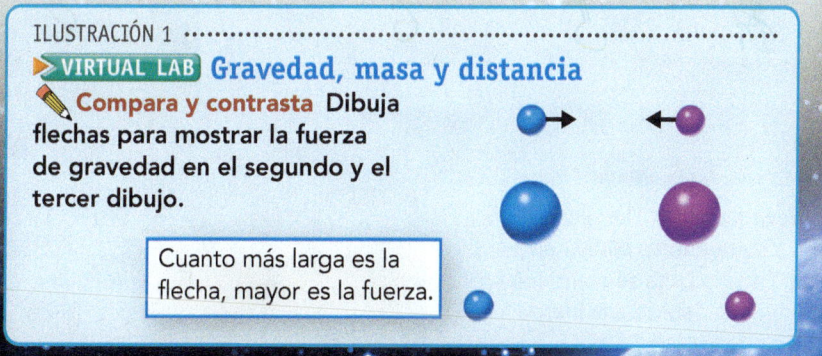

ILUSTRACIÓN 1
▶ **VIRTUAL LAB** Gravedad, masa y distancia
Compara y contrasta Dibuja flechas para mostrar la fuerza de gravedad en el segundo y el tercer dibujo.

Cuanto más larga es la flecha, mayor es la fuerza.

¿sabías que...?
¡Se podría decir que aprendimos sobre la gravedad gracias a una enfermedad! En 1665, Isaac Newton era estudiante. En ese año, una enfermedad conocida como "la peste" causó el cierre de la universidad durante 18 meses. Newton tuvo que volver a su casa. Allí pensó las ideas que llevaron a su teoría. (Pero probablemente no sea cierto que tuvo la idea cuando una manzana cayó de un árbol).

Zona de laboratorio Haz la Actividad rápida de laboratorio *Atención con la atracción.*

Evalúa tu comprensión
¿comprendiste?

○ ¡Comprendí! Ahora sé que la fuerza de gravedad depende de _____

○ Necesito más ayuda con _____

Consulta **MY SCIENCE COACH** en línea para obtener ayuda en inglés sobre este tema.

¿Qué mantiene a los cuerpos en órbita?

Si el Sol y la Tierra se atraen constantemente debido a la gravedad, ¿por qué no cae la Tierra dentro del Sol? ¿Y por qué la Luna no choca contra la Tierra? El hecho de que estas colisiones no hayan ocurrido demuestra que seguramente interviene otro factor. Ese factor se denomina inercia.

Inercia La tendencia de un cuerpo a resistir un cambio en su movimiento se denomina **inercia**. Sientes los efectos de la inercia cuando viajas en un automóvil y éste se detiene de repente, pero tú sigues moviéndote hacia delante. Si no tuvieras puesto el cinturón de seguridad, la inercia te haría chocar contra el parabrisas o el asiento de adelante. Cuanta más masa tiene un cuerpo, mayor es su inercia. A mayor inercia, más dificultad tiene un cuerpo para comenzar o detener el movimiento.

Isaac Newton expresó sus ideas sobre la inercia como una ley científica. La **Primera ley de movimiento de Newton** establece que un cuerpo en reposo se mantendrá en reposo, y un cuerpo en movimiento se mantendrá en movimiento con una rapidez y dirección constantes, a menos que se ejerza una fuerza sobre él.

Movimiento orbital ¿Por qué la Tierra y la Luna permanecen en órbita? **Newton afirmó que la inercia y la gravedad en conjunto mantienen a la Tierra en órbita alrededor del Sol, y a la Luna en órbita alrededor de la Tierra.** En la **ilustración 2** puedes ver cómo ocurre esto.

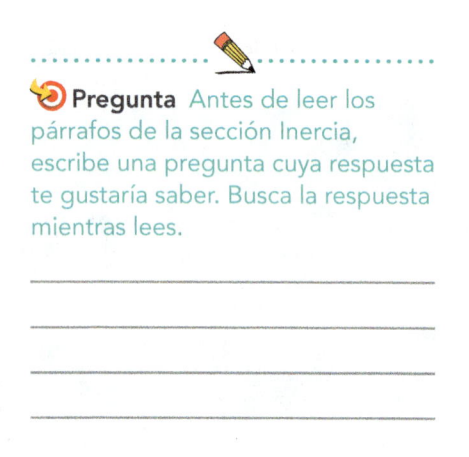

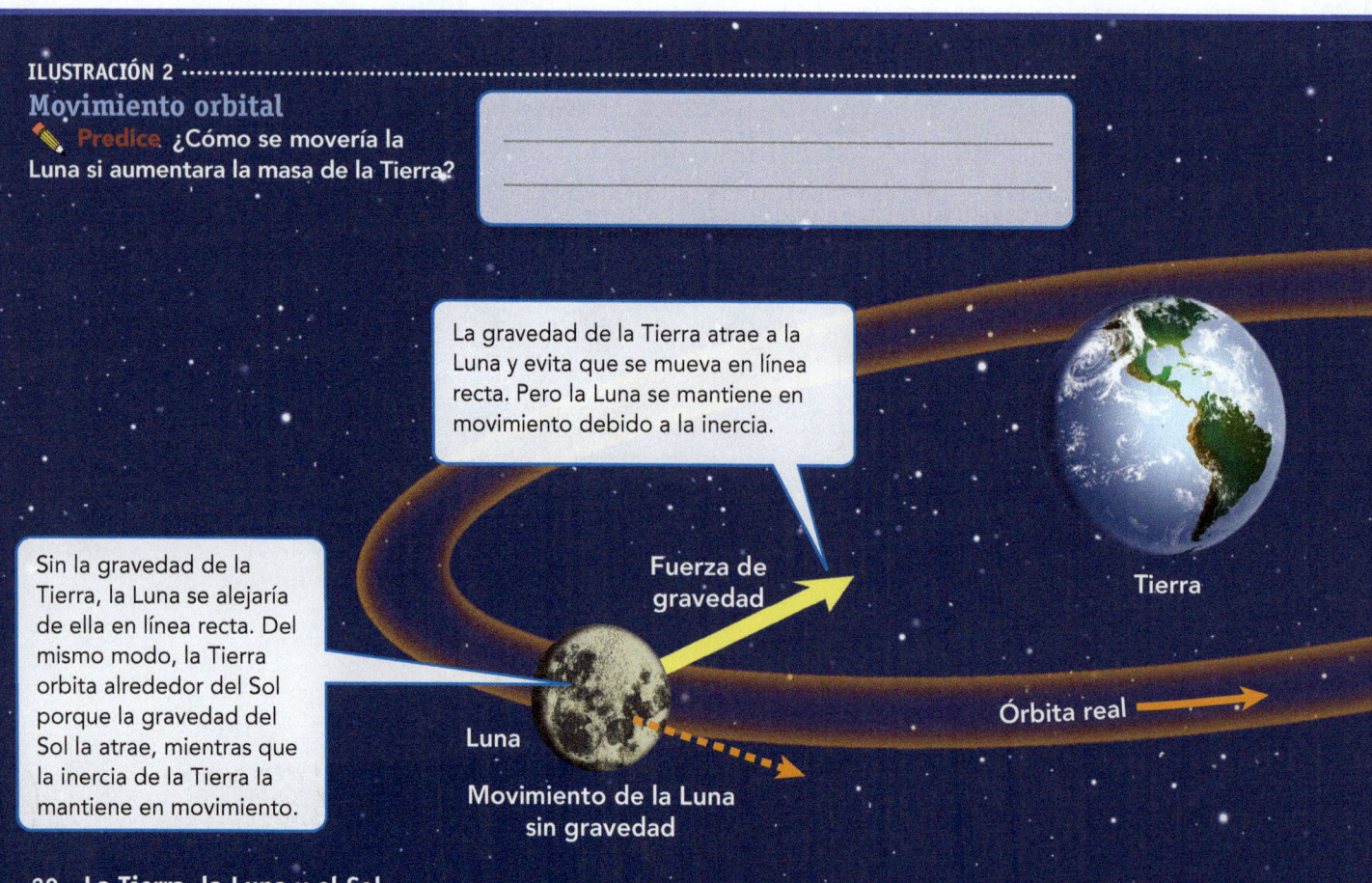

Pregunta Antes de leer los párrafos de la sección Inercia, escribe una pregunta cuya respuesta te gustaría saber. Busca la respuesta mientras lees.

_____
_____
_____
_____

ILUSTRACIÓN 2
Movimiento orbital
Predice ¿Cómo se movería la Luna si aumentara la masa de la Tierra?

La gravedad de la Tierra atrae a la Luna y evita que se mueva en línea recta. Pero la Luna se mantiene en movimiento debido a la inercia.

Sin la gravedad de la Tierra, la Luna se alejaría de ella en línea recta. Del mismo modo, la Tierra orbita alrededor del Sol porque la gravedad del Sol la atrae, mientras que la inercia de la Tierra la mantiene en movimiento.

Fuerza de gravedad

Tierra

Luna

Movimiento de la Luna sin gravedad

Órbita real

20 La Tierra, la Luna y el Sol

| my science online | Orbital Motion | ▶ DO THE MATH | ▶ MY SCIENCE COACH |

¡Usa las matemáticas!
Analiza datos

Gravedad y distancia

A medida que un cohete se aleja de la superficie de un planeta, la fuerza de gravedad entre el cohete y el planeta cambia. Consulta la gráfica para responder las preguntas siguientes.

❶ Lee gráficas Las variables representadas en la gráfica son _____ y _____.

❷ Lee gráficas ¿Cuánta fuerza de gravedad actúa sobre el cohete en la superficie del planeta?

_____

❸ Lee gráficas ¿Cuánta fuerza de gravedad actúa sobre el cohete si está a dos unidades (dos veces el radio del planeta desde su centro)?

_____

❹ Haz generalizaciones Por lo general, ¿cómo cambia la fuerza de gravedad que actúa sobre el cohete a medida que aumenta la distancia que lo separa del planeta?

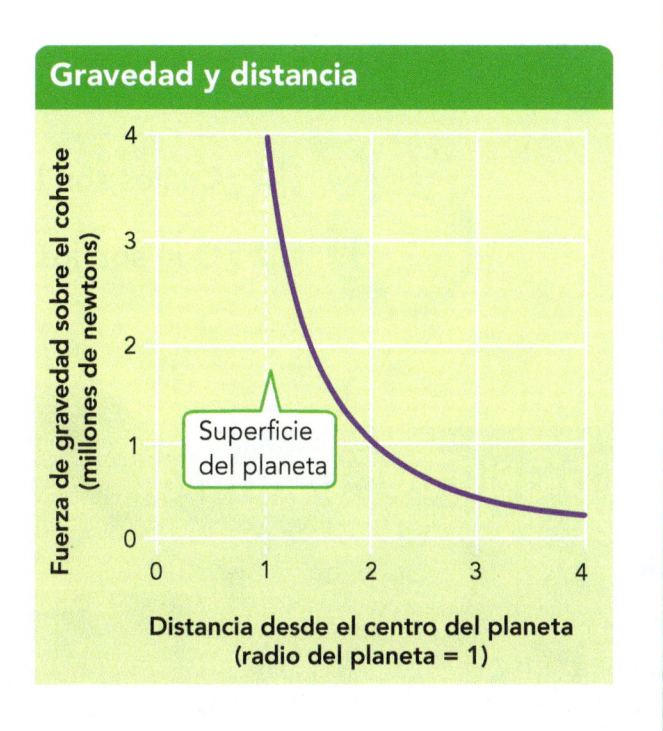

_____

Gravedad y distancia

Fuerza de gravedad sobre el cohete (millones de newtons) vs. Distancia desde el centro del planeta (radio del planeta = 1)

Superficie del planeta

Zona de laboratorio Haz la Actividad rápida de laboratorio *Vueltas y más vueltas*.

🔑 Evalúa tu comprensión

1a. Identifica ¿Qué dos factores mantienen a un planeta en órbita alrededor del Sol?

_____

b. Saca conclusiones ¿Qué evita que la Tierra se caiga dentro del Sol?

_____

c. DESAFÍO ¿Cómo se movería un planeta si el Sol desapareciera de repente? Explica tu respuesta.

_____

¿comprendiste?..

○ **¡Comprendí!** Ahora sé que los cuerpos se mantienen en órbita debido a _____

○ Necesito más ayuda con _____

Consulta **my science coach** en línea para obtener ayuda en inglés sobre este tema.

LECCIÓN 4

Fases y eclipses

DESCUBRE LA PREGUNTA PRINCIPAL

🔑 ¿Cuáles son las causas de las fases de la Luna?

🔑 ¿Qué son los eclipses?

mi diario del planeta

BLOG

Enviado por: Nicole

Ubicación: Bahía Bernhard, Nueva York

Una noche, mi mamá, mi papá y yo volvíamos de cenar. Cuando salimos del automóvil, vimos que la Luna se estaba poniendo roja. La miramos durante un rato. Luego, nuestro vecino nos llamó y dijo que era un eclipse lunar. ¡Fue algo increíble!

Piensa en tus propias experiencias mientras respondes la pregunta siguiente.

¿Cuál es el suceso más interesante o menos común que hayas visto en el cielo?

_____
_____
_____
_____

▶ PLANET DIARY Consulta *Planet Diary* para aprender más en inglés sobre los eclipses.

Zona de laboratorio Haz la Indagación preliminar *¿Cómo se mueve la Luna?*

¿Cuáles son las causas de las fases de la Luna?

¿Alguna vez la luz brillante de la Luna te ha impedido dormir? ¡La luz que entra por tu ventana en realidad proviene del Sol! La Luna no brilla con luz propia. En cambio, refleja la luz del Sol. Cuando hay luna llena, ¡la luz a veces es tan brillante que puedes usarla para leer! Otras veces, la Luna no es más que una delgada medialuna en el cielo. Las distintas formas de la Luna que vemos desde la Tierra se denominan **fases.** Las fases son el producto de los movimientos de la Luna alrededor de la Tierra.

Tierra, la Luna y el Sol

| The Moon's Phases | PLANET DIARY |

Vocabulario
- fase
- eclipse
- eclipse solar
- umbra
- penumbra
- eclipse lunar

Destrezas
- Lectura: Relaciona el texto y los elementos visuales
- Indagación: Haz modelos

Los movimientos de la Luna

Cuando miras hacia la Luna, quizá veas algo parecido a una cara. Lo que en realidad estás viendo es un patrón de áreas más claras y más oscuras en la superficie de la Luna que simplemente se parece a una cara. Por extraño que parezca, este patrón se ve siempre igual. El mismo lado de la Luna, el "lado cercano" siempre está orientado hacia la Tierra. El "lado lejano" de la Luna siempre está orientado hacia el lado opuesto a la Tierra. ¿Por qué? La respuesta tiene que ver con los movimientos de la Luna.

Al igual que la Tierra, la Luna se mueve por el espacio de dos maneras. La Luna gira alrededor de la Tierra y también rota sobre su propio eje. La Luna tarda el mismo tiempo en rotar una vez sobre su eje que en completar una vuelta alrededor de la Tierra. Un "día" en la Luna dura lo mismo que un mes en la Tierra. Por esa razón, el mismo lado de la Luna siempre está orientado hacia la Tierra, como muestra la **ilustración 1**.

A medida que la Luna orbita alrededor de la Tierra, cambian las posiciones relativas de la Luna, la Tierra y el Sol. **Las posiciones relativas cambiantes de la Luna, la Tierra y el Sol son las causas de las fases de la Luna.**

Vocabulario Identificar significados múltiples ¿En qué oración se usa el significado científico de la palabra *fase*?
- ○ El doctor les dijo a los padres que su hijo sólo estaba atravesando una fase.
- ○ Todos los meses, la Luna atraviesa un ciclo de fases.

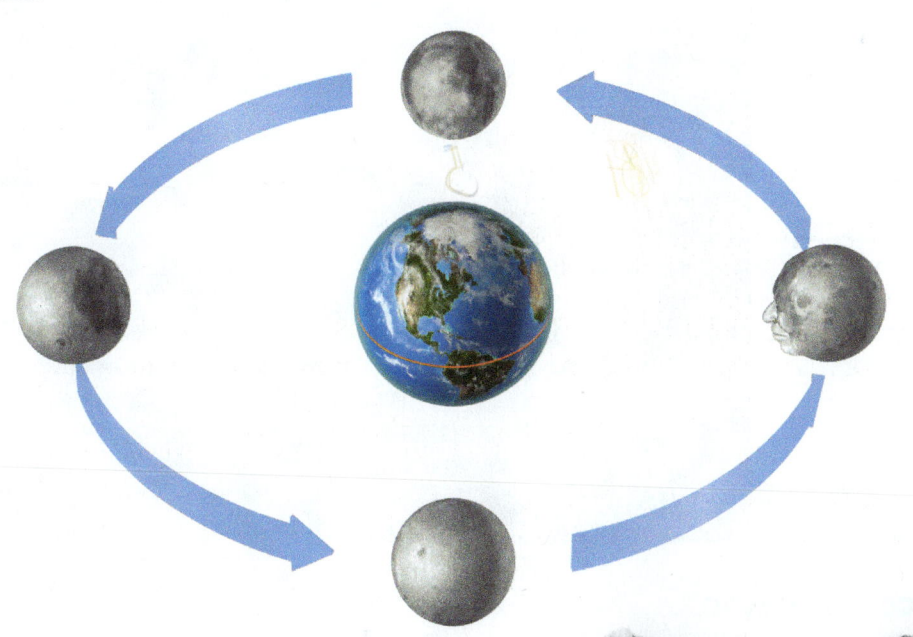

ILUSTRACIÓN 1

El movimiento de la Luna
El diagrama muestra la rotación y la revolución de la Luna. **Infiere** Halla la cara de la Luna que está más a la derecha. Dibuja la cara tal como se vería en cada una de las vistas.

Las fases de la Luna La mitad de la Luna casi siempre está iluminada por la luz del Sol. Pero como la Luna orbita alrededor de la Tierra, se ve desde distintos ángulos. La fase de la Luna que ves depende de qué cantidad del lado de la Luna iluminado por el Sol está orientado hacia la Tierra.

Durante la fase de luna nueva, el lado de la Luna que está orientado hacia la Tierra no está iluminado. A medida que la Luna gira alrededor de la Tierra ves más de la parte iluminada de la Luna, hasta que ves toda la parte iluminada. A medida que el mes continúa, ves menos del lado iluminado. La ilustración 2 muestra estos cambios. Aproximadamente 29.5 días después de la luna nueva, ves otra luna nueva.

Luz solar

1. Luna nueva
2. Luna nueva visible
3. Cuarto creciente
4. Luna gibosa creciente
5. Luna llena
6. Luna gibosa menguante
7. Cuarto menguante
8. Luna menguante

¡aplícalo!

Haz modelos Describe una manera de hacer un modelo de las fases de la Luna con objetos que podrías tener en tu casa.

_____
_____
_____
_____
_____

4   5   6   3   8

ILUSTRACIÓN 2
Fases de la Luna
A medida que la Luna gira alrededor de la Tierra, la cantidad de superficie lunar iluminada no varía. Sólo cambia la parte de la superficie iluminada que se puede ver desde la Tierra.

Interpreta diagramas Une cada foto con la fase del diagrama que le corresponde. Escribe el número de la fase.

Zona de laboratorio — Haz la Actividad rápida de laboratorio *Fases de la luna*.

Evalúa tu comprensión

.... e producen por _____
_____
_____

ayuda en inglés sobre este tema.

¿Qué son los eclipses?

La órbita de la Luna alrededor de la Tierra está levemente inclinada con respecto a la órbita de la Tierra alrededor del Sol. Como resultado, la Luna se desplaza encima y debajo de la órbita de la Tierra. Pero en raras ocasiones, la Tierra, la Luna y el Sol se alinean.

Cuando un cuerpo en el espacio se interpone entre el Sol y un tercer cuerpo, proyecta una sombra sobre ese cuerpo, lo que ocasiona un eclipse. Hay dos tipos de eclipses: eclipses solares y eclipses lunares.

Eclipses solares Durante una luna nueva, la Luna está entre el Sol y la Tierra. 🔑 Un eclipse solar ocurre cuando la Luna pasa directamente entre la Tierra y el Sol, y bloquea la luz solar que ilumina a la Tierra. Entonces, la sombra de la Luna llega a la Tierra.

Eclipses solares totales La parte más oscura de la sombra de la Luna es la umbra. Puedes ver cómo la umbra llega a la Tierra en la **ilustración 3**. Dentro de los límites de la umbra, la luz solar está completamente bloqueada. Sólo las personas que están dentro de la umbra experimentan un eclipse solar total. Durante estos eclipses, el cielo se oscurece como si fuera de noche. El aire se enfría y el cielo se torna de un color extraño. Puedes ver las estrellas y la corona solar, que es la atmósfera externa apenas visible del Sol.

Eclipses solares parciales La Luna proyecta otra parte de su sombra que es menos oscura que la umbra. La parte más grande de la sombra se denomina penumbra. En la penumbra, parte del Sol se puede ver desde la Tierra. Durante un eclipse solar, las personas que están en la penumbra sólo ven un eclipse parcial.

ILUSTRACIÓN 3
Eclipse solar
El diagrama muestra la umbra y la penumbra de la Luna durante un eclipse. No está diseñado a escala.
↩ **Relaciona el texto y los elementos visuales**
Marca con una X el lugar en el que se vería un eclipse solar total. Encierra en un círculo el lugar en el que se vería un eclipse solar parcial.

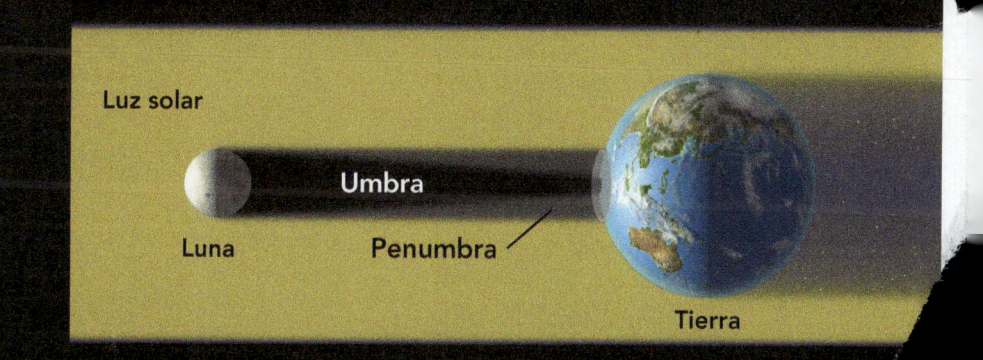

Eclipses lunares Durante la mayoría de los meses, la Luna pasa cerca de la sombra de la Tierra pero no entra en ella. Un **eclipse lunar** ocurre en la luna llena cuando la Tierra se interpone entre la Luna y el Sol. En la ilustración 4 puedes ver un eclipse lunar. Durante un eclipse lunar, la Tierra bloquea la luz solar que llegaría a la Luna. Los eclipses lunares ocurren solamente durante la luna llena porque en ese momento la Luna está más cerca de la sombra de la Tierra.

🔄 Relaciona el texto y los elementos visuales
Marca con una X la fotografía de arriba que muestra un eclipse total.

Eclipses lunares totales Al igual que la sombra de la Luna en un eclipse solar, la sombra de la Tierra tiene una umbra y una penumbra. Cuando la Luna está en la umbra de la Tierra, ves un eclipse lunar total. A diferencia de un eclipse solar total, un eclipse lunar total se puede ver en cualquier lugar de la Tierra en el que la Luna sea visible. Por lo tanto, es más probable que veas un eclipse lunar total que un eclipse solar total.

Eclipses lunares parciales En la mayoría de los eclipses lunares, la Tierra, la Luna y el Sol no están perfectamente alineados, y sólo ocurre un eclipse lunar parcial. Un eclipse lunar parcial ocurre cuando la Luna entra parcialmente en la umbra de la sombra de la Tierra. El borde de la umbra se ve borroso, y puedes ver cómo atraviesa la Luna durante dos o tres horas.

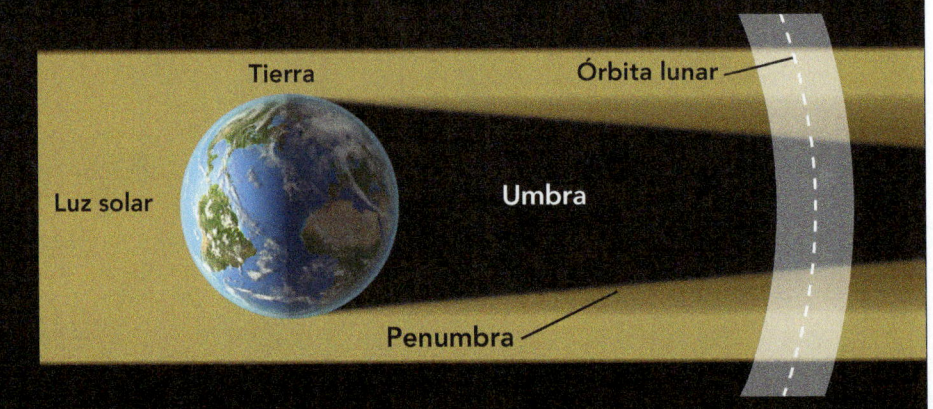

ILUSTRACIÓN 4
Eclipse lunar
A medida que la Luna atraviesa la sombra de la Tierra, ocurren eclipses totales y parciales. Este diagrama no está diseñado a escala.

✏️ **Infiere** Dibuja un círculo y rotúlalo *T* para mostrar dónde estaría la Luna durante un eclipse total. Dibuja dos círculos y rotúlalos *P* para mostrar dos lugares donde podría estar la Luna durante un eclipse parcial.

Tierra · Órbita lunar
Luz solar · Umbra
Penumbra

26 La Tierra, la Luna y el Sol

Las estaciones y las sombras

¿Cómo interactúan la Tierra, la Luna y el Sol?

ILUSTRACIÓN 5

> **INTERACTIVE ART** Observa el diagrama siguiente. (El diagrama no está diseñado a escala). Identifica qué estación es en el hemisferio norte, cuál es la fase de la Luna y qué tipo de eclipse podría ocurrir, en caso de que pudiera ocurrir alguno.

Estación
_____

Fase de la Luna
_____

Eclipse
_____

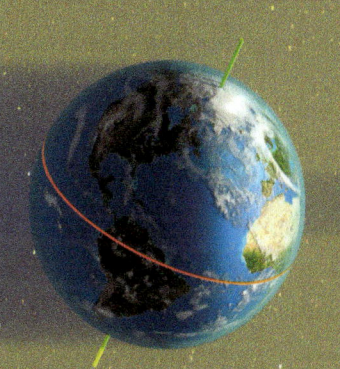

Usa como modelo el diagrama de arriba. Dibuja la ubicación de la Tierra, la Luna y el Sol durante un eclipse lunar total en diciembre.

Zona de laboratorio Haz la Actividad rápida de laboratorio *Eclipses*.

🗝 Evalúa tu comprensión

1a. Explica Un eclipse (solar/lunar) ocurre cuando la Luna entra en la sombra de la Tierra. Un eclipse (solar/lunar) ocurre cuando la Tierra entra en la sombra de la Luna.

b. RESPONDE LA PREGUNTA PRINCIPAL ¿Cómo interactúan la Tierra, la Luna y el Sol? _____
_____
_____
_____

¿comprendiste?

○ **¡Comprendí!** Ahora sé que los eclipses ocurren cuando _____
_____

○ Necesito más ayuda con _____

Consulta **MY SCIENCE COACH** en línea para obtener ayuda en inglés sobre este tema.

27

LECCIÓN 5
Mareas

DESCUBRE LA PREGUNTA PRINCIPAL ¿Qué son las mareas?

mi Diario del planeta

Un río en marcha atrás

Si visitaras New Brunswick, en Canadá, verías que el río Saint John desemboca en el océano. Pero seis horas más tarde, ¡verías que el río cambió su curso mientras no estabas! ¿Cómo pudo ocurrir? El río Saint John realmente cambia su curso dos veces al día. Cuando hay marea baja, desagua en la Bahía de Fundy, como puedes ver más abajo. Cuando hay marea alta, la marea de la Bahía de Fundy entra con fuerza en el río y hace que el río cambie su curso en la dirección opuesta. Las mareas de la Bahía de Fundy están entre las más altas del mundo.

DATO CURIOSO

Usa tu experiencia para responder las preguntas.

1. ¿Por qué el río Saint John cambia de dirección?
   _____
   _____
   _____

2. ¿Alguna vez has visto un suceso natural que te haya sorprendido? ¿Por qué fue sorprendente?
   _____
   _____
   _____

▶ **PLANET DIARY** Consulta *Planet Diary* para aprender más en inglés sobre las mareas.

Zona de laboratorio Haz la Indagación preliminar *¿Cuándo hay marea alta?*

Marea alta

Marea baja

28 La Tierra, la Luna y el Sol

| my science online | Tides | > PLANET DIARY | > ART IN MOTION |

Vocabulario
- marea
- marea viva
- marea muerta

Destrezas
- Lectura: Relaciona causa y efecto
- Indagación: Observa

¿Qué son las mareas?

El cambio de dirección del río Saint John es producido por las **mareas** oceánicas, la subida y la bajada del nivel del agua del océano que ocurre cada 12.5 horas, aproximadamente. El agua sube durante unas seis horas y luego baja durante otras seis.

El ciclo de las mareas La fuerza de gravedad hace que la Luna y la Tierra (incluida el agua de su superficie) se atraigan. **Las mareas son causadas por las diferencias en la cantidad de fuerza de gravedad de la Luna y del Sol que ejerce atracción en diferentes partes de la Tierra.**

En cualquier momento dado en la Tierra, hay dos lugares con marea alta y dos lugares con marea baja. A medida que la Tierra rota, ocurre una marea alta en la parte de la Tierra que mira hacia la Luna. La segunda marea alta ocurre en el lado opuesto de la Tierra. La **ilustración 1** explica por qué.

Relaciona causa y efecto Mientras lees la **ilustración 1**, subraya las causas de la marea alta y la marea baja.

ILUSTRACIÓN 1
> ART IN MOTION Mareas

Puedes imaginar que la Tierra es una pelota rodeada por una capa de agua, como ves en la ilustración de la derecha. La capa es mucho más delgada que en la ilustración, pero está dibujada más gruesa para que se vea más fácilmente.

— Polo Norte

El lado más cercano La gravedad de la Luna atrae con un poco más de fuerza el agua del lado de la Tierra más cercano a ella que el de toda la Tierra. Esta diferencia crea una protuberancia de agua acumulada en el lado de la Tierra que está más cerca de la Luna. Esta protuberancia causa la marea alta.

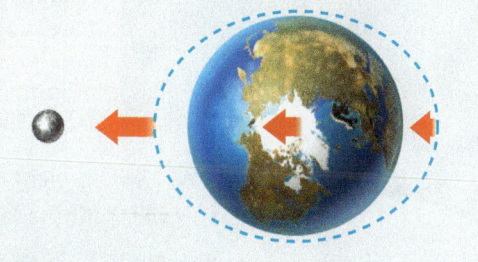

El lado más lejano La gravedad de la Luna atrae más débilmente el agua del lado de la Tierra más lejano a ella que el de toda la Tierra. Como la Tierra es atraída con más fuerza, el agua "queda más atrás". El agua fluye hacia el lado más lejano y causa la marea alta. A mitad de camino entre las mareas altas, el agua fluye hacia las mareas altas, lo que causa mareas bajas.

Interpreta diagramas
Escribe una *A* donde ocurre la marea alta y una *B* donde ocurre la marea baja.

29

La función del Sol Si bien el Sol está a unos 150 millones de kilómetros de la Tierra, es tan grande que su gravedad afecta a las mareas. El Sol atrae el agua de la superficie de la Tierra. 🔑 Los cambios en la posición de la Tierra, la Luna y el Sol afectan a las alturas de las mareas durante cada mes.

Luna nueva
El Sol, la Luna y la Tierra están casi en una misma línea durante la luna nueva. La gravedad del Sol y de la Luna atraen en la misma dirección. Sus fuerzas combinadas producen una marea con la mayor diferencia entre las mareas altas y bajas consecutivas, denominada **marea viva.**

Cuarto creciente
Durante la fase de cuarto creciente de la Luna, la línea entre la Tierra y el Sol está en ángulo recto con la línea entre la Tierra y la Luna. La atracción del Sol está en ángulo recto con la atracción de la Luna. Esta ubicación produce una **marea muerta,** una marea con la mínima diferencia entre las mareas altas y bajas consecutivas. Las mareas muertas ocurren dos veces por mes.

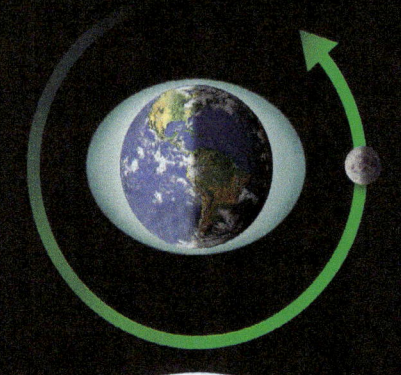

Luna llena
Durante la luna llena, la Luna y el Sol están en lados opuestos de la Tierra. Como hay mareas altas a ambos lados de la Tierra, también se produce una marea viva. No importa el orden en que están alineados el Sol, la Tierra y la Luna.

Cuarto menguante
✏️ **Infiere** Dibuja la posición de la Luna y la protuberancia de agua de las mareas durante el cuarto menguante. ¿Qué tipo de marea ocurre?
_____

30   La Tierra, la Luna y el Sol

¡aplícalo!

La tabla muestra las mareas altas y bajas de mayo del año 2008, en Saint John, New Brunswick. Saint John está en la Bahía de Fundy.

Mareas altas y bajas en St. John, New Brunswick

Fecha	Marea alta (metros)	Marea baja (metros)
Mayo 6–7	8.7	0.0
Mayo 13–14	7.1	1.7
Mayo 21	7.5	1.2
Mayo 26	6.9	2.0

❶ Interpreta datos Las mareas vivas ocurrieron en dos de las fechas indicadas. ¿Cuáles son? ¿Cómo lo sabes?

_____
_____
_____

❷ DESAFÍO ¿La marea sería más alta cuando la Luna está del mismo lado de la Tierra que New Brunswick o cuando está del lado opuesto? ¿Por qué?

_____
_____
_____
_____
_____

Vocabulario Identificar significados múltiples ¿Crees que la marea muerta debe su nombre a la intensidad o a la falta de movimiento? Explica tu respuesta.

_____
_____
_____
_____
_____

Zona de laboratorio Haz la Actividad rápida de laboratorio *Hacer un modelo de la fuerza de gravedad de la Luna.*

🔑 Evalúa tu comprensión

1a. Repasa Casi todas las zonas costeras tienen _____ mareas altas y _____ mareas bajas al día.

b. 🔄 Relaciona causa y efecto ¿Cuáles son las causas de las mareas?

_____
_____
_____

c. Observa Observa los diagramas de la página anterior. ¿Qué ángulo forman el Sol, la Tierra y la Luna durante una marea muerta? ¿Y durante una marea viva?

_____
_____

¿comprendiste?

○ **¡Comprendí!** Ahora sé que las mareas son _____

○ Necesito más ayuda con _____

Consulta **MY SCIENCE COACH** en línea para obtener ayuda en inglés sobre este tema.

31

LECCIÓN 6

La luna de la Tierra

DESCUBRE LA PREGUNTA PRINCIPAL ¿Cómo es la Luna?

mi Diario del planeta

VOCES DE LA HISTORIA

Galileo Galilei

En 1609, el astrónomo italiano Galileo Galilei enfocó un nuevo instrumento —el telescopio— hacia la Luna. Lo que vio lo sorprendió: amplias áreas oscuras y extrañas manchas y cadenas montañosas.

Fui inducido a opinar de esta manera... que estoy seguro de que la superficie de la Luna no es perfectamente lisa... pero que, por el contrario, es... como la superficie de la Tierra misma, variada en todos lados, con altas montañas y profundos valles.

En la actualidad, los científicos saben que Galileo tenía razón. Con potentes telescopios pudimos ver las montañas y los cráteres de la Luna, y los astronautas caminaron y condujeron sobre la superficie de la Luna.

✏️ **Comunica ideas** Comenta las observaciones de Galileo con un compañero. Luego, responde las preguntas siguientes.

1. ¿Qué conclusiones sacó Galileo sobre la Luna?
   _____
   _____

2. ¿Qué crees que se sentiría al hacer una observación que nadie hizo antes?
   _____
   _____
   _____

▶ **PLANET DIARY** Consulta *Planet Diary* para aprender más en inglés sobre la luna de la Tierra.

Zona de laboratorio Haz la Indagación preliminar ¿Por qué los cráteres son diferentes entre sí?

32 La Tierra, la Luna y el Sol

my science online | Earth's Moon | ▶ PLANET DIARY | ▶ APPLY IT

Vocabulario
- maria • cráter
- meteoroide

Destrezas
- Lectura: Compara y contrasta
- Indagación: Desarrolla hipótesis

¿Cómo es la Luna?

Durante miles de años, todos podíamos ver la Luna, pero no sabíamos mucho sobre ella. Las observaciones de Galileo mostraron detalles de la superficie lunar. Desde entonces, los científicos aprendieron más sobre las características de la Luna. **La Luna es seca y no tiene aire, y tiene una superficie irregular. Comparada con la Tierra, la Luna es pequeña y tiene grandes variaciones en la temperatura de su superficie.**

Accidentes geográficos de la superficie Como muestra la **ilustración 1,** la Luna tiene muchas estructuras poco comunes, como maria, cráteres y tierras altas.

Maria Se denomina maria a áreas oscuras y llanas de roca endurecida formadas por enormes flujos de lava que ocurrieron hace 3 ó 4 mil millones de años. En latín, *maria* es el plural de *mare* (mar).

Cráteres Los cráteres son grandes hoyos redondos que pueden medir cientos de kilómetros de diámetro. Estos cráteres se formaron por el impacto de meteoroides, trozos de roca o polvo que existen en el espacio. Las maria tienen relativamente pocos cráteres. Esto significa que la mayoría de los cráteres de la Luna se formaron por impactos que ocurrieron en los comienzos de su historia, antes de que se formaran las maria.

Tierras altas Algunas formas de colores claros de la superficie de la Luna son tierras altas, o montañas. Los picos de las tierras altas lunares y los bordes de los cráteres proyectan sombras oscuras. Las tierras altas cubren la mayor parte de la superficie de la Luna.

ILUSTRACIÓN 1
Accidentes geográficos de la Luna
Esta fotografía muestra los accidentes geográficos de la parte norte del lado de la Luna que se puede ver desde la Tierra.

✏️ **Relaciona diagramas y fotos** ¿En qué se diferencian la foto y el dibujo de Galileo de la página anterior?

ILUSTRACIÓN 2
Mundos diferentes
Esta foto de la Tierra, tomada desde una órbita alrededor de la Luna, muestra claramente el contraste entre la Luna árida y la Tierra cubierta de agua.

Tamaño y densidad La Luna mide 3,476 kilómetros de diámetro, un poco menos que el ancho de los Estados Unidos. Esto es aproximadamente un cuarto del diámetro de la Tierra. Sin embargo, la Luna sólo tiene un ochentavo de la masa de la Tierra. Si bien la Tierra tiene un núcleo muy denso, sus capas exteriores son menos densas. La densidad promedio de la Luna es similar a la de las capas exteriores de la Tierra. Su gravedad es alrededor de un sexto de la gravedad de la Tierra.

Temperatura En el ecuador de la Luna, las temperaturas oscilan entre unos tórridos 130 °C directamente a la luz del sol y unos gélidos −170 °C por la noche. En los polos hace aún más frío. Las temperaturas varían tanto porque la Luna no tiene atmósfera. La gravedad de la superficie de la Luna es tan débil que los gases se escapan fácilmente hacia el espacio.

Agua Durante muchos años se pensó que la Luna no tenía agua, a excepción de pequeñas cantidades de hielo. En el año 2009, los científicos, con datos de varias sondas espaciales, determinaron que existe una delgada capa de agua en el suelo lunar. La cantidad total de agua es muy pequeña, pero se encuentra en muchos lugares de la superficie lunar.

Orígenes de la Luna Los científicos han sugerido muchas teorías posibles para la formación de la Luna. La teoría que mejor parece ajustarse a la evidencia es la teoría del gran impacto. Hace unos 4,500 millones de años, cuando la Tierra era aún muy joven, el sistema solar estaba lleno de restos de roca. Los científicos plantearon la teoría de que un cuerpo del tamaño de un planeta chocó contra la Tierra. Material de ese cuerpo y de las capas exteriores de la Tierra salió expulsado y entró en órbita alrededor de la Tierra, donde formó un anillo. La gravedad hizo que este material se fusionara y formara la Luna.

Compara y contrasta
Completa la tabla siguiente para comparar y contrastar la Tierra y la Luna.

	Densidad	Temperatura	Atmósfera	Agua
Tierra				
Luna				

34 La Tierra, la Luna y el Sol

¡aplícalo!

En el transcurso de tu vida, es probable que empiece a haber excursiones turísticas a la Luna. Si fueras a hacer un viaje a la Luna, ¿qué empacarías? Recuerda que la Luna es árida, casi no tiene agua líquida y no tiene atmósfera.

1 Resuelve problemas Anota cinco elementos que necesitarías en la Luna en la lista de cosas para empacar de la derecha.

2 DESAFÍO Anota dos objetos que no podrías usar en la Luna. ¿Por qué no funcionarían?

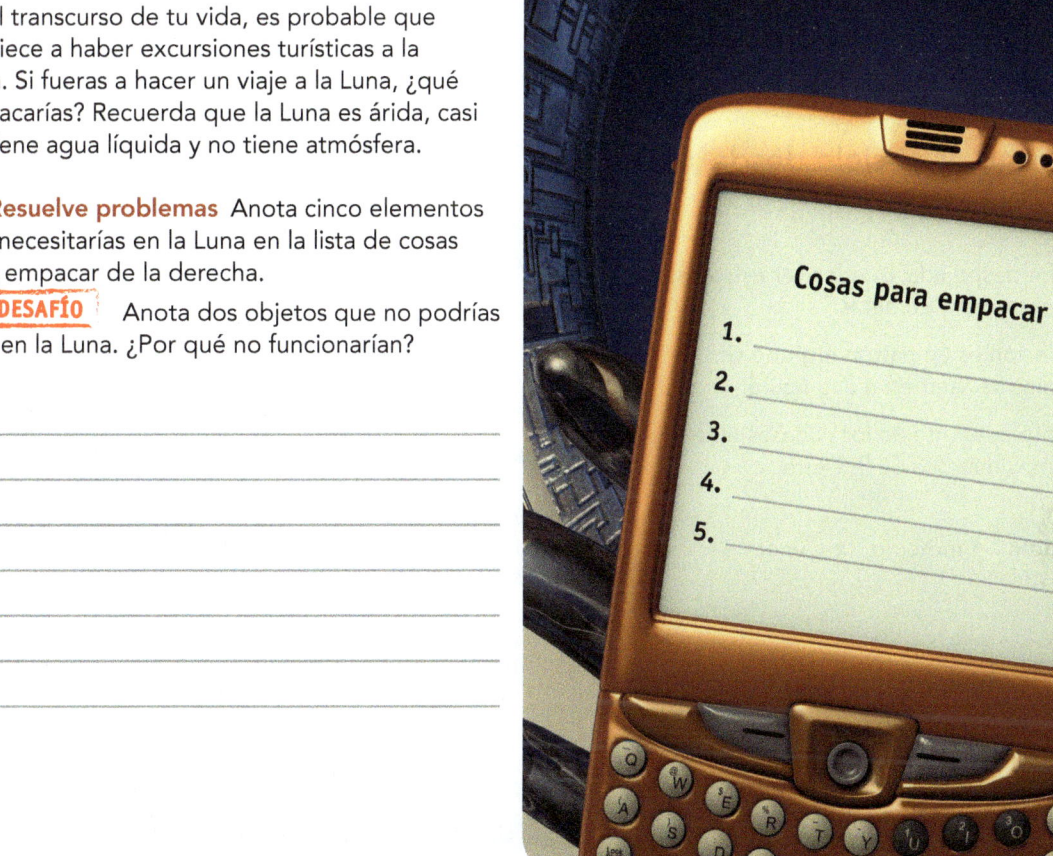

_____
_____
_____
_____
_____

Cosas para empacar
1. _____
2. _____
3. _____
4. _____
5. _____

Haz la Actividad rápida de laboratorio *Mirar la Luna*.

Evalúa tu comprensión

1a. Haz una lista ¿Cuáles son los tres accidentes geográficos principales de la superficie lunar?
_____

b. Compara y contrasta ¿Cómo es la gravedad de la Luna comparada con la de la Tierra?
_____

c. Desarrolla hipótesis Escribe una hipótesis que explique por qué la Luna tiene tan poca agua en forma líquida.
_____
_____
_____

¿comprendiste?

○ **¡Comprendí!** Ahora sé que las características de la luna de la Tierra son _____
_____

○ Necesito más ayuda con _____

Consulta MY SCIENCE COACH en línea para obtener ayuda en inglés sobre este tema.

35

CAPÍTULO 1 Guía de estudio

REPASA LA PREGUNTA PRINCIPAL

Las interacciones entre la Tierra, la Luna y el Sol causan _____, _____, _____ y _____.

LECCIÓN 1 Observar el cielo desde la Tierra

🔑 En una noche despejada, puedes ver estrellas, la Luna, planetas, meteoros y cometas.

🔑 Una constelación es un patrón o grupo de estrellas que se dice se asemeja a una figura.

🔑 El movimiento aparente de los cuerpos en el cielo depende de los movimientos de la Tierra.

Vocabulario
- satélite • planeta • meteoro • cometa
- estrella • constelación

LECCIÓN 2 La Tierra en el espacio

🔑 La Tierra se mueve en el espacio principalmente de dos maneras: rotación y revolución.

🔑 La Tierra tiene estaciones porque su eje está inclinado mientras gira alrededor del Sol.

Vocabulario
- eje • rotación
- revolución
- órbita • calendario
- solsticio • equinoccio

LECCIÓN 3 Gravedad y movimiento

🔑 La intensidad de la fuerza de gravedad entre dos cuerpos depende de dos factores: las masas de los cuerpos y la distancia entre ellos.

🔑 Newton afirmó que la inercia y la gravedad en conjunto mantienen a la Tierra en órbita alrededor del Sol y a la Luna en órbita alrededor de la Tierra.

Vocabulario
- fuerza • gravedad • ley de gravitación universal
- masa • peso • inercia
- Primera ley de movimiento de Newton

LECCIÓN 4 Fases y eclipses

🔑 Las posiciones relativas cambiantes de la Luna, la Tierra y el Sol son las causas de las fases de la Luna.

🔑 Un eclipse solar ocurre cuando la Luna pasa directamente entre la Tierra y el Sol, y bloquea la luz solar que ilumina a la Tierra. Durante un eclipse lunar, la Tierra bloquea la luz solar que llegaría a la Luna.

Vocabulario
- fase • eclipse • eclipse solar • umbra
- penumbra • eclipse lunar

LECCIÓN 5 Mareas

🔑 Las mareas son causadas por las diferencias en la cantidad de fuerza de gravedad de la Luna y del Sol que ejerce atracción en diferentes partes de la Tierra.

🔑 Los cambios en la posición de la Tierra, la Luna y el Sol afectan a las alturas de las mareas durante cada mes.

Vocabulario
- marea • marea viva • marea muerta

LECCIÓN 6 La luna de la Tierra

🔑 La Luna es seca, no tiene aire y tiene una superficie irregular. Comparada con la Tierra, la Luna es pequeña y tiene grandes variaciones en la temperatura de su superficie.

Vocabulario
- maria • cráter
- meteoroide

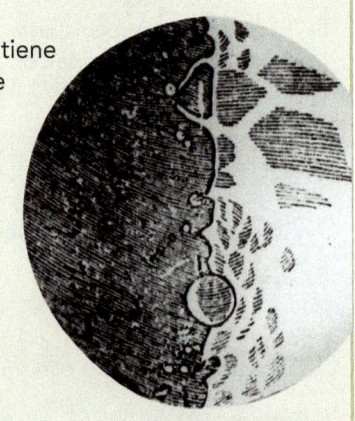

36 La Tierra, la Luna y el Sol

Repaso y evaluación

LECCIÓN 1 — Observar el cielo desde la Tierra

1. ¿Cuál de estos cuerpos se puede hallar en la atmósfera terrestre?
   - a. cometa
   - b. meteoro
   - c. Luna
   - d. planeta

2. A través del tiempo, las personas han puesto nombres a grupos de estrellas denominados _____

3. **Predice** La constelación de Orión aparece en el cielo del este en diciembre. ¿Dónde esperarías que apareciera en marzo? ¿Por qué?
   _____
   _____
   _____

4. **Escríbelo** Imagínate que estás acampando durante una noche de verano. Describe qué cuerpos podrías ver en el cielo y cómo el cielo cambiaría a lo largo de la noche.

LECCIÓN 2 — La Tierra en el espacio

5. ¿Cómo se denomina el movimiento anual de la Tierra alrededor del Sol?
   - a. mes
   - b. revolución
   - c. rotación
   - d. estaciones

6. _____ ocurre cuando el Sol está más al norte del ecuador.

7. **Infiere** El eje de Marte está inclinado aproximadamente en el mismo ángulo que el eje de la Tierra. ¿Crees que Marte tiene estaciones? Explica tu respuesta.
   _____
   _____
   _____

8. **Escríbelo** Escribe una guía para niños en la que expliques cómo se relacionan los movimientos de la Tierra con la longitud de los días y los años.

LECCIÓN 3 — Gravedad y movimiento

9. La tendencia de un cuerpo a resistir un cambio en su movimiento se denomina
   - a. fuerza.
   - b. gravedad.
   - c. inercia.
   - d. peso.

10. _____ y _____ mantienen un cuerpo en órbita.

11. **Relaciona causa y efecto** Si alejas mucho dos cuerpos, ¿cómo cambia la fuerza de gravedad entre los dos cuerpos?
    _____

12. **Compara y contrasta** ¿En qué se diferencian el peso y la masa? _____
    _____
    _____

13. **Explica** Explica la Primera ley de movimiento de Newton con tus propias palabras. _____
    _____
    _____
    _____
    _____
    _____

Usa la ilustración para responder la pregunta 14.

450 N

14. **¡matemáticas!** ¿Cuánto pesaría en la Luna la persona del dibujo de arriba? _____

37

CAPÍTULO 1 Repaso y evaluación

LECCIÓN 4 Fases y eclipses

15. La sombra de la Luna al caer sobre la Tierra causa

    a. una luna llena.   **b.** un eclipse lunar.

    c. una fase.   **d.** un eclipse solar.

16. La parte más oscura de la sombra de la Luna es _____

17. Relaciona causa y efecto ¿Por qué la Luna tiene fases? _____

18. Haz generalizaciones ¿Qué ocurre con más frecuencia: un eclipse lunar parcial o un eclipse lunar total? ¿Por qué? _____

LECCIÓN 5 Mareas

19. Aproximadamente, ¿cuánto tiempo pasa entre cada marea alta?

    a. 6 horas   **b.** 12 horas

    c. 24 horas   **d.** 48 horas

20. La menor diferencia entre una marea alta y una baja ocurre durante _____

Usa el diagrama para responder la pregunta 21.

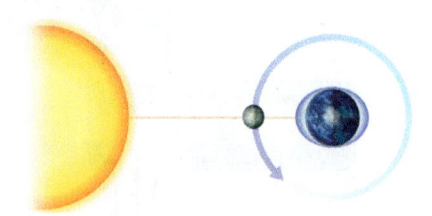

21. Interpreta diagramas ¿El diagrama muestra una marea viva o una marea muerta? ¿Cómo lo sabes? _____

LECCIÓN 6 La luna de la Tierra

22. ¿Qué formó los cráteres de la Luna?

    a. maria   **b.** meteoroides

    c. mareas   **d.** volcanes

23. Las tierras altas de color claro de la Luna son _____

24. Explica ¿Por qué varían tanto las temperaturas en la Luna? _____

25. Escríbelo Imagínate que te contrataron para diseñar un traje espacial para la Luna. ¿Qué características de la Luna tendrías que tener en cuenta? Explica tu respuesta.

APLICA LA PREGUNTA PRINCIPAL ¿Cómo interactúan la Tierra, la Luna y el Sol?

26. ¿Qué pueden ver más personas: un eclipse solar total o un eclipse lunar total? Explica tu respuesta.

_____

Preparación para exámenes estandarizados

Selección múltiple

Encierra en un círculo la letra de la mejor respuesta.

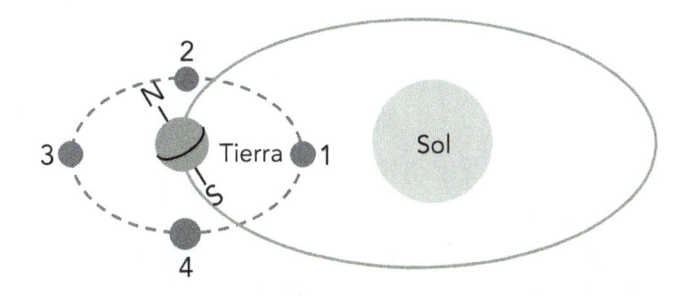

1. ¿Cuál de estas opciones puede ocurrir cuando la Luna está en la ubicación 1?

A sólo un eclipse lunar
B sólo un eclipse solar
C un eclipse solar y un eclipse lunar
D ni un eclipse solar ni un eclipse lunar

2. ¿De qué depende la fuerza de gravedad entre dos objetos?

A masa y peso
B velocidad y distancia
C peso y velocidad
D masa y distancia

3. ¿Qué sucede en una marea viva?

A Hay sólo una marea alta cada día.
B Hay sólo una marea baja cada día.
C Existe la mayor diferencia entre las mareas altas y bajas consecutivas.
D Existe la menor diferencia entre las mareas altas y bajas consecutivas.

4. Las áreas oscuras y llanas de la Luna se denominan

A cráteres.
B tierras altas.
C maria.
D meteoroides.

5. ¿Qué tipo de cuerpo visible desde la Tierra orbita alrededor del Sol y ha despejado las proximidades de su órbita?

A estrella
B planeta
C luna
D meteoro

Respuesta elaborada

Usa el diagrama que sigue para responder la pregunta.

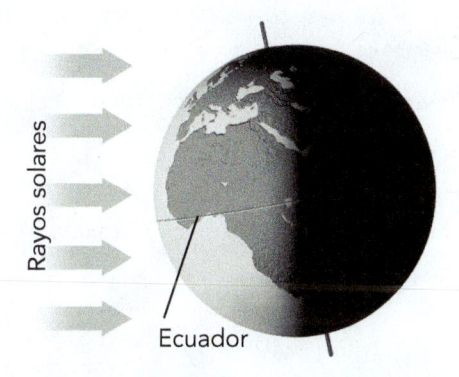

6. En el hemisferio norte, ¿es el solsticio de verano, el solsticio de invierno o uno de los equinoccios? Explica cómo lo sabes.

EL RINCÓN DE LA CIENCIA

Lo último en la ciencia

LLEVAR LA CUENTA DEL TIEMPO

▲ Esta piedra solar azteca también se conoce como el calendario azteca. El calendario muestra los 20 días de cada mes azteca. Este calendario era solar, con un total de 365 días por año.

¿En qué día de la semana cae tu cumpleaños este año? Es mejor que lo verifiques en el calendario.

Los calendarios se inventaron para llevar la cuenta de los sucesos importantes, como los planes de siembra y los festivales.

Las personas de la antigüedad observaron ciertos patrones en la naturaleza. Las estaciones cambian. El Sol sale y se pone. La Luna cambia de fase. Estos patrones se convirtieron en la base de los calendarios, aun antes de que las personas comprendieran que la Tierra rota sobre un eje y gira alrededor del Sol o que la Luna gira alrededor de la Tierra.

Los calendarios eran lunares (basados en la Luna), solares (basados en el Sol) o lunares y solares (basados en una combinación de ambos). Pero ninguno era totalmente preciso; los sucesos importantes cambiaban de fecha de un año a otro.

El calendario gregoriano, que se introdujo en 1582, es el calendario estándar que usamos hoy. Es más preciso que la mayoría de los calendarios, pero aun así necesita pequeños ajustes. Agregamos un día extra cada casi cuatro años, lo que nos da un año bisiesto. Los años de cambio de siglo (como el año 2000) no son bisiestos salvo que se puedan dividir entre 400.

Investígalo En la actualidad, hay unos 40 tipos diferentes de calendarios en uso. Elige uno e investígalo. Escribe un ensayo en el que describas el calendario y en qué se diferencia del calendario gregoriano. ¿Qué te indica el calendario acerca de la sociedad que lo usa?

DESPUÉS DE APOLO: EXPLORAR LA LUNA

La ciencia y la sociedad

Esta no es una huella común. La hizo un astronauta en la superficie polvorienta de la Luna. Como no hay viento que la desgaste, podría durar muchísimo tiempo.

Desde que los dos astronautas de la misión Apolo 17 pisaron la Luna en 1972, nadie más lo ha hecho. Pero la Luna no fue abandonada. Las naves espaciales robóticas y los robots exploradores reemplazaron a los seres humanos.

En 2007, China y Japón enviaron sondas espaciales robóticas para que fotografiaran e hicieran un mapa de la Luna. A fines del año 2008, la India lanzó su propio orbitador lunar y lanzó una sonda del tamaño de un maletín en la superficie de la Luna para que transmitiera imágenes. ¿Qué viene después? El *Orbitador de Reconocimiento Lunar* de la Administración Nacional de Aeronáutica y del Espacio, que buscará recursos y buenos lugares para alunizar. Su objetivo es ayudar a que los seres humanos puedan volver a la Luna en el futuro cercano.

Investígalo Elige una de las misiones lunares internacionales y prepara una línea cronológica desde que comenzó el diseño hasta que llegó a orbitar la Luna.

El *Orbitador de Reconocimiento Lunar* fue diseñado para orbitar aproximadamente a 50 kilómetros sobre la superficie de la Luna y recopilar información detallada sobre el medio ambiente.

¿EN QUÉ SE PARECEN ESTE TRAJE DE BAÑO Y UN TRAJE ESPACIAL?

¿En qué beneficia a los habitantes de la Tierra la exploración espacial?

Este traje de baño de última tecnología está hecho con una tela liviana específicamente diseñada y está cosido mediante un método ultrasónico que permite un mejor deslizamiento en el agua. El traje de baño comprime el cuerpo y ayuda a los atletas a ir más rápido. **Desarrolla hipótesis** ¿En qué podrían parecerse este traje de baño y un traje espacial?

_____
_____
_____
_____
_____

> **UNTAMED SCIENCE** Mira el video de *Untamed Science* para aprender más sobre la exploración espacial.

42 Exploración espacial

Exploración espacial

CAPÍTULO
2

Exploring Space · UNTAMED SCIENCE · THE BIG QUESTION

CAPÍTULO 2 Para comenzar

Verifica tu comprensión

1. **Preparación** Lee el párrafo siguiente y luego responde la pregunta.

> Bill quiere saber cómo despega un cohete. Su hermana Jan le explica que los motores del cohete generan mucha **fuerza**. La fuerza hace que el cohete salga expulsado hacia arriba a gran **rapidez**. Esta fuerza permite que el cohete se propulse en contra de la **gravedad** y que tenga suficiente rapidez como para llegar hasta el espacio.

> Una **fuerza** es un empuje o una atracción.
>
> La **rapidez** es la distancia que viaja un objeto por unidad de tiempo.
>
> La **gravedad** es la fuerza que atrae a los cuerpos entre sí.

- ¿Cuál es la fuerza que atrae al cohete hacia abajo cuando despega del suelo?

_____

▶ **MY READING WEB** Si tuviste dificultades para responder la pregunta anterior, visita *My Reading Web* y escribe *Exploring Space*.

Destreza de vocabulario

Identificar familias de palabras Aprende palabras de la misma familia para enriquecer tu vocabulario. Si sabes que el verbo *coleccionar* significa "agrupar", puedes deducir el significado del sustantivo *colección* y del adjetivo *coleccionable*.

Verbo	Sustantivo	Adjetivo
sondear estudiar algo con cuidado	**sonda** vehículo espacial sin tripulación	**sondeable** que se puede sondear
vaciar sacar, verter el contenido, dejar vacío	**vacío** lugar en donde no existe materia	**vacío** parcial o completamente falto de contenido

2. **Verificación rápida** Encierra en un círculo la oración en la que la palabra *vacío* se use como sustantivo.
   - En la exploración, se descubrió que el lugar estaba *vacío*.
   - La velocidad de la luz en el *vacío* es una constante.

44 Exploración espacial

my science online.com | Exploring Space | MY READING WEB | VOCAB FLASH CARDS

cohete

satélite

sonda espacial

derivación espacial

Vistazo al capítulo

LECCIÓN 1
- cohete
- empuje
- velocidad
- velocidad orbital
- velocidad de escape

🔄 Relaciona el texto y los elementos visuales

⚠ Interpreta datos

LECCIÓN 2
- satélite
- transbordador espacial
- estación espacial
- sonda espacial
- rover

🔄 Pregunta

⚠ Haz modelos

LECCIÓN 3
- vacío
- microgravedad
- derivación espacial
- percepción remota
- órbita geoestacionaria

🔄 Identifica la idea principal

⚠ Saca conclusiones

▶ **VOCAB FLASH CARDS** Para obtener más ayuda con el vocabulario, visita *Vocab Flash Cards* y escribe *Exploring Space*.

45

LECCIÓN 1
La ciencia de los cohetes

DESCUBRE LA PREGUNTA PRINCIPAL

- ¿Cuál es el origen de los cohetes?
- ¿Cómo funcionan los cohetes?
- ¿Cuál es la principal ventaja de los cohetes de múltiples etapas?

mi Diario Del planeta

Cinturones cohete

Ha nevado todo el día, y aún no se ha limpiado la nieve de las carreteras. ¡No hay problema! Sólo colócate un cinturón cohete y vuela por encima de la nieve. Esta idea parece sacada de una película de ciencia ficción, ¿no? Pero en realidad, ya se están fabricando cinturones cohete individuales. Estos cinturones cohete son muy caros y consumen mucho combustible pesado: cerca de 10 galones de gasolina por hora. Pueden transportar a una persona durante sólo unos 30 minutos y luego necesitan otra carga de gasolina. De todos modos, esos 30 minutos son suficientes para que muchas personas lleguen a su lugar de trabajo... esto es, claro, si logran encontrar un lugar para aterrizar y aparcar sus cinturones cohete una vez que llegan a destino.

DATO CURIOSO

Observa la ilustración de la persona con el cinturón cohete. Usa tus conocimientos de ciencias para responder la pregunta. ¿Cuáles serían las ventajas y las desventajas de usar un cinturón cohete como medio de transporte?

_____
_____
_____
_____
_____
_____

▶ **PLANET DIARY** Consulta *Planet Diary* para aprender más en inglés sobre los cohetes.

Zona de laboratorio Haz la Indagación preliminar *¿Cuál es la fuerza que mueve un globo?*

¿Cuál es el origen de los cohetes?

Probablemente hayas visto cohetes en espectáculos de fuegos artificiales. Habrás notado que, a medida que los cohetes suben hacia el cielo, expulsan un gas chispeante por la parte trasera. Un **cohete** es un aparato que expulsa gases en una dirección para moverse en la dirección opuesta. **La tecnología de los cohetes surgió en China hace cientos de años y gradualmente se expandió hacia otras partes del mundo.** Los cohetes se desarrollaron con fines militares y de entretenimiento, como los fuegos artificiales.

46 Exploración espacial

| Development of Rockets | ▶ PLANET DIARY | ▶ MY SCIENCE COACH |

Vocabulario
- cohete • empuje • velocidad
- velocidad orbital • velocidad de escape

Destrezas
- Lectura: Relaciona el texto y los elementos visuales
- Indagación: Interpreta datos

El origen de los cohetes Los primeros cohetes se construyeron en China en el siglo XII. Estos primeros "cohetes" no eran cohetes, sino simples flechas cubiertas de un polvo inflamable que se encendían y se lanzaban con un arco. En el siglo XIII, los chinos ya usaban pólvora dentro de sus cohetes.

A principios del siglo XIX, los británicos mejoraron en gran medida la tecnología de la cohetería. Los barcos británicos usaron cohetes para luchar contra las tropas estadounidenses en la Guerra de 1812. El himno nacional de los Estados Unidos, *The Star-Spangled Banner,* hace referencia al fulgor candente de los cohetes y las bombas que estallan en el aire. Estas palabras describen un ataque de cohetes británicos contra el Fuerte McHenry en Baltimore, Maryland.

El desarrollo de los cohetes modernos Los científicos diseñaron los primeros cohetes modernos a principios del siglo XX. El físico ruso Konstantin Tsiolkovsky describió el funcionamiento de los cohetes en términos científicos y propuso diseños para cohetes avanzados. El físico estadounidense Robert Goddard también diseñó cohetes y comenzó a construirlos alrededor de 1915.

Durante la Segunda Guerra Mundial se lograron avances significativos en el diseño de los cohetes. Los alemanes usaron un cohete llamado V-2 para destruir blancos militares y civiles. Era un cohete grande que podía recorrer distancias de unos 300 kilómetros. Después de la guerra, se trasladó a los Estados Unidos al diseñador del V-2, Wernher von Braun. Von Braun usó su experiencia para dirigir el desarrollo de muchos de los cohetes del programa espacial de los Estados Unidos.

ILUSTRACIÓN 1
Línea cronológica de los cohetes
Cuenta la leyenda que, por el año 1500, el funcionario chino Wan-Hoo ató cohetes a su silla para tratar de llegar a la Luna.

✎ En las tarjetas siguientes, escribe un breve encabezado para señalar los principales sucesos en el desarrollo de los cohetes.

S. XII
S. XIII
S. XIV
S. XV
S. XVI
S. XVII
S. XVIII
S. XIX
S. XX

Zona de laboratorio Haz la Actividad rápida de laboratorio *Historia de los cohetes.*

🔑 Evalúa tu comprensión

¿comprendiste?..

○ ¡Comprendí! Ahora sé que la tecnología de los cohetes surgió _____ y gradualmente se expandió a _____

○ Necesito más ayuda con _____

Consulta **my science coach** en línea para obtener ayuda en inglés sobre este tema.

¿Cómo funcionan los cohetes?

Los cohetes pueden ser tan pequeños como tu dedo o tan grandes como un rascacielos. Sin embargo, la característica esencial de todo cohete es que expulsa gas en cierta dirección. 🔑 **Los cohetes se mueven hacia delante cuando el gas que expulsan por la parte trasera los empuja en la dirección opuesta.**

Los cohetes funcionan como un globo que se propulsa por el aire al liberar gas. La mayoría de los cohetes queman combustible para generar gas caliente. Este gas empuja en todas direcciones, pero sólo puede salir del cohete por aberturas traseras. Esto empuja el cohete hacia delante.

Fuerzas de acción y reacción

Los cohetes demuestran una ley básica de la física: para cada fuerza, o acción, siempre hay otra fuerza opuesta y equivalente, una reacción. Observa la **ilustración 2**. La fuerza que ejerce el gas expulsado desde el cohete es una fuerza de acción. Una fuerza equivalente, la fuerza de reacción, propulsa el cohete hacia delante.

La fuerza de reacción que propulsa un cohete hacia delante se denomina **empuje**. La intensidad del empuje depende de la masa y la rapidez del gas expulsado por el cohete. A mayor empuje, mayor velocidad del cohete. La **velocidad** es la rapidez en una dirección dada.

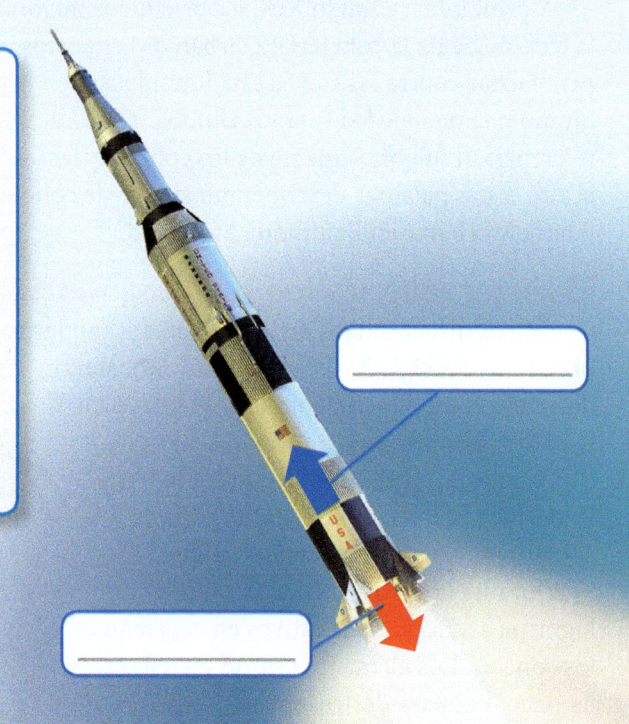

ILUSTRACIÓN 2 ·················
▶ VIRTUAL LAB **Acción y reacción en los cohetes**
La fuerza del gas que se expulsa por la parte trasera de un cohete produce una fuerza opuesta que propulsa al cohete hacia delante.

✏️ **En la ilustración, rotula la fuerza de acción y la fuerza de reacción y explica cómo estas fuerzas hacen que el cohete vuele.**

_____
_____
_____
_____
_____
_____

Combustibles para cohetes

Los cohetes modernos están propulsados por tres tipos de combustible.

Cohete de combustible sólido:
- El oxígeno se mezcla con el combustible (sustancia química explosiva seca).
- Un dispositivo de encendido puede lanzar el cohete a distancia.
- Cuando el combustible se enciende, se quema hasta agotarse.

Cohete de combustible líquido:
- El oxígeno y el combustible líquidos se almacenan por separado.
- Cuando se dispara el cohete, el combustible y el oxígeno son bombeados dentro de una misma cámara y se encienden.
- La quema de combustible puede controlarse.

Cohete de iones:
- Este tipo expulsa del motor partículas de gas cargado.
- Los cohetes de iones permiten un uso muy eficaz del combustible.

| Rocket Science | ▶ VIRTUAL LAB | ▶ DO THE MATH |

Velocidad orbital y velocidad de escape

Para despegar del suelo, los cohetes deben tener más empuje hacia arriba que la fuerza que ejerce la gravedad hacia abajo. Una vez que el cohete despega, debe alcanzar una determinada velocidad para poder entrar en órbita. La **velocidad orbital** es la velocidad que debe alcanzar un cohete para establecer una órbita alrededor de la Tierra. Si el cohete supera esa velocidad, puede volar hacia el espacio exterior. La **velocidad de escape** es la velocidad que debe alcanzar un cohete para salir de la atracción gravitacional de un planeta. La velocidad de escape que necesita un cohete para superar la gravedad de la Tierra es de unos 40,200 km/h. ¡Más de 11 kilómetros por segundo!

¡Usa las matemáticas!

La altitud de un cohete

La altitud de un cohete es la distancia a la que se eleva sobre el nivel del mar. Usa la gráfica para responder las preguntas sobre un cohete a escala con un paracaídas incorporado, como el de la foto de arriba.

1 ⚠ **Interpreta datos** ¿Cuál fue la altitud después de 2 segundos?
_____

2 **DESAFÍO** ¿Qué fue más rápido: el ascenso o el descenso del cohete? ¿Cómo lo sabes?
_____
_____

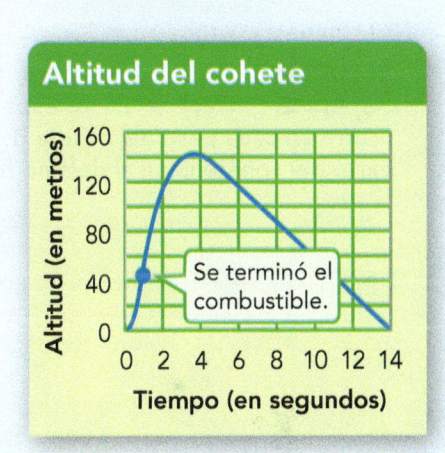

Altitud del cohete

Se terminó el combustible.

Haz la Actividad rápida de laboratorio *Ser un científico espacial*.

🔑 Evalúa tu comprensión

1a. Explica ¿Qué es el empuje?
_____
_____

b. Interpreta diagramas Usa la **ilustración 2** para explicar cómo un cohete se mueve hacia delante.
_____
_____
_____
_____
_____

¿comprendiste?

○ **¡Comprendí!** Ahora sé que un cohete se mueve hacia delante cuando _____
_____
_____
_____

○ Necesito más ayuda con _____
_____

Consulta **MY SCIENCE** 🅢 **COACH** en línea para obtener ayuda en inglés sobre este tema.

49

6	5	4

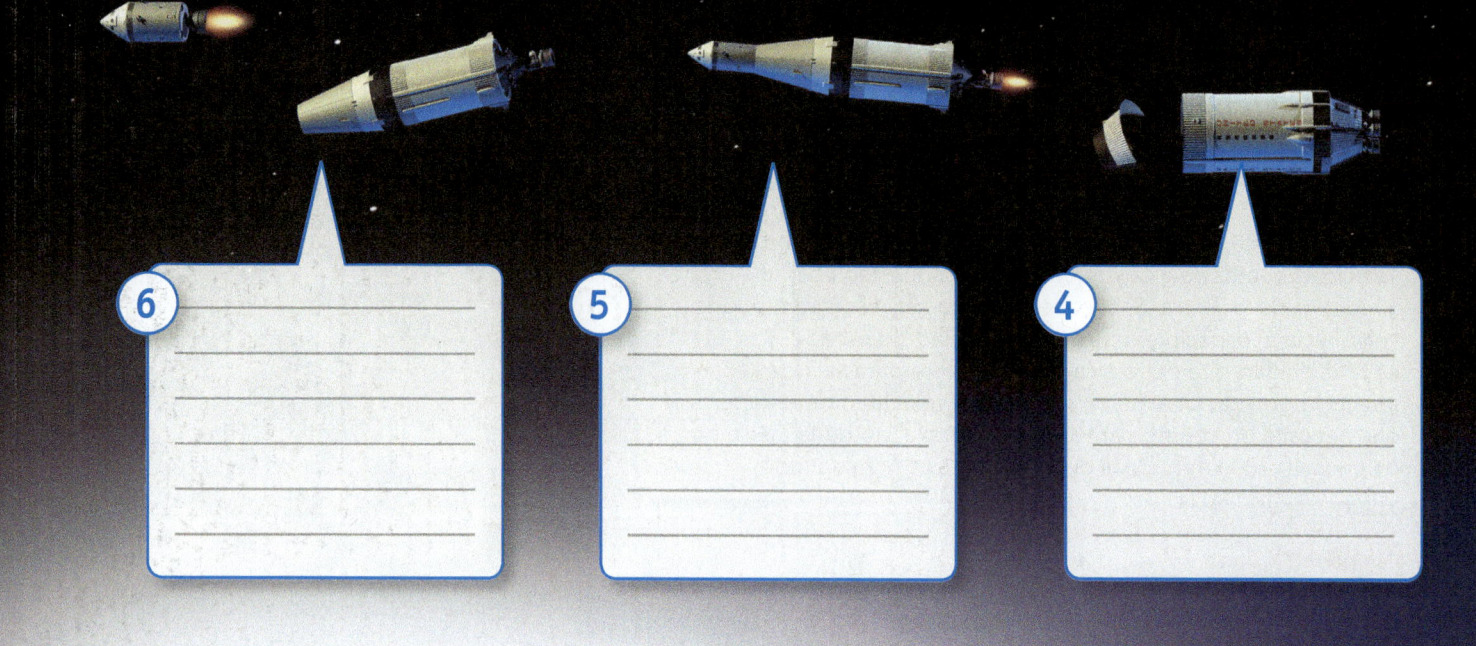

ILUSTRACIÓN 3 ···
El cohete de múltiples etapas
✏️ **Aplica conceptos** En los espacios en blanco, explica qué ocurre en cada paso del cohete de múltiples etapas. ¿Qué parte del cohete llega al destino final?

_____

_____

¿Cuál es la principal ventaja de los cohetes de múltiples etapas?

Los cohetes pueden llevar una cantidad determinada de combustible. A medida que el combustible se quema, las cámaras de combustible empiezan a vaciarse. Si bien gran parte del cohete ha quedado vacío, el combustible restante debe seguir propulsando todo el cohete hacia arriba. Pero, ¿qué pasaría si se pudiera quitar la parte vacía del cohete? Entonces, el combustible restante no tendría que propulsar un cohete parcialmente vacío. Ésta es la idea detrás de los cohetes de múltiples etapas.

Konstantin Tsiolkovsky presentó los cohetes de múltiples etapas en 1924. 🔑 **La principal ventaja de los cohetes de múltiples etapas es que su peso total disminuye mucho a medida que el cohete asciende.**

Este tipo de cohetes está formado por varios cohetes más pequeños, o etapas, que se colocan uno sobre el otro y se encienden sucesivamente. La **ilustración 3** muestra cómo funciona un cohete de múltiples etapas. A medida que cada etapa consume todo su combustible, el contenedor de combustible vacío se desprende del cohete. Luego, se enciende la siguiente etapa y así el cohete continúa propulsándose hacia su destino hasta que queda una sola etapa: la punta del cohete.

Los cohetes de múltiples etapas se usaron durante la década de 1960 para enviar astronautas a la Luna. En la actualidad, se usan para lanzar distintos satélites y sondas espaciales.

Multistage Rockets | MY SCIENCE COACH

3 _____

2 _____

1 _____

Tercera etapa

Segunda etapa

Primera etapa

✏️ **Relaciona el texto y los elementos visuales** ¿Por qué las partes vacías se desprenden del cohete?
_____
_____
_____
_____

Zona de laboratorio Haz la Actividad rápida de laboratorio *Hacer un modelo de cohetes de múltiples etapas.*

🔑 **Evalúa tu comprensión**

2a. Describe Describe cómo funciona un cohete de múltiples etapas.
_____
_____
_____
_____
_____
_____
_____

b. Relaciona causa y efecto ¿Por qué la tercera etapa de un cohete de múltiples etapas puede moverse más rápido que la primera aunque tenga menos combustible?
_____
_____
_____

¿comprendiste?..................................

○ **¡Comprendí!** Ahora sé que la principal ventaja de los cohetes de múltiples etapas es que _____
_____
_____

○ Necesito más ayuda con _____

Consulta **MY SCIENCE COACH** en línea para obtener ayuda en inglés sobre este tema.

51

LECCIÓN 2

La historia de la exploración espacial

DESCUBRE LA PREGUNTA PRINCIPAL

- ¿Qué fue la carrera espacial?
- ¿Para qué se usan los transbordadores y las estaciones espaciales?
- ¿Para qué se usan las sondas espaciales?

mi diario del planeta

La sonda espacial *Cassini*

Los científicos determinaron que, para que pueda existir vida en un planeta o una luna, debe haber agua en estado líquido y una temperatura adecuada. En 2005, la sonda espacial *Cassini* de la NASA envió evidencia de que una de las lunas de Saturno, Encélado, podría reunir estas condiciones. La sonda *Cassini* fotografió géiseres que expulsaban chorros de agua hasta cientos de kilómetros sobre la superficie de la luna.

Los científicos decidieron que la mejor explicación de la existencia de estos géiseres era que hubiera agua en estado líquido bajo la superficie. Por eso es posible que Encélado contenga suficiente agua y temperatura como para que haya vida.

DESCUBRIMIENTO

Comunica ideas Usa lo que sabes sobre la vida en la Tierra para responder la pregunta siguiente. Luego comenta tu respuesta con un compañero.

¿Por qué los científicos consideran que en Encélado podrían darse las condiciones necesarias para que haya vida?

_____
_____
_____

> **PLANET DIARY** Consulta *Planet Diary* para aprender más en inglés sobre las sondas espaciales.

Zona de laboratorio Haz la Indagación preliminar *¿A qué parte de la Luna llegaron los astronautas?*

¿Qué fue la carrera espacial?

En la década de 1950, la Unión Soviética era el principal rival militar y político de los Estados Unidos. La tensión entre los dos países era tan grande que se decía que estaban en una "guerra fría". **La carrera espacial fue la rivalidad que existió entre los Estados Unidos y la Unión Soviética por explorar el espacio.** Comenzó en 1957, cuando los soviéticos pusieron en órbita el satélite *Sputnik* I. Los Estados Unidos reaccionaron acelerando su propio programa espacial, que en la década de 1960 y principios de la década de 1970 puso en marcha las misiones Apolo a la Luna.

| Space Exploration | PLANET DIARY | MY SCIENCE COACH |

Vocabulario
- satélite
- transbordador espacial
- estación espacial
- sonda espacial
- rover

Destrezas
- Lectura: Pregunta
- Indagación: Haz modelos

Los primeros satélites artificiales
Un satélite es un cuerpo que orbita alrededor de otro en el espacio. La Luna es el satélite natural de la Tierra. Una nave espacial que orbita alrededor de la Tierra es un satélite artificial. El primero fue el *Sputnik I*, un logro de los soviéticos que causó gran preocupación en los Estados Unidos.

A principios de 1958, los Estados Unidos respondieron a este éxito soviético poniendo en órbita su propio satélite, el *Explorer 1*. En los años posteriores, ambos países lanzaron muchos satélites más.

A finales de 1958, los Estados Unidos crearon una agencia gubernamental que se encargaría del programa espacial: la Administración Nacional de Aeronáutica y del Espacio o NASA. La NASA reunió a muchos científicos e ingenieros talentosos que resolvieron los problemas técnicos más difíciles que presentaba el vuelo en el espacio.

El hombre en el espacio
En 1961, los soviéticos enviaron el primer hombre al espacio. Yuri Gagarin voló una órbita completa alrededor de la Tierra a bordo del *Vostok 1*. Poco después, Alan Shepard se convirtió en el primer estadounidense en viajar al espacio, aunque no consiguió orbitar alrededor de la Tierra. Su nave espacial, la *Freedom 7*, formó parte del programa espacial Mercury.

El primer estadounidense que logró orbitar alrededor de la Tierra fue John Glenn. En 1962, a bordo de la cápsula espacial *Friendship 7*, Glenn realizó tres órbitas completas alrededor de la Tierra.

ILUSTRACIÓN 1
Línea cronológica de la carrera espacial
Relaciona el texto y los elementos visuales En cada ilustración, escribe el nombre de la nave espacial y el suceso histórico que marcó.

Nombre: _____
Primer: _____

Nombre: _____
Primer: _____

Nombre: _____
Primer: _____

Nombre: _____
Primer: _____

Nombre: _____
Primer: _____

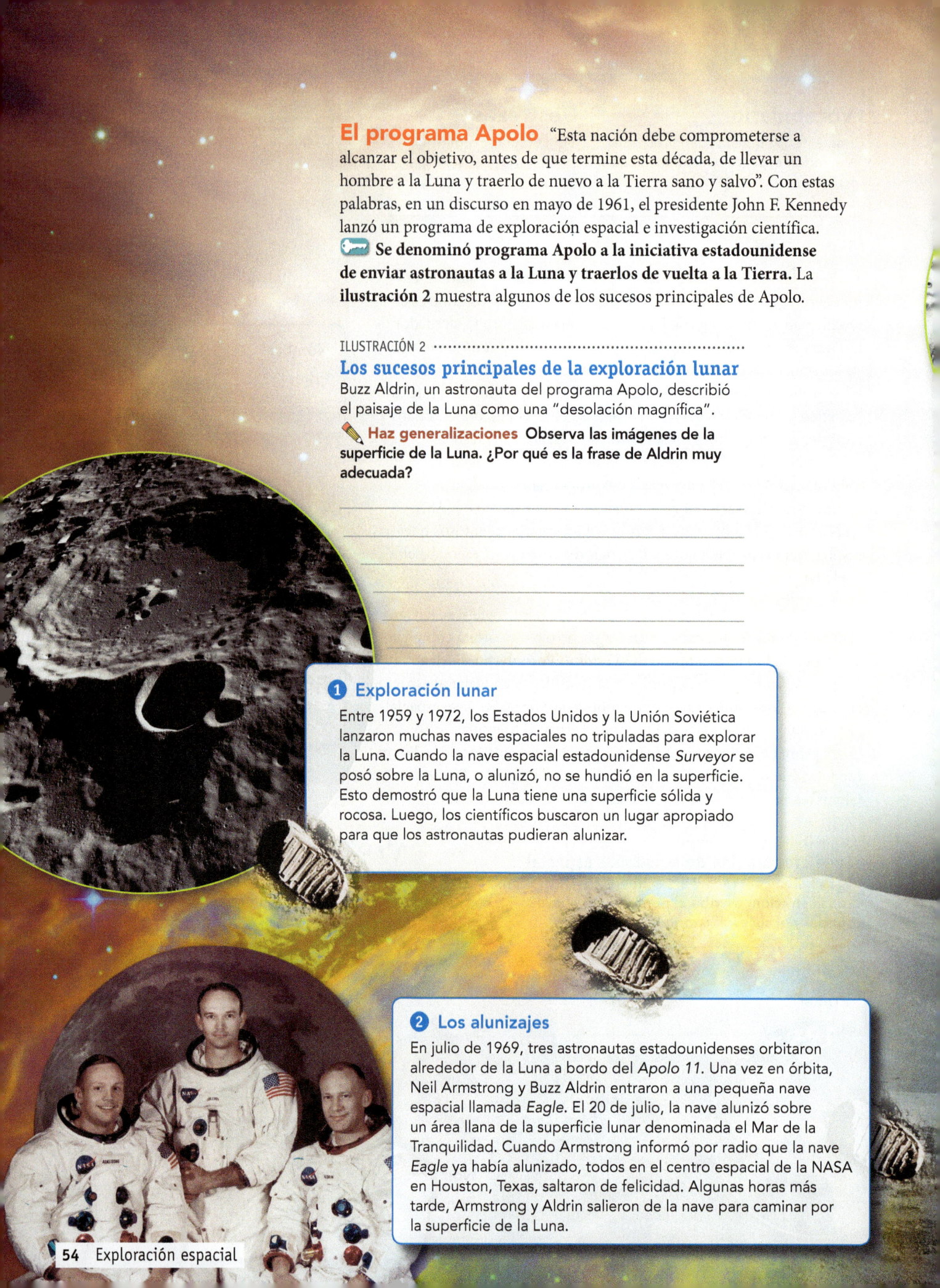

El programa Apolo "Esta nación debe comprometerse a alcanzar el objetivo, antes de que termine esta década, de llevar un hombre a la Luna y traerlo de nuevo a la Tierra sano y salvo". Con estas palabras, en un discurso en mayo de 1961, el presidente John F. Kennedy lanzó un programa de exploración espacial e investigación científica. 🔑 **Se denominó programa Apolo a la iniciativa estadounidense de enviar astronautas a la Luna y traerlos de vuelta a la Tierra.** La **ilustración 2** muestra algunos de los sucesos principales de Apolo.

ILUSTRACIÓN 2
Los sucesos principales de la exploración lunar
Buzz Aldrin, un astronauta del programa Apolo, describió el paisaje de la Luna como una "desolación magnífica".

✏️ **Haz generalizaciones** Observa las imágenes de la superficie de la Luna. ¿Por qué es la frase de Aldrin muy adecuada?

_____
_____
_____
_____
_____
_____

❶ Exploración lunar
Entre 1959 y 1972, los Estados Unidos y la Unión Soviética lanzaron muchas naves espaciales no tripuladas para explorar la Luna. Cuando la nave espacial estadounidense *Surveyor* se posó sobre la Luna, o alunizó, no se hundió en la superficie. Esto demostró que la Luna tiene una superficie sólida y rocosa. Luego, los científicos buscaron un lugar apropiado para que los astronautas pudieran alunizar.

❷ Los alunizajes
En julio de 1969, tres astronautas estadounidenses orbitaron alrededor de la Luna a bordo del *Apolo 11*. Una vez en órbita, Neil Armstrong y Buzz Aldrin entraron a una pequeña nave espacial llamada *Eagle*. El 20 de julio, la nave alunizó sobre un área llana de la superficie lunar denominada el Mar de la Tranquilidad. Cuando Armstrong informó por radio que la nave *Eagle* ya había alunizado, todos en el centro espacial de la NASA en Houston, Texas, saltaron de felicidad. Algunas horas más tarde, Armstrong y Aldrin salieron de la nave para caminar por la superficie de la Luna.

Exploración espacial

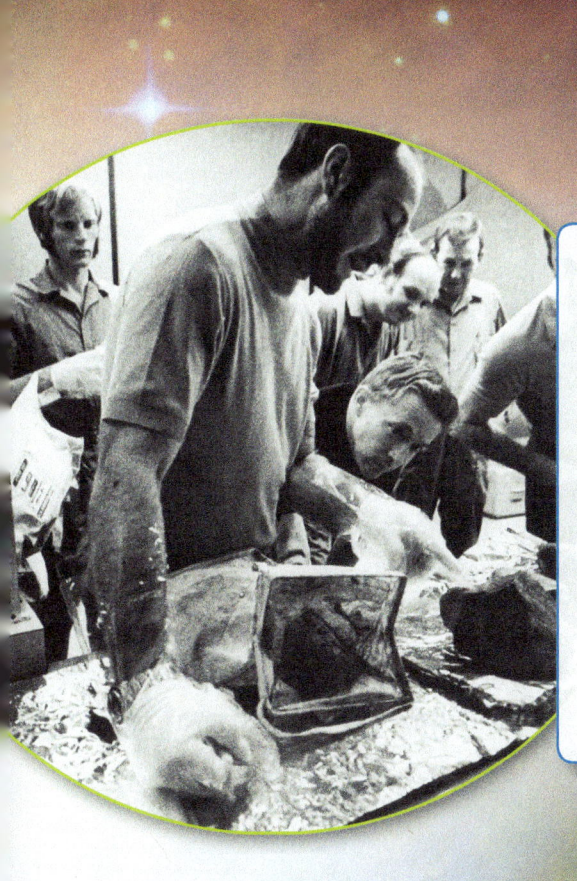

3 Las rocas y los terremotos lunares

Los astronautas recolectaron 382 kilogramos de muestras lunares, comúnmente conocidas como "rocas lunares", para análisis posteriores. Algunos científicos, como Andrea B. Mosie y el astronauta Jack Schmitt, estudiaron estas rocas y descubrieron que los minerales que componen las rocas lunares son los mismos minerales presentes en la Tierra. Sin embargo, en algunas rocas lunares estos minerales se combinan de otra manera y forman tipos de rocas que no se encuentran en la Tierra.

Una de las formas en que los astronautas del programa Apolo exploraron la estructura de la Luna fue mediante el estudio de los muchos terremotos lunares que ocurren allí. Los astronautas colocaron en la Luna unos instrumentos denominados sismógrafos que ya han identificado más de 7,000 terremotos lunares. Gracias a las mediciones de estas ondas, los científicos llegaron a la conclusión de que es probable que la Luna tenga un pequeño núcleo de roca o metal en estado líquido.

4 En la superficie lunar

Todo lo que encontraban los astronautas del *Apolo 11* era nuevo y apasionante. Durante aproximadamente dos horas, Armstrong y Aldrin exploraron la superficie de la Luna y recolectaron muestras para llevar de regreso a la Tierra. También colocaron una bandera de los Estados Unidos.

Durante los tres años siguientes, cinco misiones más del programa Apolo llegaron a la Luna. En estas misiones posteriores, los astronautas pudieron quedarse en la Luna durante días en vez de horas. Algunos astronautas incluso condujeron un rover lunar, o cochecito, para explorar áreas más grandes.

Resume Después de leer la historia del programa Apolo, haz una lista de tres descubrimientos que hayan hecho los científicos sobre la Luna.

ILUSTRACIÓN 3
La base lunar
Según la imaginación del artista de esta ilustración, en el futuro podría haber bases lunares como ésta.

✏️ **Describe** Explica en qué se parecerían la vida en la Luna y la vida en un campamento.

_____
_____
_____
_____

Las nuevas misiones a la Luna Las misiones Apolo fueron un logro enorme. Brindaron información fascinante e imágenes memorables. Sin embargo, el costo de estas misiones era muy alto. No había muchos beneficios inmediatos más allá del conocimiento que se obtuvo sobre la Luna y la formación de la Tierra. Entonces, la NASA decidió seguir adelante con otros proyectos. Durante muchos años, la Luna fue completamente ignorada.

Últimamente ha renacido el antiguo interés por la Luna. En 2003, la Agencia Espacial Europea lanzó una nave espacial no tripulada para orbitar alrededor de la Luna. Su objetivo principal era recopilar información para trazar un mapa de la Luna.

Es probable que pronto el ser humano vuelva a caminar sobre la Luna. En 2004, los Estados Unidos anunciaron un plan para establecer una colonia permanente en la Luna. Las primeras personas en vivir en la Luna deberían llevar de la Tierra alimentos, agua y otros víveres para poder instalar la base. La **ilustración 3** muestra cómo podría ser una base lunar. La experiencia de vivir en la Luna podría enseñarnos cómo vivir en Marte.

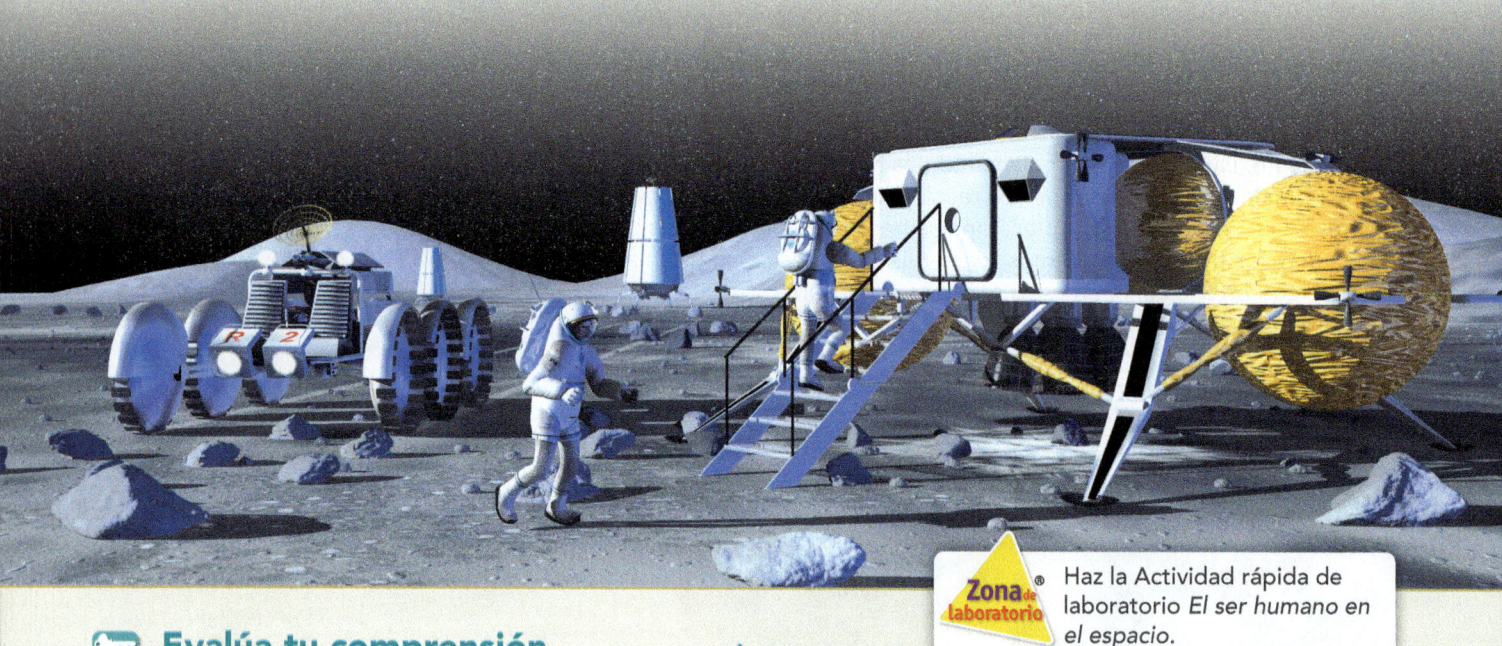

Zona de laboratorio Haz la Actividad rápida de laboratorio *El ser humano en el espacio.*

🔑 Evalúa tu comprensión

1a. Identifica ¿Qué fue el programa Apolo?
_____
_____

b. Saca conclusiones ¿Logró el programa Apolo cumplir el desafío planteado por el presidente Kennedy?
_____
_____
_____

¿comprendiste?

⭕ **¡Comprendí!** Ahora sé que la carrera espacial comenzó cuando los soviéticos lanzaron _____ _____ y continuó con el programa estadounidense llamado _____

⭕ Necesito más ayuda con _____
_____

Consulta **MY SCIENCE 💬 COACH** en línea para obtener ayuda en inglés sobre este tema.

56 Exploración espacial

| Space Shuttles and Stations | MY SCIENCE COACH |

¿Para qué se usan los transbordadores y las estaciones espaciales?

Después del gran éxito que tuvieron los alunizajes, la pregunta sobre la exploración espacial fue: "¿Qué hacemos ahora?". Los científicos y funcionarios públicos decidieron construir transbordadores y estaciones espaciales donde pudieran vivir y trabajar astronautas.

Los transbordadores espaciales Antes de 1981, las naves espaciales sólo se podían usar una sola vez. En cambio, un transbordador espacial es como un avión: puede volar, aterrizar y volver a despegar. Un **transbordador espacial** es una nave espacial que puede llevar a una tripulación al espacio, volver a la Tierra y volver a usarse con el mismo fin. Por lo tanto, la NASA no tiene que construir una nave espacial nueva para cada misión. **La NASA ha usado transbordadores espaciales para realizar muchas tareas importantes, como colocar satélites en órbita, reparar satélites dañados y trasladar astronautas y equipos desde y hacia las estaciones espaciales.**

A bordo de un transbordador, los astronautas viven en una cabina de tripulación presurizada en la parte delantera de la nave. Allí pueden usar ropa normal y respirar sin la necesidad de un tanque de oxígeno. Detrás de esta cabina hay un área grande y amplia, la bodega de carga, donde se puede llevar un satélite o puede haber un laboratorio. La **ilustración 4** muestra las partes principales de un transbordador espacial.

ILUSTRACIÓN 4
Transbordador espacial
Un transbordador espacial tiene una cabina de tripulación, una bodega de carga y cohetes.

✏️ **Interpreta diagramas** En el diagrama, rotula las partes principales del transbordador espacial y explica su uso.

Vocabulario Identificar familias de palabras En ciencias, la palabra *presión* es "la fuerza que actúa contra una superficie". ¿Por qué piensas que la palabra *presurizada* significa que una cabina de tripulación está llena de aire?

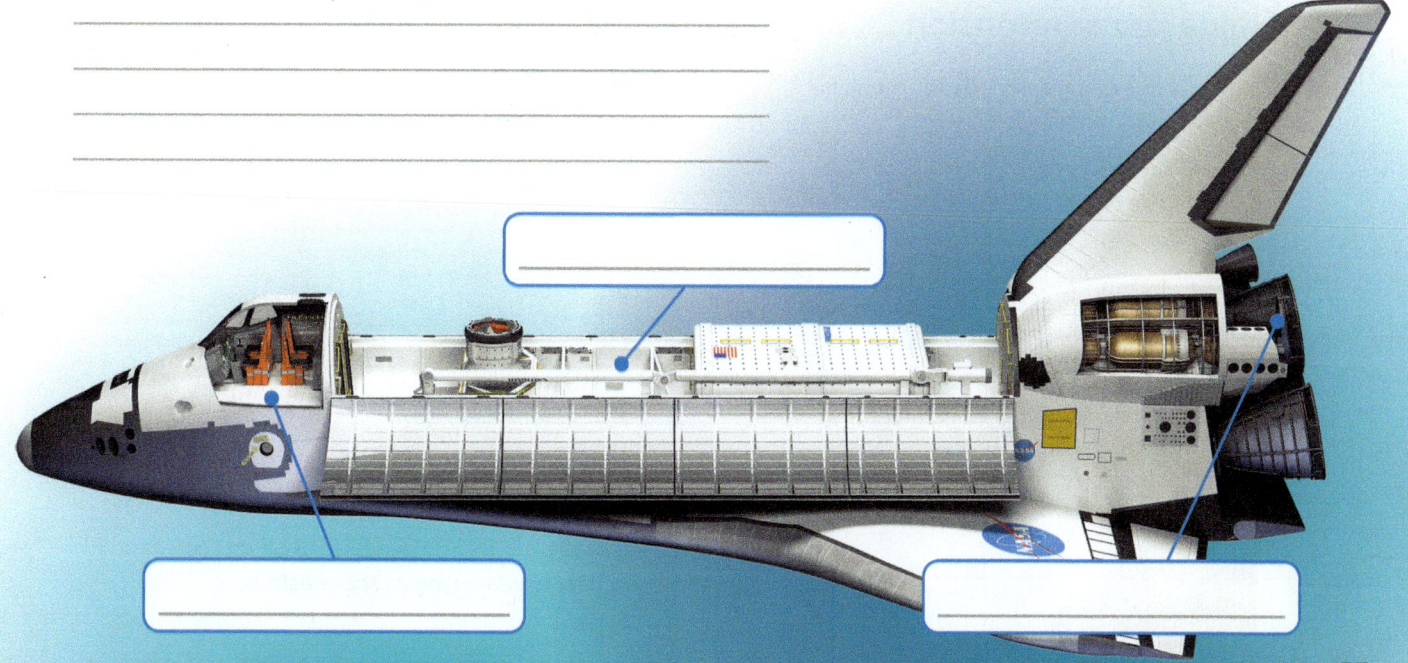

57

ILUSTRACIÓN 5

Estación Espacial Internacional

✏️ DESAFÍO Menciona una ventaja de construir una estación espacial en órbita en vez de enviarla al espacio ya terminada.

_____
_____
_____
_____
_____

Las estaciones espaciales ¿Alguna vez te has preguntado cómo sería vivir en el espacio? Una **estación espacial** es un satélite artificial enorme en el que las personas pueden vivir y trabajar durante largos períodos. 🔑 **Una estación espacial es un lugar en el espacio donde se pueden llevar a cabo observaciones y experimentos a largo plazo.** En las décadas de 1970 y 1980, los Estados Unidos y la Unión Soviética pusieron en órbita sus propias estaciones espaciales. La estación espacial soviética *Mir* permaneció en órbita durante 15 años, hasta que en 2001 cayó a la Tierra. Abordo de la estación *Mir* vivieron astronautas de muchos países.

En la década de 1990, los Estados Unidos junto con otros 15 países comenzaron a construir la Estación Espacial Internacional (EEI). El primer módulo, o sección, de la estación se puso en órbita en 1998. Desde entonces se han agregado muchos otros módulos. A bordo de la estación, astronautas de distintos países realizan experimentos en varios campos de las ciencias. También aprenden más sobre la adaptación del ser humano en el espacio.

La principal fuente de energía de la Estación Espacial Internacional son las ocho grandes series de paneles solares que tiene la estación, como muestra la **ilustración 5.** En total, los paneles solares contienen más de 250,000 celdas solares capaces de convertir la luz del Sol en electricidad. A toda potencia, estos paneles solares producen la energía suficiente para abastecer a 55 casas en la Tierra. Además, la EEI tiene grandes baterías para proveerse de energía cuando queda a la sombra de la Tierra.

Zona de laboratorio Haz la Actividad rápida de laboratorio *¿Qué herramienta usarías en el espacio?*

🔑 **Evalúa tu comprensión**

2a. Describe ¿Qué es un transbordador espacial? ¿Qué es una estación espacial?

_____
_____
_____
_____

b. Compara y contrasta ¿Cuál es la diferencia principal entre los transbordadores espaciales y las estaciones espaciales?

_____
_____

¿comprendiste?

○ ¡Comprendí! Ahora sé que un transbordador espacial se usa para _____
_____
_____

y una estación espacial se usa para _____
_____
_____

○ Necesito más ayuda con _____

Consulta **MY SCIENCE 💲 COACH** en línea para obtener ayuda en inglés sobre este tema.

58 Exploración espacial

Space Probes   ▶ INTERACTIVE ART   ▶ APPLY IT

¿Para qué se usan las sondas espaciales?

Desde que comenzó la exploración espacial en la década de 1950, sólo 24 personas han viajado a la Luna. Nadie ha llegado más lejos. Sin embargo, durante todo este tiempo, los científicos espaciales han recopilado muchísima información sobre otras partes del sistema solar. Todos estos datos se recopilaron mediante sondas espaciales. Las **sondas espaciales** son naves espaciales que contienen instrumentos científicos para recopilar datos e imágenes, pero que no llevan una tripulación.

Cada sonda espacial se diseña para una misión específica. Algunas se diseñaron para aterrizar en un determinado planeta, como muestra la **ilustración 6**, y otras, para volar por el espacio y recopilar datos sobre más de un planeta. **Las sondas espaciales recopilan datos sobre el sistema solar y envían la información a la Tierra.**

Cada sonda espacial tiene un sistema de energía que genera electricidad y un sistema de comunicación para enviar y recibir señales. También pueden llevar instrumentos científicos para recopilar datos y realizar experimentos. Algunas sondas, llamadas orbitadores, están equipadas para fotografiar y analizar la atmósfera de un planeta. Otras sondas, llamadas aterrizadores, están equipadas para aterrizar en el planeta y analizar los materiales de la superficie. Otras tienen pequeños robots llamados **rovers** que se desplazan por la superficie. Los rovers suelen tener instrumentos que recogen y analizan muestras del suelo y de rocas.

Pregunta ¿Qué pregunta sobre otro planeta te gustaría poder responder con la información que recopila una sonda espacial?

_____
_____
_____

ILUSTRACIÓN 6
▶ INTERACTIVE ART **La misión de una sonda espacial**
Las postales muestran las etapas de una misión de una sonda espacial.

✏️ **Escribe una leyenda en cada postal y cuenta la historia de la sonda espacial.**

59

¡aplícalo!

Las sondas espaciales como las que se muestran en esta página ya han visitado todos los planetas o, al menos, pasado cerca de ellos. También han explorado muchas lunas, asteroides y cometas.

1 Haz modelos Elige un tipo de sonda, ya sea orbitador o aterrizador, y dibújalo en el espacio en blanco. Luego haz una lista, por su número correspondiente, de todos los instrumentos que necesita cada tipo de sonda.

Aterrizador: _____

Orbitador: _____

2 DESAFÍO En la hoja de la derecha, explica por qué elegiste cada instrumento.

Diseña tu propia sonda espacial

1. Panel solar
2. Ruedas
3. Paracaídas
4. Cámara
5. Antena
6. Brazo robótico
7. Plataforma de aterrizaje
8. Mini laboratorio

Lunar Prospector, 1998
La sonda *Lunar Prospector* halló pruebas de la existencia de agua y hielo e identificó otros minerales en la superficie lunar.

60 Exploración espacial

New Horizons, 2006–2015
La sonda *New Horizons* es la primera misión al planeta enano Plutón. Llegará a Plutón en julio de 2015.

Cassini, 2004
La sonda *Cassini* exploró las lunas de Saturno. Lanzó una sonda más pequeña, *Huygens*, que exploró Titán, la luna más grande de Saturno.

Rovers de exploración a Marte, 2004
Dos rovers, *Opportunity* y *Spirit*, exploraron la superficie de Marte y hallaron evidencia que demuestra que alguna vez hubo agua.

Zona de laboratorio Haz la Actividad rápida de laboratorio *Control remoto*.

Evalúa tu comprensión

3a. Resume ¿Qué es una sonda espacial?

b. Expresa opiniones ¿Cuáles son las ventajas y desventajas de una sonda espacial en comparación con una nave espacial tripulada?

¿comprendiste?

○ **¡Comprendí!** Ahora sé que una sonda espacial _____

○ Necesito más ayuda con _____

Consulta **my science coach** en línea para obtener ayuda en inglés sobre este tema.

61

LECCIÓN 3
Aplicación de la ciencia espacial

- ¿Cómo son las condiciones en el espacio?
- ¿Cómo ha beneficiado la tecnología espacial a la humanidad?
- ¿Para qué sirven los satélites que orbitan alrededor de la Tierra?

mi Diario Del planeta

Ellen Ochoa

Unos años después de que Sally Ride se convirtiera en la primera mujer estadounidense astronauta, Ellen Ochoa presentó su solicitud a la NASA. Finalmente consiguió una misión a bordo de un transbordador espacial. Sin embargo, antes de viajar al espacio, Ochoa trabajó como ingeniera para la NASA y otras organizaciones de investigación. Inventó tres sistemas que usan distintos instrumentos ópticos, como láseres y hologramas, para obtener información a partir de imágenes. Su investigación puede aplicarse a muchas áreas, entre ellas, la inspección de equipos en fábricas y la seguridad en el aterrizaje de naves espaciales en Marte.

PROFESIONES

Comunica ideas Comenta la profesión de Ochoa con un compañero. Luego responde esta pregunta.

¿Para qué crees que podrían servir los inventos de Ochoa en la Tierra?

_____
_____
_____
_____
_____
_____

▶ **PLANET DIARY** Consulta *Planet Diary* para aprender más en inglés sobre la tecnología espacial.

Zona de laboratorio Haz la Indagación preliminar *Aplicar la ciencia espacial*.

¿Cómo son las condiciones en el espacio?

Los astronautas que viajan al espacio enfrentan condiciones muy distintas a las de la Tierra. **Algunas de las condiciones en el espacio que difieren considerablemente de las de la Tierra son el vacío, las temperaturas extremas y la microgravedad.** Ingenieros y científicos de distintas ramas han trabajado en equipo para enfrentar los desafíos que plantea el espacio.

62 Exploración espacial

my science online.com | Conditions in Space | ▶ PLANET DIARY | ▶ MY SCIENCE COACH

Vocabulario
- vacío
- microgravedad
- derivación espacial
- percepción remota
- órbita geoestacionaria

Destrezas
- Lectura: Identifica la idea principal
- Indagación: Saca conclusiones

El vacío Aunque no puedas verlo, el aire llena todos los rincones de tu casa. Pero en el espacio no hay aire; es casi un vacío. Un **vacío** es un lugar donde no existe materia. Excepto por algunos átomos y moléculas aisladas, el espacio está prácticamente vacío. Como en el espacio no hay aire, los astronautas no tienen oxígeno para respirar. Para protegerlos, las naves espaciales deben estar presurizadas.

Como no hay aire, no hay nada que absorba el calor del sol. Cuando una nave está expuesta directamente a la luz solar, su superficie alcanza altas temperaturas. Pero a la sombra, las temperaturas bajan muchísimo. Las naves espaciales deben estar bien aisladas para proteger a los astronautas de las temperaturas extremas del exterior.

La microgravedad ¿Alguna vez has flotado en una piscina? Cuando están en órbita, los astronautas tienen una sensación parecida de ausencia de peso, o de **microgravedad.** Su masa es la misma que en la Tierra pero, si se pesaran, la báscula marcaría cero. Aunque se encuentran en una microgravedad, siguen bajo la influencia de la gravedad terrestre. De hecho, es la gravedad de la Tierra la que los mantiene en órbita. Los astronautas en órbita sienten esta ausencia de peso porque están cayendo en el espacio dentro de su nave espacial. Sin embargo, no caen a la Tierra porque la inercia hace que sigan avanzando. Recuerda que la inercia es la tendencia de un cuerpo de resistirse a cambios de movimiento.

La **ilustración 1** muestra al astronauta Steve Frick mientras experimenta la microgravedad. Los ingenieros deben crear dispositivos que funcionen en la microgravedad. Los recipientes de bebidas deben estar diseñados de tal manera que el contenido no se derrame y quede flotando por el aire. Pasar largos períodos en la microgravedad puede causar problemas de salud. Los científicos están tratando de descubrir cómo reducir los efectos de la microgravedad sobre las personas.

ILUSTRACIÓN 1
Comer en el espacio
El astronauta Steve Frick come su merienda en órbita.
✏️ **Saca conclusiones**
Explica por qué es difícil comer y beber en el espacio.
_____
_____
_____
_____
_____

Zona de laboratorio Haz la Actividad rápida de laboratorio ¿Qué necesitas para sobrevivir en el espacio?

🔑 Evalúa tu comprensión

¿comprendiste?

○ ¡Comprendí! Ahora sé que algunas de las condiciones en el espacio que difieren de las de la Tierra son, entre otras, _____

○ Necesito más ayuda con _____

Consulta **my science coach** en línea para obtener ayuda en inglés sobre este tema.

¿Cómo ha beneficiado la tecnología espacial a la humanidad?

Los científicos e ingenieros que han trabajado en el programa espacial han desarrollado miles de materiales y dispositivos nuevos para su uso en el espacio. Muchos de estos elementos también han sido muy útiles en la Tierra. Un objeto que se puede usar en la Tierra, pero que originalmente se construyó para usarse en el espacio es una **derivación espacial.** Por lo general, estos derivados de la tecnología espacial se modifican un poco para que se puedan usar en la Tierra.

🔑 **El programa espacial ha dado lugar al desarrollo de miles de productos, entre ellos, productos de consumo, materiales nuevos, instrumentos médicos y satélites de comunicaciones.** En las tablas siguientes se muestran algunos ejemplos conocidos.

Productos de consumo Los derivados de la tecnología espacial incluyen dispositivos que se usan en productos de consumo.

Materiales	Usos
Palancas de juego	Sillas de ruedas y videojuegos
Lentes resistentes a rayones	Para fabricar lentes
Alimentos liofilizados	Comida para campamentos
Cascos amortiguadores	Para ciclistas
Zapatillas con amortiguación	Para corredores

¡aplícalo!

⚠️ **Saca conclusiones** En la fila de arriba, hay tres elementos que se crearon para usarse en el espacio. En la fila de abajo, completa los círculos con el número de elemento que corresponde a los derivados de la tecnología espacial. Explica por qué hiciste cada conexión.

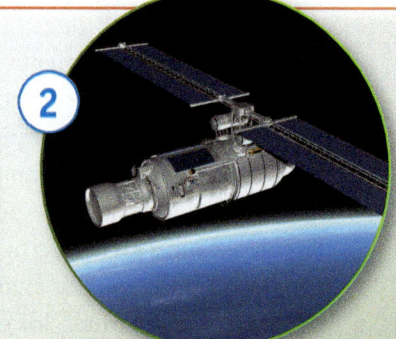

_____

_____

_____

_____

_____

_____

64   Exploración espacial

Materiales nuevos
Químicos e ingenieros desarrollaron una gran variedad de materiales para su uso en las naves espaciales.

Materiales	Usos
Materiales compuestos	Raquetas de tenis y palos de golf
Metales con memoria	Montura de metal flexible para lentes
Materiales cerámicos claros	Frenos (en odontología)
Materiales de aislamiento	Casas, automóviles y camiones

Instrumentos médicos
La medicina se ha beneficiado considerablemente de la tecnología del programa espacial.

Materiales	Usos
Técnicas de imágenes asistidas por computadora	En hospitales
Láseres	Para destapar arterias
Marcapasos con baterías de mayor duración	Para el corazón

Zona de laboratorio Haz la Investigación de laboratorio *Derivaciones espaciales*.

Evalúa tu comprensión

1a. Define ¿Qué es una derivación espacial?

b. Resume ¿Cómo se ha beneficiado la medicina del programa espacial?

c. Compara y contrasta Elige una derivación espacial y compara su uso en el espacio y en la Tierra.

¿comprendiste?

○ ¡Comprendí! Ahora sé que gracias al programa espacial se han diseñado _____

○ Necesito más ayuda con _____

Consulta **MY SCIENCE COACH** en línea para obtener ayuda en inglés sobre este tema.

65

¿Para qué sirven los satélites que orbitan alrededor de la Tierra?

Cuando se juega la final de una Copa Mundial de fútbol, ¡casi todo el mundo puede verla! En la actualidad hay cientos de satélites en órbita que retransmiten señales de televisión de una parte del planeta a otra. Los satélites también transmiten señales telefónicas y de datos informáticos. 🔑 **Los satélites se usan para establecer las comunicaciones y para recopilar datos sobre el tiempo meteorológico y otros datos científicos.**

Los satélites de observación se usan para muchos propósitos, entre ellos, rastrear sistemas climáticos, trazar mapas de la Tierra y observar cambios en el medio ambiente terrestre. Para recopilar datos, los satélites de observación usan la **percepción remota,** que es la recolección de información sobre la Tierra y otros cuerpos del espacio sin estar en contacto directo con ellos. Las computadoras modernas procesan los datos recopilados por los satélites y generan imágenes que se usan para diversos fines. Por ejemplo, la **ilustración 2** muestra a una científica que estudia una serie de datos sobre el tiempo meteorológico. Los datos que se obtienen de los satélites también se pueden usar para analizar la cantidad de lluvia que cayó en un área extensa o para descubrir depósitos de petróleo bajo tierra.

Las órbitas de los satélites dependen de su propósito. La mayoría de los satélites de comunicaciones se colocan en una órbita geoestacionaria. En una **órbita geoestacionaria,** un satélite orbita alrededor de la Tierra a la misma velocidad que rota la Tierra y, por lo tanto, permanece todo el tiempo en el mismo lugar sobre el ecuador.

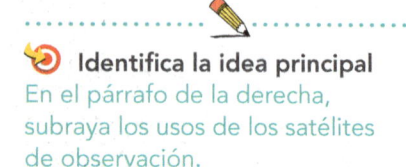

✏️ **Identifica la idea principal**
En el párrafo de la derecha, subraya los usos de los satélites de observación.

ILUSTRACIÓN 2
La percepción remota y los incendios forestales
La científica de la foto estudia los datos del tiempo meteorológico recopilados por un satélite mediante la percepción remota.

✏️ **DESAFÍO** ¿Cómo puede ayudar la percepción remota a prevenir incendios forestales?

_____
_____
_____
_____

Exploración espacial

Derivaciones espaciales

¿En qué beneficia a los habitantes de la Tierra la exploración espacial?

ILUSTRACIÓN 3

▶ **INTERACTIVE ART** En este banco de palabras se muestran algunos derivados de la tecnología espacial.

✏️ **Demuestra información sobre el consumo** Elige tres objetos y describe tres maneras en que podrías usarlos en la Tierra. Rotula los objetos que se muestran en la página.

Alimentos liofilizados	Paneles solares	Casco espacial
Satélites de comunicaciones	Radio-telescopio	Lentes resistentes a rayones
Sistema de posicionamiento global (GPS)	Diodos luminosos	Pequeñas bombas de combustible
Detector de gas	Cámaras infrarrojas	Tinta presurizada

_____
_____
_____
_____
_____
_____
_____
_____
_____
_____

Zona de laboratorio ® Haz la Actividad rápida de laboratorio *Satélites útiles*.

🔑 Evalúa tu comprensión

2a. Enumera Nombra dos usos de los satélites que afectan la vida cotidiana.
_____
_____

b. Infiere ¿Cuál sería la ventaja de colocar un satélite en órbita geoestacionaria?
_____
_____

c. ❓**RESPONDE LA PREGUNTA PRINCIPAL** ¿En qué beneficia a los habitantes de la Tierra la exploración espacial?
_____
_____
_____

¿comprendiste?

○ **¡Comprendí!** Ahora sé que los satélites se usan para _____
_____

○ Necesito más ayuda con _____

Consulta **MY SCIENCE COACH** *en línea para obtener ayuda en inglés sobre este tema.*

CAPÍTULO 2 Guía de estudio

REPASA LA PREGUNTA PRINCIPAL

La ciencia del espacio beneficia a los habitantes de la Tierra mediante _____

LECCIÓN 1 La ciencia de los cohetes

🔑 La tecnología de los cohetes surgió en China hace cientos de años y gradualmente se expandió hacia otras partes del mundo.

🔑 Los cohetes se mueven hacia delante cuando el gas que expulsan por la parte trasera los empuja en la dirección opuesta.

🔑 La principal ventaja de los cohetes de múltiples etapas es que su peso total disminuye considerablemente a medida que el cohete asciende.

Vocabulario
- cohete • empuje • velocidad
- velocidad orbital • velocidad de escape

LECCIÓN 2 La historia de la exploración espacial

🔑 La carrera espacial fue la rivalidad que existió entre los Estados Unidos y la Unión Soviética por explorar el espacio, incluidas las misiones Apolo.

🔑 La NASA ha usado transbordadores espaciales para colocar satélites en órbita, reparar satélites dañados y trasladar astronautas desde y hacia las estaciones espaciales.

🔑 Una estación espacial es un lugar en el espacio donde se pueden realizar experimentos.

🔑 Una sonda espacial recopila datos sobre el sistema solar.

Vocabulario
- satélite • transbordador espacial
- estación espacial • sonda espacial • rover

LECCIÓN 3 Aplicación de la ciencia espacial

🔑 Algunas de las condiciones en el espacio que difieren de las de la Tierra son el vacío, las temperaturas extremas y la microgravedad.

🔑 El programa espacial ha dado lugar al desarrollo de miles de productos, entre ellos, productos de consumo, materiales nuevos, instrumentos médicos y satélites de comunicaciones.

🔑 Los satélites se usan para establecer las comunicaciones y para recopilar datos sobre el tiempo meteorológico y otros datos científicos.

Vocabulario
- vacío • microgravedad • derivación espacial
- percepción remota • órbita geoestacionaria

Exploración espacial

Repaso y evaluación

LECCIÓN 1 La ciencia de los cohetes

1. ¿Cuál de estos términos nombra un aparato que expulsa gas en una dirección y se mueve en la dirección opuesta?

   a. estación espacial   b. rover

   c. sonda espacial   d. cohete

2. **Clasifica** Un avión con motor a reacción usa un combustible líquido y oxígeno de la atmósfera. El motor expulsa gases calientes por la parte trasera y el avión se mueve hacia delante. ¿Es este avión un tipo de cohete? Explica tu respuesta.

   _____
   _____
   _____

Usa la ilustración para responder la pregunta siguiente.

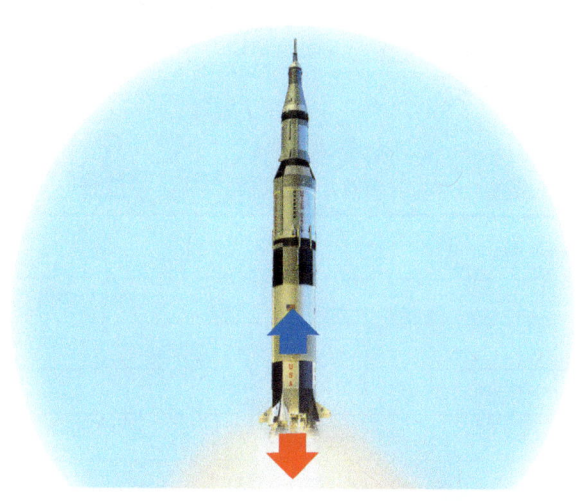

3. **Aplica conceptos** En el diagrama se muestra el despegue de un cohete. ¿Qué representan las flechas?

   _____
   _____

4. **¡matemáticas!** Para cada fuerza hay una fuerza opuesta y equivalente. Describe una gráfica lineal en la que se muestre la relación entre la fuerza de reacción y el empuje de un cohete.

   _____
   _____

LECCIÓN 2 La historia de la exploración espacial

5. Todo cuerpo que orbita alrededor de otro en el espacio es un

   a. cohete.   b. vacío.

   c. satélite.   d. transbordador.

6. **Relaciona causa y efecto** Después de que la Unión Soviética lanzara el *Sputnik I*, los educadores estadounidenses mejoraron la enseñanza de matemáticas y ciencias. ¿Cómo se explica esta decisión?

   _____
   _____
   _____

7. **Haz generalizaciones** Nombra una manera en la que la Estación Espacial Internacional podría colaborar con la exploración del sistema solar.

   _____
   _____
   _____

8. **Compara y contrasta** ¿En qué se diferencian un transbordador espacial y una sonda espacial?

   _____
   _____
   _____
   _____

9. **Escríbelo** Imagínate que estás planeando una misión a Marte. Haz una lista de los mayores desafíos que enfrentaría tu misión y sugiere soluciones posibles. ¿Cómo se cubrirán las necesidades básicas de la tripulación durante el largo viaje?

CAPÍTULO 2 Repaso y evaluación

LECCIÓN 3 Aplicación de la ciencia espacial

10. **Clasifica** Nombra una derivación espacial para cada una de estas categorías: instrumentos médicos, materiales, productos de consumo.

___

Consulta la gráfica para responder las preguntas 11 y 12.

Órbitas satelitales

(gráfica: Altitud (en miles de km) vs. Tiempo para completar una órbita (en horas))

11. **Lee gráficas** Un satélite geoestacionario orbita alrededor de la Tierra una vez cada 24 horas. ¿A qué altitud orbita el satélite?

___

12. **Haz generalizaciones** ¿Qué relación hay entre la altitud del satélite y el tiempo que necesita para completar una órbita?

___

APLICA LA PREGUNTA PRINCIPAL ¿En qué beneficia a los habitantes de la Tierra la exploración espacial?

13. Imagínate que tu automóvil se averió en un lugar desconocido. Explica dos maneras mediante las cuales los satélites en órbita pueden ayudarte a obtener ayuda.

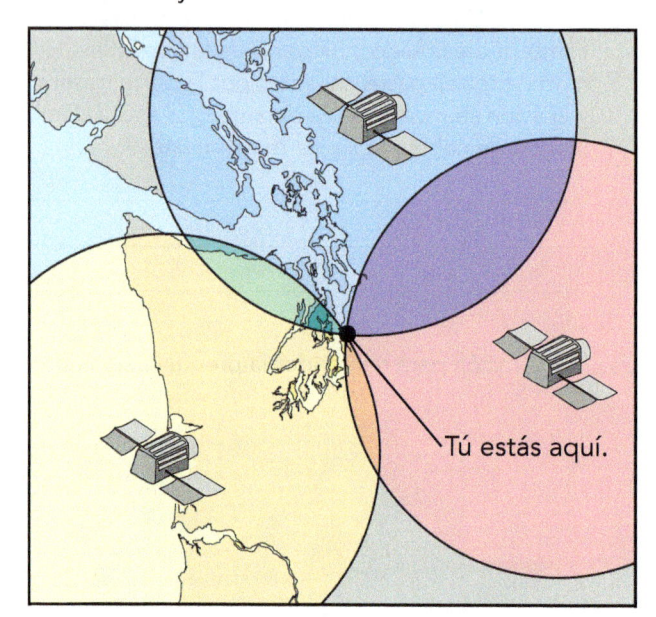

Tú estás aquí.

___

70 Exploración espacial

Preparación para exámenes estandarizados

Selección múltiple

Encierra en un círculo la letra de la mejor respuesta.

1. Este diagrama muestra un cohete y la dirección de cuatro fuerzas.

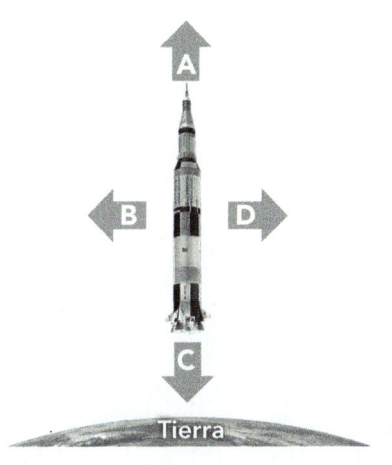

   ¿Cuál de estas fuerzas representa una fuerza opuesta y equivalente al empuje del cohete?

   A   Fuerza A
   B   Fuerza B
   C   Fuerza C
   D   Fuerza D

2. ¿Cuál de estas opciones es el factor principal que permite que los cohetes lleguen a la Luna?

   A   los explosivos
   B   los cohetes de una sola etapa
   C   la pólvora
   D   los cohetes de múltiples etapas

3. ¿Con qué frecuencia un satélite en órbita geoestacionaria da una vuelta alrededor de la Tierra?

   A   una vez por hora
   B   una vez por día
   C   una vez por mes
   D   una vez por año

4. ¿Cuál de estos logros obtuvieron primero los Estados Unidos durante la carrera espacial?

   A   enviar al primer hombre al espacio
   B   enviar al primer ser vivo al espacio
   C   enviar al primer hombre a la Luna
   D   lanzar el primer satélite al espacio

5. ¿Qué fuerza debe superar un cohete para poder llegar al espacio?

   A   la gravedad
   B   la velocidad de escape
   C   el empuje
   D   la velocidad orbital

Respuesta elaborada

Usa la gráfica que sigue y tus conocimientos de ciencias para responder la pregunta 6. Escribe tu respuesta en una hoja aparte.

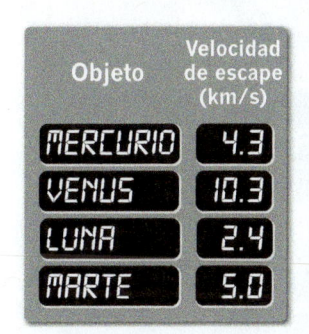

Objeto	Velocidad de escape (km/s)	Objeto	Velocidad de escape (km/s)
MERCURIO	4.3	JÚPITER	59.5
VENUS	10.3	SATURNO	35.6
LUNA	2.4	URANO	21.2
MARTE	5.0	NEPTUNO	23.6

6. La tabla muestra las velocidades de escape de un cohete que despega desde distintos puntos del sistema solar. Explica por qué podría ser más fácil lanzar un cohete de la Luna a Marte que de la Tierra a Marte. ¿Cuál sería el problema de enviar astronautas a explorar Júpiter?

EL RINCÓN DE LA CIENCIA

TECNOLOGÍA Y DISEÑO

Museo de Ciencias

Un pasaje al espacio, por favor

Es posible que, en poco tiempo, los turistas hagan fila para visitar... ¿el espacio?

En la actualidad, sólo viajan al espacio los astronautas altamente calificados que trabajan para agencias espaciales, como la Administración Nacional de Aeronáutica y del Espacio (NASA), la Agencia Japonesa de Exploración Aeroespacial o la Agencia Espacial Europea. Sin embargo, un pequeño número de compañías han empezado a probar vuelos espaciales que trasladarán a todo aquel que pague su pasaje, tal como ocurre en los aviones o los trenes. Cualquier pasajero podrá volar al espacio. Las compañías esperan poner los viajes espaciales al alcance de muchas personas.

Entonces, ¿qué es lo que podemos esperar como pasajeros espaciales? La aeronave volará hasta el límite de la atmósfera a una velocidad tres veces mayor que la velocidad del sonido. Luego la nave lanzará dos cohetes que trasladarán a los pasajeros. Los cohetes entrarán al espacio y allí flotarán durante unos 5 minutos. Los pasajeros experimentarán la falta de pesadez total (¡con tiempo suficiente para dar un montón de volteretas a gravedad cero!) y, finalmente, los cohetes regresarán a la Tierra. El turismo espacial será... ¡una experiencia fuera de este mundo!

Escríbelo Crea un anuncio publicitario en el que promociones los vuelos espaciales. Piensa a quién apunta tu anuncio, dónde debe colocarse y qué diseño debe tener para convencer a la mayor cantidad de personas posible.

Museum of Science®

Vivir en el espacio:
LA TRIPULACIÓN DE LA EXPEDICIÓN 18

Muy lejos, fuera de la Tierra, astronautas de distintos países trabajan en equipo para construir un centro de investigaciones en el espacio.

En 1998 un cohete ruso lanzó la primera pieza de la Estación Espacial Internacional (EEI). Diez años después, llegó a la estación la decimoctava tripulación que haría de la EEI su nuevo hogar.

La tripulación de la Expedición 18 estaba compuesta por miembros de los programas espaciales de los Estados Unidos, Rusia y Japón. Cada miembro de la tripulación tenía tareas específicas en el espacio. La ingeniera de vuelo Sandra Magnus instaló un servicio sanitario nuevo. Cuando la estancia de Magnus llegó a su fin, el ingeniero de vuelo Koichi Wakata y su tripulación instalaron un sistema para reciclar el agua de la tripulación.

El trabajo de estos astronautas representa un gran avance en la colonización del espacio. Las tripulaciones que trabajan en la EEI aprenden cómo enfrentar las necesidades del ser humano en el espacio y también nos enseñan sobre los efectos que puede tener la vida espacial sobre el cuerpo humano.

Investígalo Si se arrojara un búmeran a gravedad cero, ¿regresaría a las manos de la persona que lo arrojó? El astronauta japonés Takao Doi decidió hacer un experimento divertido durante su tiempo libre: para eso, llevó consigo un búmeran a la EEI y lo averiguó. Plantea una hipótesis y escribe un informe sobre los resultados que obtuvo.

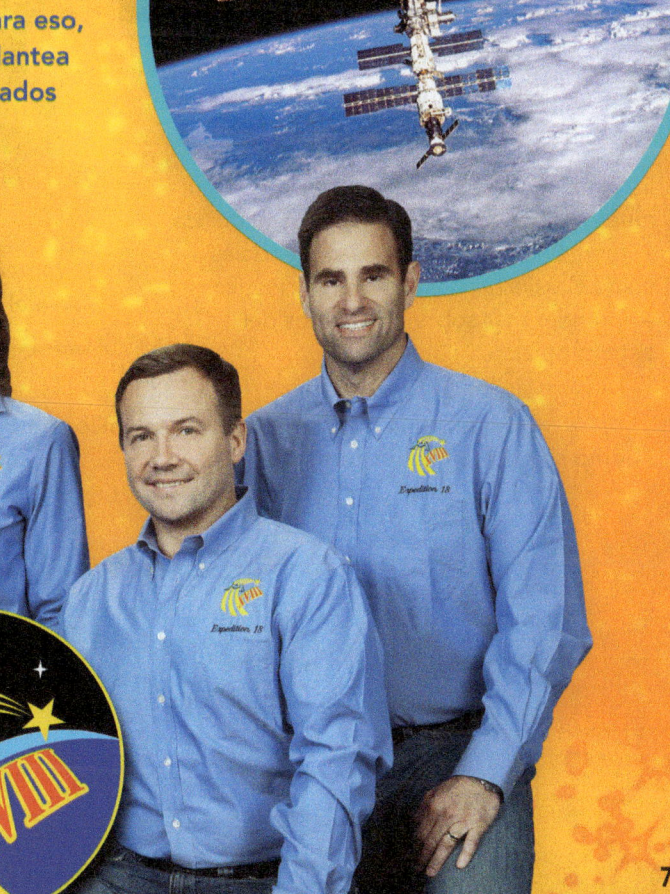

Horizontes de la tecnología

¿DE QUÉ ESTARÁN HECHOS LOS ANILLOS DE SATURNO?

¿Por qué los cuerpos del sistema solar son diferentes unos de otros?

Esta fotografía de la sonda espacial *Cassini* muestra a Saturno y a parte de su magnífico sistema de anillos. Las sondas espaciales como *Cassini* han ayudado a los científicos a aprender más sobre los cuerpos del sistema solar.

> **UNTAMED SCIENCE** Mira el video de *Untamed Science* para aprender más sobre el sistema solar.

Infiere ¿De qué crees que están hechos los anillos de Saturno? ¿Cómo se podrían haber formado?

_____
_____
_____
_____
_____

El sistema solar

CAPÍTULO 3

CAPÍTULO 3 Para comenzar

Verifica tu comprensión

1. Preparación Lee el párrafo siguiente y luego responde la pregunta.

> Tyrone está mirando una película. En ella vio cómo los astronautas exploran un planeta que gira, o realiza una revolución, alrededor de una estrella. En su viaje, los astronautas observan que el planeta rota. Tyrone sabe que la gravedad mantiene al planeta en órbita alrededor de la estrella.

Una **revolución** es el movimiento de un cuerpo alrededor de otro.

Un cuerpo **rota** cuando gira alrededor de un eje central.

La **gravedad** es la fuerza que atrae a los cuerpos entre sí.

- ¿Qué origina el día y la noche en un planeta?

_____

_____

MY READING WEB Si tuviste dificultades para responder la pregunta anterior, visita *My Reading Web* y escribe *The Solar System*.

Destreza de vocabulario

Palabras de origen griego Muchas palabras científicas provienen del griego. En este capítulo, aprenderás el término *geocéntrico*. *Geocéntrico* deriva de dos partes de palabras griegas: *geo*, que significa "Tierra" y *kentron* que significa "centro".

geo	+	*kentron*	=	*geocéntrico*
Tierra		centro		que tiene a la Tierra en el centro

Aprende estas partes de palabras griegas para recordar mejor el vocabulario.

Palabra griega	Significado	Ejemplo
helios	sol	heliocéntrico (*adj.*)
chromas	color	cromósfera (*s.*)
sphaira	esfera	fotósfera (*s.*)

2. Verificación rápida Predice el significado del término *heliocéntrico*.

_____

_____

El sistema solar

The Solar System

planeta

unidad astronómica

Tierra — Sol

sistema solar

cinturón de asteroides

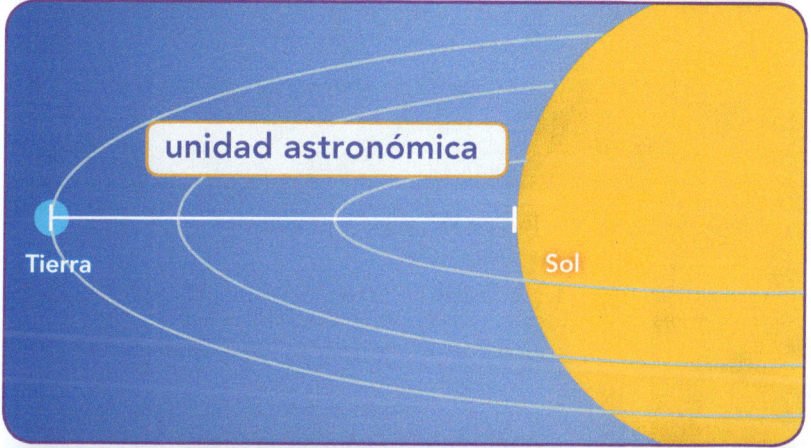

Vistazo al capítulo

LECCIÓN 1
- geocéntrico • heliocéntrico
- elipse
  - Sigue la secuencia
  - Haz modelos

LECCIÓN 2
- sistema solar • unidad astronómica
- planeta • planeta enano
- planetesimal
  - Identifica la evidencia de apoyo
  - Calcula

LECCIÓN 3
- núcleo • fusión nuclear
- zona radiactiva • zona de convección
- fotósfera • cromósfera
- corona • viento solar • mancha solar
- prominencia • destello solar
  - Relaciona causa y efecto
  - Interpreta datos

LECCIÓN 4
- planeta telúrico
- efecto invernadero
  - Compara y contrasta
  - Comunica ideas

LECCIÓN 5
- gigantes gaseosos • anillo
  - Haz un esquema
  - Plantea preguntas

LECCIÓN 6
- cinturón de asteroides • cinturón de Kuiper • nube de Oort • cometa
- coma • núcleo • asteroide
- meteoroide • meteoro • meteorito
  - Resume
  - Clasifica

▶ VOCAB FLASH CARDS Para obtener más ayuda con el vocabulario, visita **Vocab Flash Cards** y escribe **The Solar System**.

LECCIÓN
1
Modelos del sistema solar

DESCUBRE LA PREGUNTA PRINCIPAL

- ¿Qué era el modelo geocéntrico?
- ¿Cómo se desarrolló el modelo heliocéntrico?

mi Diario Del planeta

PROFESIÓN

Dibujar el sistema solar

Cuando Walter Myers tenía siete años, encontró un libro con dibujos de astronautas que caminaban sobre las lunas de Saturno. Desde entonces, Myers empezó a hacer dibujos espaciales. Al principio, dibujaba con lápiz, pero ahora trabaja con computadoras, porque le permiten crear imágenes que parecen fotografías, como las que aparecen abajo.

Como artista, el Sr. Myers puede mostrar escenas que no han sido fotografiadas; por ejemplo, ideas para diseñar futuras naves espaciales y vistas desde las lunas de otro planeta. Al Sr. Myers le gusta especialmente crear imágenes que muestren lo que verían los seres humanos si pudieran visitar otros planetas. Su trabajo ha aparecido en libros, revistas, sitios de Internet y ¡hasta en televisión!

Usa lo que leíste para responder estas preguntas.

1. ¿Qué instrumento usa Walter Myers?
   _____

2. ¿Por qué las personas usan dibujos u otros modelos para mostrar cuerpos del sistema solar?
   _____
   _____
   _____
   _____

> **PLANET DIARY** Consulta *Planet Diary* para aprender más en inglés sobre modelos del sistema solar.

Zona de laboratorio Haz la Indagación preliminar ¿Qué hay en el centro?

78 El sistema solar

| Geocentric Model | PLANET DIARY | APPLY IT |

Vocabulario
- geocéntrico
- heliocéntrico
- elipse

Destrezas
- Lectura: Sigue la secuencia
- Indagación: Haz modelos

¿Qué era el modelo geocéntrico?

Desde la Tierra, parece que nuestro planeta está estático y que el Sol, la Luna y las estrellas se mueven alrededor de él. Pero, ¿el cielo realmente se mueve encima de nosotros? Hace muchos siglos, antes de que se crearan los transbordadores espaciales o incluso los telescopios, las personas no tenían una manera fácil de averiguarlo.

Observaciones antiguas Los observadores antiguos, entre ellos, los griegos, los chinos y los mayas, descubrieron que el patrón de las estrellas no cambiaba con el tiempo. A pesar de que las estrellas parecían moverse, en realidad permanecían en la misma posición relativa respecto de otras estrellas. Estas personas también observaron los planetas, que se movían entre las estrellas.

Los primeros observadores pensaban que la Tierra estaba en el centro del universo. Los observadores chinos pensaban que estaba debajo de una cúpula de estrellas. Los astrónomos griegos pensaban que estaba dentro de esferas giratorias ubicadas una dentro de otra. Estas esferas contenían las estrellas y los planetas. Como *geo* en griego significa "Tierra", un modelo en el cual la Tierra está en el centro se conoce como modelo **geocéntrico**. **En un modelo geocéntrico, la Tierra está en el centro de los planetas y las estrellas giran a su alrededor.**

El modelo de Tolomeo En el año 140 a. C., el astrónomo griego Tolomeo siguió desarrollando el modelo geocéntrico. Al igual que los antiguos griegos, pensaba que la Tierra estaba en el centro del universo. En su modelo, sin embargo, los planetas se movían en círculos pequeños alrededor de círculos más grandes.

Su modelo geocéntrico explicaba los movimientos que se observan en el cielo con bastante exactitud. Como resultado, el modelo geocéntrico del universo fue muy aceptado durante casi 1,500 años tras su muerte.

¡aplícalo!

Evalúa explicaciones científicas y modelos Describe una experiencia de la vida cotidiana que parezca apoyar el modelo geocéntrico.

_____
_____
_____
_____
_____
_____
_____

Zona de laboratorio Haz la Actividad rápida de laboratorio *Dar vueltas en círculos.*

Evalúa tu comprensión

¿comprendiste?...

○ ¡Comprendí! Ahora sé que el modelo geocéntrico es _____
_____
_____

○ Necesito más ayuda con _____

Consulta MY SCIENCE COACH en línea para obtener ayuda en inglés sobre este tema.

79

¿Cómo se desarrolló el modelo heliocéntrico?

No todos creían en el sistema geocéntrico. Un científico griego de la antigüedad que se llamaba Aristarco desarrolló un modelo cuyo centro era el Sol. Este modelo se denominó sistema heliocéntrico. *Helios* significa "sol" en griego. En un modelo heliocéntrico, la Tierra y los otros planetas giran alrededor del Sol. Sin embargo, este modelo no fue bien recibido en la antigüedad porque las personas no podían aceptar que la Tierra no estuviera en el centro del universo.

ILUSTRACIÓN 1

Modelos que cambian

Haz modelos Dibuja cada modelo del sistema solar. Incluye el Sol, la Tierra, la Luna y Júpiter. Incluye las lunas de Júpiter en el modelo de Galileo.

DESAFÍO ¿Por qué crees que las personas no creían en los descubrimientos de Galileo?

1500   1550

La revolución copernicana

El astrónomo polaco Nicolás Copérnico siguió desarrollando el modelo heliocéntrico. **Copérnico logró comprender cómo están distribuidos los planetas que se conocían hasta el momento y cómo giran alrededor del Sol.** Publicó su trabajo en 1543. Con el tiempo, la teoría de Copérnico revolucionaría la ciencia de la astronomía, pero al principio, muchas personas no estaban dispuestas a aceptarla. Necesitaban más evidencia para convencerse.

Dibuja el modelo de Copérnico.

Sigue la secuencia ¿Cuál de estos astrónomos desarrolló primero su trabajo?
○ Tycho Brahe
○ Nicolás Copérnico
○ Galileo Galilei
○ Johannes Kepler

El sistema solar

Heliocentric Model | MY SCIENCE COACH

Brahe y Kepler

Tanto Tolomeo como Copérnico suponían que los planetas se movían en círculos perfectos. Sus modelos se ajustaban bastante bien a las observaciones existentes. Pero a fines del siglo XVI, el astrónomo danés Tycho Brahe realizó observaciones mucho más exactas. Johannes Kepler, el asistente de Brahe, utilizó esas observaciones para dilucidar la forma de las órbitas de los planetas. Cuando Kepler utilizaba órbitas circulares, sus cálculos no coincidían con las observaciones. **Después de años de realizar cálculos detallados, Kepler reveló que la órbita del planeta es elíptica.** Una elipse es una forma ovalada.

Observatorio Tycho Brahe

✏️ **Dibuja el modelo de Kepler.**

1600 — 1650

La evidencia de Galileo

En el siglo XVI y a principios del siglo XVII, la mayoría de las personas aún creían en el modelo geocéntrico. **Sin embargo, con el tiempo, la evidencia reunida por el científico italiano Galileo Galilei logró convencer a otros de que el modelo heliocéntrico era correcto.** En 1610, Galileo usó un telescopio y descubrió cuatro lunas alrededor de Júpiter. Estas lunas probaron que no todo lo que se encuentra en el cielo gira alrededor de la Tierra. Galileo también descubrió que Venus atraviesa una serie de fases semejantes a las de la Luna. Pero Venus no tendría un conjunto completo de fases si tanto Venus como el Sol giraran alrededor de la Tierra. Por este motivo, Galileo llegó a la conclusión de que el modelo geocéntrico era incorrecto.

✏️ **Dibuja el modelo de Galileo.**

Zona de laboratorio Haz la Actividad rápida de laboratorio *Una elipse muy particular.*

🔑 Evalúa tu comprensión

1a. Repasa (Kepler/Copérnico) descubrió que los planetas se mueven en elipses.

b. Relaciona la evidencia con la explicación ¿Qué descubrimientos de Galileo apoyan el modelo heliocéntrico?
_____
_____
_____

¿comprendiste?

○ ¡Comprendí! Ahora sé que el modelo heliocéntrico se desarrolló _____
_____
_____

○ Necesito más ayuda con _____

Consulta **MY SCIENCE COACH** en línea para obtener ayuda en inglés sobre este tema.

81

LECCIÓN 2
Introducción al sistema solar

DESCUBRE LA PREGUNTA PRINCIPAL

- ¿Cómo está compuesto el sistema solar?
- ¿Cómo se formó el sistema solar?

mi Diario Del planeta

Condiciones extremas

Imagínate un lugar donde el Sol brilla 11 veces más fuerte que en la Tierra. ¿Cómo podrías mantener algo refrigerado allí? Ése fue el problema que debieron resolver los ingenieros al diseñar la nave espacial *MESSENGER* que viajaría a Mercurio. En 2008, esta nave comenzó a explorar Mercurio, donde la temperatura puede llegar a 370 °C. Los ingenieros diseñaron una sombrilla para proteger los instrumentos del *MESSENGER*. ¡Una sombrilla de tela cerámica! El material cerámico, formado por elementos como silicona, aluminio y boro, es resistente al calor. Mantiene la mayor parte del calor solar lejos del *MESSENGER* y conserva todos los instrumentos a temperatura ambiente (aproximadamente 20 °C).

TECNOLOGÍA

Usa lo que leíste para responder estas preguntas.

1. ¿Por qué los ingenieros tuvieron que diseñar una sombrilla para el *MESSENGER* que viajaría a Mercurio?
   _____
   _____
   _____

2. ¿Qué otros desafíos crees que tendrían los ingenieros que diseñen una nave espacial para viajar a Mercurio?
   _____
   _____
   _____

> **PLANET DIARY** Consulta *Planet Diary* para aprender más en inglés sobre el sistema solar.

Zona de laboratorio Haz la Indagación preliminar *¿De qué tamaño es la Tierra?*

82 El sistema solar

Vocabulario
- sistema solar
- unidad astronómica
- planeta
- planeta enano
- planetesimal

Destrezas
- Lectura: Identifica la evidencia de apoyo
- Indagación: Calcula

¿Cómo está compuesto el sistema solar?

Mercurio es sólo uno de los muchos cuerpos que componen el sistema solar. **Nuestro sistema solar está formado por el Sol, los planetas, sus lunas y una variedad de cuerpos más pequeños.** El Sol está en el centro del sistema solar y otros cuerpos orbitan alrededor de él. La fuerza de gravedad mantiene unido al sistema solar.

Las distancias en el sistema solar Las distancias dentro del sistema solar son tan grandes que no pueden medirse fácilmente en metros o en kilómetros. En cambio, los científicos generalmente usan una unidad denominada unidad astronómica. Una **unidad astronómica** (UA) equivale a la distancia media entre la Tierra y el Sol, aproximadamente 150 millones de kilómetros. El sistema solar se extiende a más de 100,000 UA del Sol.

¡Usa las matemáticas!
Conversión de unidades

Para convertir unidades astronómicas (UA) en kilómetros (km), puedes multiplicar el número de UA por 150,000,000.

1 Calcula Marte está a 1.52 UA del Sol. Aproximadamente, ¿a cuántos kilómetros del Sol está Marte? _____

2 Aplica conceptos Si conoces la distancia entre un cuerpo y el Sol en kilómetros, ¿cómo hallas esta distancia en UA? _____
_____

El Sol En el centro de nuestro sistema solar está el Sol. El Sol es mucho más grande que cualquier otro cuerpo del sistema solar. El Sol contiene aproximadamente el 99.85 por ciento de la masa del sistema solar. A pesar de que su volumen es más de un millón de veces mayor que el volumen de la Tierra, nuestro Sol es en realidad una estrella mediana bastante común. Si usamos un telescopio, ¡podremos ver estrellas que tienen un tamaño mil veces mayor que el del Sol! Éstas son buenas noticias, porque las estrellas gigantes se apagan y mueren rápidamente, pero nuestro Sol existirá por cinco mil millones de años más.

Identifica la evidencia de apoyo Subraya una oración que apoye el enunciado: "El Sol es mucho más grande que cualquier otro cuerpo del sistema solar".

10 UA

ILUSTRACIÓN 1
▶ INTERACTIVE ART El sistema solar
El tamaño de los planetas se muestra a escala, no así sus distancias con respecto al Sol.
✏️ **Marca la ubicación de cada planeta en la escala de distancias de arriba.**

1. **Interpreta datos** ¿Dónde está la mayor distancia entre planetas?
   _____

2. **DESAFÍO** ¿Podrías mostrar el tamaño relativo de los planetas y sus distancias relativas con respecto al Sol en un mismo diagrama en una página? ¿Por qué?
   _____
   _____

Mercurio
Diámetro: 4,879 km
Distancia del Sol: 0.39 UA
Período orbital: 87.97 días terrestres
Lunas: 0

Tierra
Diámetro: 12,756 km
Distancia del Sol: 1 UA
Período orbital: 365.26 días terrestres
Lunas: 1

Venus
Diámetro: 12,104 km
Distancia del Sol: 0.72 UA
Período orbital: 224.7 días terrestres
Lunas: 0

Marte
Diámetro: 6,794 km
Distancia del Sol: 1.52 UA
Período orbital: 687 días terrestres
Lunas: 2

Planetas

Hay muchos cuerpos diferentes en el sistema solar. ¿Cómo se determina cuál es un planeta y cuál no? En 2006, los astrónomos decidieron que un **planeta** debe ser un cuerpo redondo que orbita alrededor del Sol y que ha despejado las proximidades de su órbita en el sistema solar. Los primeros cuatro planetas son pequeños y están compuestos principalmente por roca y metal. Los últimos cuatro planetas son muy grandes y están formados principalmente por gas y líquido. Al igual que la Tierra, cada planeta tiene "días" y "años". Un día es el tiempo que demora el planeta en rotar sobre su eje. Un año es el tiempo que demora en orbitar alrededor del Sol. La **ilustración 1** muestra algunos datos básicos sobre los planetas.

Planetas enanos

Durante muchos años, Plutón fue considerado el noveno planeta del sistema solar. Pero Plutón comparte el área de su órbita con otros cuerpos. En la actualidad, Plutón es considerado un planeta enano. Un **planeta enano** es un cuerpo que orbita alrededor del Sol y tiene suficiente gravedad para tener forma esférica, pero no ha despejado las proximidades de su órbita. Son cinco los planetas enanos conocidos en nuestro sistema solar: Plutón, Eris, Ceres, Makemake y Haumea. En la medida que los científicos logren observar cuerpos más lejanos, el número de planetas enanos podría aumentar.

20 UA   30 UA

Satélites

Excepto Mercurio y Venus, todos los planetas del sistema solar tienen al menos un satélite natural, o luna. La Tierra, con sólo una, tiene la menor cantidad de lunas. ¡Júpiter y Saturno tienen más de 60 cada uno! Algunos planetas enanos también tienen satélites.

Cuerpos más pequeños

El sistema solar también está formado por muchos cuerpos más pequeños que orbitan alrededor del Sol. Algunos, denominados asteroides, son cuerpos pequeños y principalmente rocosos. Muchos de los asteroides se encuentran en un área entre las órbitas de Marte y Júpiter. Los cometas son otro gran grupo de cuerpos dentro del sistema solar. Los cometas son bolas de poca densidad formadas por hielo y roca que generalmente tienen órbitas largas y estrechas.

Saturno
Diámetro: 120,536 km
Distancia del Sol: 9.54 UA
Período orbital: 29.47 días terrestres
Lunas: 60+

Neptuno
Diámetro: 49,258 km
Distancia del Sol: 30.07 AU
Período orbital: 163.72 días terrestres
Lunas: 13+

Urano
Diámetro: 51,118 km
Distancia del Sol: 19.19 AU
Período orbital: 83.75 días terrestres
Lunas: 20+

Júpiter
Diámetro: 142,984 km
Distancia del Sol: 5.20 UA
Período orbital: 11.86 días terrestres
Lunas: 60+

Zona de laboratorio Haz la Investigación de laboratorio *Una carrera alrededor del Sol.*

Evalúa tu comprensión

1a. Sigue la secuencia Ordena los planetas de menor a mayor respecto a la distancia del Sol.

_____
_____
_____

b. Haz generalizaciones ¿Cuál es la relación entre lo que dura el año en un planeta y su distancia con respecto al Sol?

_____
_____

¿comprendiste?

○ **¡Comprendí!** Ahora sé que el sistema sol compuesto por _____
_____
_____

○ Necesito más ayuda con _____
_____

Consulta **my science coac** obtener ayuda en inglés sobre e

ILUSTRACIÓN 2
▶ ART IN MOTION Formación del sistema solar

✏️ **Sigue la secuencia** Escribe los números del 1 al 4 en los círculos para ordenar las imágenes siguientes.

sistema solar

¿Cómo se formó el sistema solar?

¿De dónde provienen los cuerpos del sistema solar? 🗝 Según los científicos, el sistema solar se formó hace aproximadamente 4.6 mil millones de años, a partir de una nube de hidrógeno, helio, roca, hielo y otros materiales que fueron atraídos entre sí por la fuerza de gravedad.

Un disco giratorio
El proceso comenzó cuando la fuerza de gravedad unió el material de la nube. La nube colapsó, giró y tomó la forma de un disco. El material de la nube fue atraído hacia el centro del disco. A medida que ese material se acumuló, su temperatura aumentó al igual que la presión sobre él.

Finalmente, la temperatura y la presión aumentaron tanto que los átomos de hidrógeno se unieron y formaron helio. Este proceso, denominado fusión nuclear, libera grandes cantidades de energía. Una vez que comenzó la fusión nuclear, el Sol liberó luz y se transformó en una estrella fija. La luz solar es una forma de energía producida por la fusión.

La forma de los planetas
Lejos del Sol, los planetas se formaron a medida que la gravedad unía roca, hielo y gas. La roca y el hielo formaron cuerpos pequeños denominados planetesimales. Con el tiempo, los planetesimales chocaron y quedaron pegados, hasta que se combinaron y formaron los restantes cuerpos del sistema solar.

Planetas interiores Cerca del Sol, las temperaturas del sistema solar eran muy altas. La mayor parte del agua se evaporaba y eso impedía la formación de hielo. Los cuerpos que se formaron en esta región tenían relativamente poca masa. Su gravedad era demasiado débil para atraer gases livianos, como el hidrógeno y el helio. Por esta razón, los planetas interiores son pequeños y rocosos.

Planetas exteriores A distancias más alejadas del Sol, las temperaturas eran más bajas. Se formó hielo que agregó masa a los planetas de esas distancias. Al aumentar su tamaño, la gravedad era tan fuerte que atrajo hidrógeno y helio, y formó los planetas gigantes gaseosos. Más allá de los gigantes gaseosos, las temperaturas eran más bajas. El hielo y otros materiales formaron cometas y planetas enanos.

| my science online | The Early Solar System | ▶ ART IN MOTION | ▶ MY SCIENCE COACH |

EXPLORA LA PREGUNTA PRINCIPAL

Resuelve EL SISTEMA SOLAR

¿Por qué los cuerpos del sistema solar son diferentes unos de otros?

ILUSTRACIÓN 3
Usa las pistas para completar el crucigrama. Luego, responde la pregunta.

HORIZONTALES

3 El planeta más alejado del Sol
6 Gigante gaseoso que es más pequeño que Júpiter pero más grande que Neptuno
7 El planeta más pequeño del sistema solar
8 Cuerpo que orbita alrededor de un planeta

VERTICALES

1 El planeta más grande del sistema solar
2 Planeta que se formó más cerca del Sol que la Tierra, pero no es el más cercano al Sol
4 Cuerpo poco denso de hielo que tiene una órbita larga y estrecha
5 Cuerpo pequeño y rocoso que orbita alrededor del Sol

¿Por qué los cuerpos de las pistas 2 y 6 son tan diferentes uno del otro?
_____
_____
_____

Evalúa tu comprensión

2a. Explica ¿Qué fuerza formó el sistema solar?
_____

b. RESPONDE LA PREGUNTA PRINCIPAL ¿Por qué los cuerpos del sistema solar son diferentes unos de otros?
_____
_____
_____
_____
_____

Zona de laboratorio Haz la Actividad rápida de laboratorio *Aglomeración de planetas.*

¿comprendiste?

○ **¡Comprendí!** Ahora sé que el sistema solar se formó cuando _____
_____

○ Necesito más ayuda con _____
Consulta **MY SCIENCE COACH** en línea para obtener ayuda en inglés sobre este tema.

LECCIÓN 3

El Sol

🔑 ¿Cuál es la estructura del Sol?

🔑 ¿Qué características puedes ver en el Sol?

mi Diario Del planeta

DESASTRE

En la oscuridad

El 13 de marzo de 1989 una lluvia de partículas eléctricas del Sol alcanzó la Tierra y provocó una tormenta magnética. Serpentinas brillantes de color inundaron el cielo y llegaron hasta Jamaica. Pero en Québec, Canadá, la tormenta trajo problemas. A las 2:45 a.m. colapsó todo el sistema de energía eléctrica. Las personas despertaron sin calefacción ni luz. El tránsito se atascó porque los semáforos y subterráneos dejaron de funcionar.

¿Cómo es posible que partículas del Sol lograran colapsar el sistema de energía eléctrica? La tormenta magnética provocó una oleada eléctrica en los cables eléctricos. Las estaciones de energía eléctrica no pudieron soportar la excesiva electricidad y se apagaron por completo, y lo mismo ocurrió con el sistema de energía eléctrica.

✏️ **Comunica ideas** Comenta el apagón de Québec con un compañero. Luego responde las preguntas siguientes.

1. ¿Qué provocó el apagón de Québec en 1989?

   _____
   _____

2. ¿Cómo se vería afectada tu vida si una tormenta magnética interrumpiera el suministro de electricidad en tu zona?

   _____
   _____
   _____

▶ **PLANET DIARY** Consulta *Planet Diary* para aprender más en inglés sobre el Sol.

Zona de laboratorio Haz la Indagación preliminar *¿Cómo puedes observar el Sol sin peligro?*

88 El sistema solar

> Structure of the Sun   ▶ PLANET DIARY   ▶ INTERACTIVE ART

Vocabulario
- núcleo • fusión nuclear • zona radiactiva
- zona de convección • fotósfera • cromósfera
- corona • viento solar • mancha solar • prominencia
- destello solar

Destrezas
- Lectura: Relaciona causa y efecto
- Indagación: Interpreta datos

¿Cuál es la estructura del Sol?

A diferencia de la Tierra, el Sol no tiene una superficie sólida. Cerca de tres cuartos de la masa del Sol están compuestos por hidrógeno y un cuarto está compuesto por helio. Existen cantidades diminutas de otros elementos. **El Sol tiene un interior y una atmósfera. El interior está compuesto por el núcleo, la zona radiactiva y la zona de convección.** La **ilustración 1** muestra el interior del Sol.

ILUSTRACIÓN 1 ··
Las capas del Sol
El diagrama muestra las capas del interior del Sol.

✏️ **Aplica conceptos** Dibuja flechas para indicar cómo pasa la energía desde el núcleo del Sol a través de la zona radiactiva y la zona de convección. Subraya en el texto las pistas que te ayudan a determinar el recorrido.

Zona de convección

Zona radiactiva

Núcleo

El núcleo
El Sol genera una enorme cantidad de energía en su **núcleo**, o región central, a través de la fusión nuclear. Durante el proceso de **fusión nuclear**, los átomos de hidrógeno se unen y forman helio. La fusión nuclear requiere temperatura y presión extremadamente altas; ambas condiciones se hallan en el núcleo. La masa total de helio formada a partir de la fusión es apenas menor que la masa de hidrógeno en su interior. La masa restante es energía.

La zona radiactiva
La energía generada en el núcleo del Sol se mueve hacia afuera y atraviesa la zona radiactiva. La **zona radiactiva** es una región de gas densamente acumulado donde se transmite energía principalmente en forma de radiación electromagnética. Como la zona radiactiva es tan densa, la energía puede demorar más de 100,000 años en atravesarla.

La zona de convección
La **zona de convección** es la capa más superficial del interior del Sol. Gases calientes se elevan desde el fondo de la zona de convección y se enfrían gradualmente a medida que llegan a la parte superior. Los gases más fríos se hunden y forman curvas de gas que mueven la energía hacia la superficie del Sol.

89

Vocabulario Palabras de origen griego La palabra griega *photos* significa "luz". ¿Qué significa *fotósfera*?
_____
_____

La atmósfera solar

El Sol tiene una atmósfera que se extiende hacia el espacio, como puedes ver en la **ilustración 2**. Las capas de la atmósfera se vuelven menos densas cuanto más alejadas están de la zona de radiación. Al igual que el interior del Sol, la atmósfera solar está compuesta principalmente por hidrógeno y helio. 🔑 La atmósfera solar incluye la fotósfera, la cromósfera y la corona. Cada capa tiene propiedades únicas.

ILUSTRACIÓN 2
▶ INTERACTIVE ART **La atmósfera solar**
Esta imagen es una combinación de dos fotografías del Sol. Una muestra la superficie solar y fue tomada a través de un filtro especial que muestra las características del Sol. La otra muestra la corona y fue tomada durante un eclipse.

✏️ **Relaciona el texto y los elementos visuales** En la fotografía, rotula la fotósfera y la corona. Colorea el área de la cromósfera.

DESAFÍO ¿Por qué la cromósfera y la corona se pueden ver desde la Tierra sólo cuando hay un eclipse?

_____
_____
_____

La fotósfera
La capa más interna de la atmósfera solar se denomina **fotósfera.** El Sol no tiene una superficie sólida, pero los gases de la fotósfera son lo suficientemente espesos como para ser visibles. Cuando observas una imagen del Sol, estás viendo la fotósfera, que se considera la capa superficial del Sol.

La cromósfera
Al comienzo y al final de un eclipse total, se puede ver un resplandor rojizo alrededor de la fotósfera. Este resplandor proviene de la capa central de la atmósfera solar, la **cromósfera.** La palabra griega *chroma* significa "color", por lo tanto, la cromósfera es la "esfera de color".

90 El sistema solar

¡Usa las matemáticas! Analiza datos

Temperatura solar

Consulta la tabla para responder las preguntas.

1 Interpreta datos ¿Cuál es la capa con mayor temperatura?

_____

2 Compara y contrasta ¿En qué se diferencian el cambio de temperatura en la atmósfera solar y el cambio de temperatura en el interior del Sol?

_____

_____

Capa	Temperatura (°C)
Núcleo	Alrededor de 15,000,000
Zona radiactiva y de convección	Alrededor de 4,000,000
Fotósfera	Alrededor de 6,000
Cromósfera interna	Alrededor de 4,300
Cromósfera externa	Alrededor de 8,300
Corona	Alrededor de 1,000,000

La corona

Durante un eclipse total, se puede ver una capa aún más tenue del Sol, como muestra la **ilustración 2**. Esta capa externa, que se ve como un halo blanco alrededor del Sol, se denomina **corona.** La corona se extiende en el espacio por millones de kilómetros y gradualmente se reduce a un flujo de partículas con carga eléctrica denominado **viento solar.**

Haz la Actividad rápida de laboratorio *Las capas del Sol*.

Evalúa tu comprensión

1a. Haz una lista Haz una lista de las capas del interior del Sol y de la atmósfera. Comienza desde el centro.

_____

_____

_____

b. Compara y contrasta ¿Cuál es una diferencia clave entre la zona radiactiva y la zona de convección?

_____

_____

_____

¿comprendiste?

○ **¡Comprendí!** Ahora sé que la estructura del Sol está compuesta por _____

_____

○ Necesito más ayuda con _____

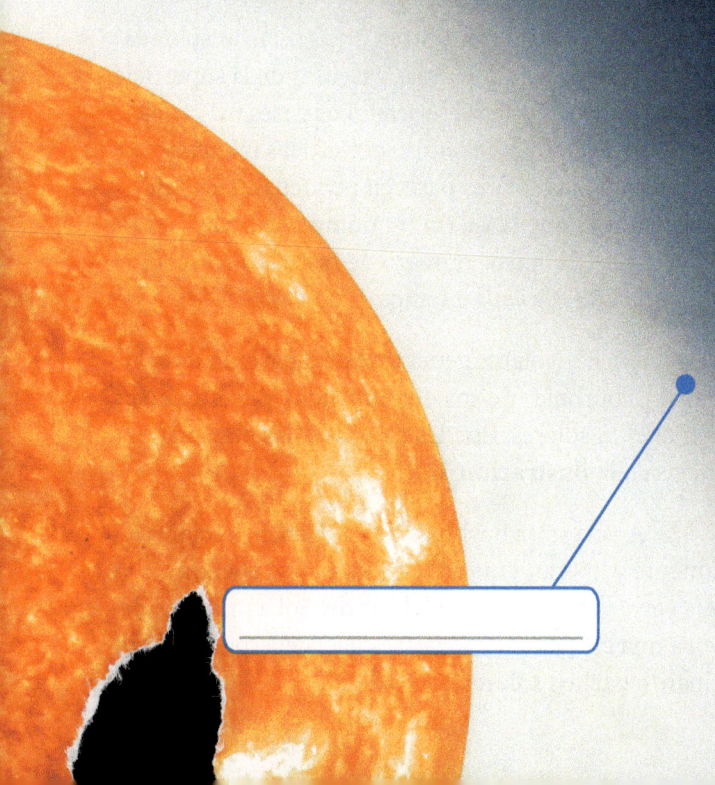

_____

Consulta **MY SCIENCE COACH** en línea para obtener ayuda en inglés sobre este tema.

¿Qué características puedes ver en el Sol?

Durante cientos de años, los científicos han usado telescopios especiales para estudiar el Sol y han descubierto una variedad de características sobre la superficie solar. **Las manchas solares, las prominencias y los destellos solares son algunas de las características sobre la superficie solar o encima de ella.**

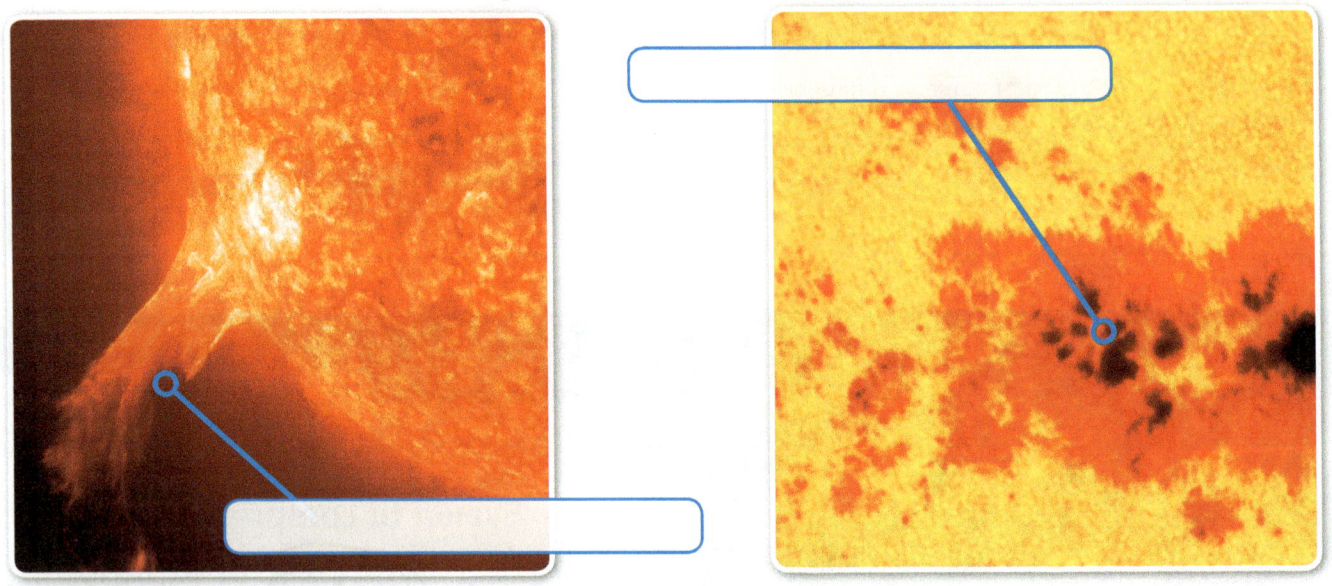

ILUSTRACIÓN 3

Manchas solares y prominencias
Las manchas solares se ven oscuras en las fotografías comunes. Algunas fotografías del Sol se toman con filtros especiales que muestran la estructura del Sol y, en estas fotografías, las manchas solares pueden parecer blancas. En las fotografías de arriba, se pueden ver manchas solares. **Clasifica** Rotula una prominencia y una mancha solar en las fotografías.

Manchas solares Las fotografías muestran áreas oscuras sobre la superficie solar. Estas manchas solares son áreas gaseosas de la superficie solar que son más frías que los gases que las rodean. Los gases más fríos no emiten tanta luz como los gases más calientes; por eso las manchas solares se ven oscuras. Las manchas solares parecen pequeñas, pero, en realidad, pueden ser más grandes que la Tierra. El número de manchas solares varía en un ciclo regular. El mayor número de manchas solares aparecen, aproximadamente, una vez cada 11 años.

Prominencias Las manchas solares generalmente aparecen en grupos. A menudo, enormes burbujas de gas denominadas prominencias conectan partes de las manchas solares. Puedes comparar las manchas solares y las prominencias en la **ilustración 3.**

Destellos solares A veces, las burbujas de las manchas solares se conectan repentinamente y liberan grandes cantidades de energía magnética. Esta energía eleva la temperatura del gas del Sol a millones de grados Celsius y provoca una erupción de los gases hacia el espacio. Estas erupciones se denominan destellos solares.

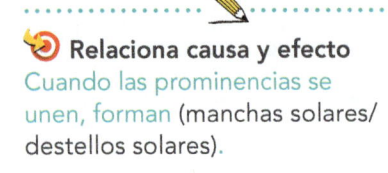

Relaciona causa y efecto
Cuando las prominencias se unen, forman (manchas solares/ destellos solares).

Viento solar El viento solar está formado por partículas del Sol que tienen carga eléctrica. Los destellos solares pueden aumentar en gran medida el viento solar; esto significa que más partículas alcanzan la atmósfera superior de la Tierra. La atmósfera y el campo magnético de la Tierra generalmente bloquean estas partículas. Sin embargo, cerca del Polo Norte y del Polo Sur, estas partículas pueden entrar en la atmósfera de la Tierra. Allí, las partículas producen grandes corrientes eléctricas que hacen brillar a las moléculas de gas de la atmósfera. Estas partículas producen auroras cerca de los polos. También pueden causar tormentas magnéticas, como la que provocó el apagón de Québec en 1989. La **ilustración 4** muestra cómo interactúa el viento solar con el campo magnético de la Tierra.

ILUSTRACIÓN 4
Viento solar
Las partículas del viento solar se diseminan por el sistema solar. Cuando alcanzan la Tierra, interactúan con el campo magnético de la Tierra. (Nota: El diagrama no está a escala).

✏️ **Haz generalizaciones** La corona es la capa menos densa de la atmósfera solar. ¿Cuál crees que es la diferencia entre la densidad del viento solar y la densidad de la corona?

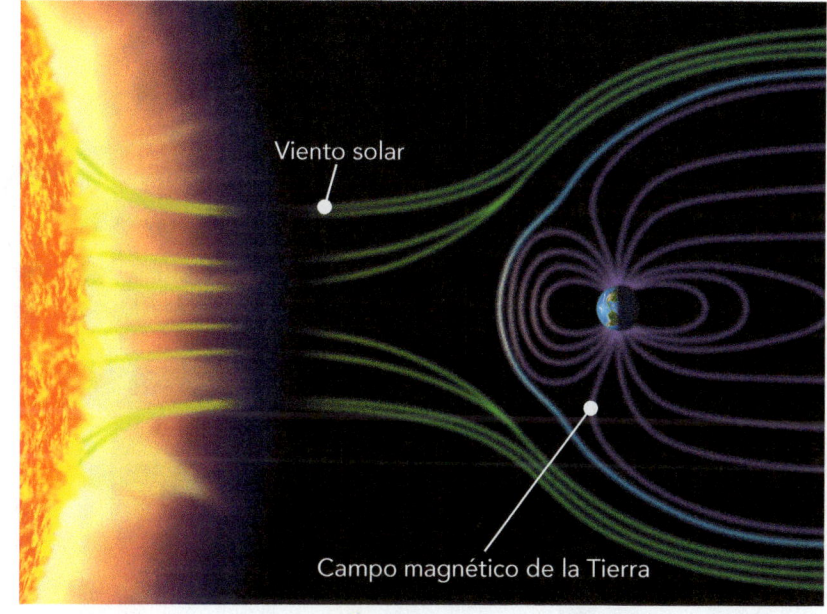

_____
_____
_____

Viento solar

Campo magnético de la Tierra

Zona de laboratorio Haz la Actividad rápida de laboratorio *Ver manchas solares*.

🗝️ Evalúa tu comprensión

2a. Define Las (prominencias/manchas solares) son burbujas de gas que se extienden desde la superficie solar.

b. Explica ¿Por qué las manchas solares se ven más oscuras que el resto de la fotósfera del Sol?

_____
_____
_____

c. Relaciona causa y efecto ¿Cómo se relacionan el viento solar y las tormentas magnéticas de la Tierra?

_____
_____
_____
_____

¿comprendiste?

○ **¡Comprendí!** Ahora sé que las características del Sol son _____
_____

○ Necesito más ayuda con _____

Consulta **my science coach** en línea para obtener ayuda en inglés sobre este tema.

LECCIÓN 4
Los planetas interiores

DESCUBRE LA PREGUNTA PRINCIPAL

- ¿Qué tienen en común los planetas interiores?
- ¿Cuáles son las características de los planetas interiores?

mi Diario Del planeta

¿Qué hay detrás de un nombre?

¿En qué parte del sistema solar puedes encontrar a Sacagawea, la guía de la expedición de Lewis y Clark, la artista Frida Kahlo, la escritora Helen Keller y la abolicionista Sojourner Truth en el mismo lugar? ¡En Venus! En realidad, casi todo lo que hay en Venus lleva el nombre de una mujer real, ficticia o mitológica.

En general, quienes descubren un cuerpo o una característica particular en el sistema solar tienen derecho a darle el nombre que elijan. Pero los científicos se pusieron de acuerdo en algunos criterios. Las características de Mercurio llevan el nombre de autores, artistas y músicos. Muchos cráteres de Marte llevan el nombre de ciudades de la Tierra y la mayoría de los cráteres de la Luna llevan el nombre de astrónomos, físicos y matemáticos.

DATO CURIOSO

Después de leer la información de la izquierda, responde las preguntas siguientes.

1. ¿Quién decide qué nombre darle a una nueva característica descubierta en el sistema solar?
   _____
   _____

2. Si descubrieras un planeta, ¿cómo decidirías qué nombre dar a sus características?
   _____
   _____
   _____

> **PLANET DIARY** Consulta *Planet Diary* para aprender más en inglés sobre los planetas interiores.

Zona de laboratorio Haz la Indagación preliminar *Anillos alrededor del Sol.*

94 El sistema solar

Terrestrial Planets ▶ PLANET DIARY ▶ INTERACTIVE ART

Vocabulario
- planetas telúricos
- efecto invernadero

Destrezas
- Lectura: Compara y contrasta
- Indagación: Comunica ideas

¿Qué tienen en común los planetas interiores?

La Tierra, Mercurio, Venus y Marte tienen más características en común entre ellos que con los planetas exteriores. **Los planetas interiores son pequeños, densos y tienen una superficie rocosa.** Los planetas interiores a menudo se denominan **planetas telúricos**. "Telúrico" deriva de la palabra *terra*, que en latín significa "Tierra". La **ilustración 1** resume datos sobre los planetas interiores.

Todos los planetas telúricos tienen una densidad alta; son ricos en materiales rocosos y metálicos, entre ellos, hierro y silicio, y tienen una superficie sólida. Todos, excepto Mercurio, tienen atmósfera.

ILUSTRACIÓN 1
▶ INTERACTIVE ART

Los planetas interiores
Interpreta datos Consulta la tabla para responder las preguntas siguientes.

1. ¿Cuál es el planeta más grande?

   _____

2. ¿Qué planeta tiene más lunas?

   _____

3. ¿Qué planeta se parece más a la Tierra en cuanto al tamaño?

Planeta	Mercurio	Venus	Tierra	Marte
Diámetro (km)	4,879	12,104	12,756	6,794
Período de rotación (días terrestres)	58.9	244	1.0	1.03
Distancia media del Sol (UA)	0.39	0.72	1.0	1.52
Período de revolución (días terrestres)	88	224.7	365.2	687
Número de lunas	0	0	1	2

Nota: Los planetas no están a escala.

Haz la Actividad rápida de laboratorio *Características de los planetas interiores*.

Evalúa tu comprensión
¿comprendiste?

○ ¡Comprendí! Ahora sé que los planetas interiores son _____

○ Necesito más ayuda con _____

Consulta MY SCIENCE COACH en línea para obtener ayuda en inglés sobre este tema.

¿Cuáles son las características de los planetas interiores?

Aunque los cuatro planetas interiores comparten muchas características, difieren en cuanto al tamaño, composición y distancia con respecto al Sol.

Mercurio ¿Te gustaría visitar un lugar donde la temperatura puede variar entre 430 °C y menos de −170 °C? **Mercurio es el planeta telúrico más pequeño y el más cercano al Sol.** Mercurio no es mucho más grande que la Luna. Probablemente, el interior de Mercurio esté compuesto principalmente por hierro.

La superficie de Mercurio Como ves en la **ilustración 2**, la superficie de Mercurio tiene llanuras y cráteres. Los cráteres se formaron en los comienzos del sistema solar. Como Mercurio no tiene agua ni mucha atmósfera, los cráteres no se desgastaron con el tiempo.

La atmósfera de Mercurio Mercurio casi no tiene atmósfera. Como la masa de Mercurio es pequeña, su gravedad es débil. Las partículas de gas se escapan fácilmente al espacio. No obstante, los astrónomos detectaron sodio y otros gases alrededor de Mercurio.

Durante el día, el lado de Mercurio que está frente al Sol puede alcanzar temperaturas de 430 °C. Como hay muy poca atmósfera, el calor del planeta se escapa por la noche. En ese momento, la temperatura desciende a menos de −170 °C.

Explorar Mercurio La información de los astrónomos acerca de Mercurio proviene de sondas espaciales. La *Mariner 10* voló sobre Mercurio tres veces en 1974 y 1975. El *Mercury MESSENGER* pasó por Mercurio varias veces y empezará a orbitarlo en 2011.

Tamaño de Mercurio en comparación con el de la Tierra

¡Hago viajes por los planetas! Mientras lees esta lección y la siguiente, lleva la cuenta de la distancia que he recorrido.

ILUSTRACIÓN 2
Mercurio
La fotografía muestra la superficie de cráteres de Mercurio.

✏️ **Responde las preguntas siguientes.**

1. **Resuelve problemas** Haz una lista de tres cosas que debería llevar alguien que visita Mercurio.

   _____
   _____
   _____

2. **DESAFÍO** Observa la **ilustración 1**. ¿Cuántos días de Mercurio hay en un año de Mercurio?

   _____

96 El sistema solar

Nubes espesas cubren la superficie.

Las regiones azules son llanuras cubiertas de flujos de lava.

Venus desde el espacio   Superficie de Venus

ILUSTRACIÓN 3
Venus
Esta ilustración combina imágenes de Venus tomadas desde el espacio con una cámara (izquierda) y un radar (derecha). El radar puede penetrar las espesas nubes de Venus y mostrar su superficie. Se modificaron los colores de ambas imágenes para mostrar más detalles.

✏️ **Infiere** ¿Por qué los científicos necesitan usar radares para estudiar la superficie de Venus?

_____

_____

Tamaño de Venus en comparación con el de la Tierra

Venus Venus es tan parecido a la Tierra, en cuanto a su tamaño y masa, que a veces se conoce como "el mellizo de la Tierra". La densidad y la estructura interna de Venus son semejantes a las de la Tierra. Pero en otros aspectos, Venus y la Tierra son muy diferentes. 🗝 **Venus tiene una atmósfera densa, un patrón de rotación poco común y la superficie más caliente de todos los planetas.**

La atmósfera de Venus La atmósfera de Venus es tan densa que está llena de nubes. Como puedes ver en la **ilustración 3**, los astrónomos sólo pueden ver una capa de nubes sobre Venus. Estas nubes están compuestas principalmente por gotitas de ácido sulfúrico.

Si estuvieras en la superficie de Venus, el peso de su atmósfera te aplastaría rápidamente. La presión de la atmósfera de Venus es 90 veces mayor que la presión de la atmósfera de la Tierra. No podrías respirar en Venus porque su atmósfera está compuesta por dióxido de carbono.

La rotación de Venus Venus demora 7.5 meses terrestres en girar alrededor del Sol y 8 meses en rotar una vez sobre su eje. Venus gira tan despacio que allí, ¡un día es más largo que un año! Venus rota de este a oeste, en dirección contraria a la mayor parte de los otros planetas y lunas. Los astrónomos plantean como hipótesis que esta rotación se debe a que un cuerpo muy grande impactó contra Venus hace miles de millones de años. Ese impacto pudo haber provocado que el planeta cambiara su dirección de rotación. Según otra hipótesis, la atmósfera densa de Venus pudo haber alterado su rotación.

🎯 **Compara y contrasta**
Menciona una característica que Venus y la Tierra tengan en común y una característica que sea diferente.

En común: _____
_____

Diferente: _____
_____

Un planeta caliente Dado que Venus está más cerca del Sol que la Tierra, recibe más energía solar que la Tierra. Gran parte de esa radiación es reflejada por la atmósfera de Venus. Sin embargo, una parte de la radiación alcanza la superficie y luego se libera en forma de calor. El dióxido de carbono que hay en la atmósfera de Venus retiene tan bien el calor que Venus es el planeta con la superficie más caliente. Los 460 °C de temperatura media de su superficie alcanzarían para derretir plomo. Esta retención de calor por parte de la atmósfera se denomina **efecto invernadero.** La **ilustración 4** muestra cómo se produce el efecto invernadero.

Explorar Venus La primera sonda espacial que aterrizó sobre la superficie de Venus y envío datos a la Tierra fue *Venera 7*, en 1970. Sobrevivió unos pocos minutos ya que la temperatura y la presión eran demasiado altas. Las sondas espaciales posteriores duraron más tiempo y lograron enviar imágenes y datos a la Tierra.

La sonda espacial *Magellan* llegó a Venus en 1990 y transportó radares. Los radares pueden atravesar las nubes, por eso *Magellan* logró hacer un mapa de casi toda la superficie. Los datos enviados por *Magellan* confirmaron que Venus está cubierto de rocas y en su superficie hay más de 10,000 volcanes. Los flujos de lava de estos volcanes formaron llanuras.

Entre las sondas espaciales más recientes, están *Venus Express*, de la Agencia Espacial Europea, y también otras breves visitas de sondas espaciales enviadas a otros planetas. Las imágenes captadas por *Venus Express* han ayudado a los científicos a comprender cómo se forman y se modifican las nubes de Venus.

Gases de efecto invernadero absorben la radiación

Escape de radiación

Radiación solar

ILUSTRACIÓN 4
Efecto invernadero
Los gases de la atmósfera retienen parte de la energía térmica, mientras que otra parte se libera al espacio. En Venus, queda retenido más calor que en la Tierra.

✏️ **Aplica conceptos** Observa qué ocurre con la energía térmica en Venus. Luego, dibuja flechas para mostrar qué sucede en la Tierra.

La Tierra Existe sólo un planeta en el sistema solar donde podrías vivir sin dificultades: la Tierra. **La Tierra tiene agua en estado líquido, variaciones de temperatura adecuadas y una atmósfera que permiten la supervivencia de los seres vivos.**

El planeta del agua La Tierra es el único planeta del sistema solar que tiene agua en estado líquido en su superficie. De hecho, la mayor parte de la superficie, el 70 por ciento, está cubierta de agua.

La temperatura de la Tierra Los científicos hablan de la Tierra como un lugar con condiciones ideales; en otras palabras, dicen que la Tierra es "el lugar" para la vida como la conocemos. La Tierra no es demasiado cálida ni demasiado fría. Si la Tierra estuviera más cerca del Sol, sería tan cálida que el agua se evaporaría. Si estuviera más lejos y fuese más fría, el agua siempre sería hielo sólido.

La atmósfera de la Tierra La Tierra tiene gravedad suficiente para retener la mayoría de los gases que constituyen la atmósfera de la Tierra. La Tierra es el único planeta con una atmósfera rica en oxígeno. Aproximadamente, el 20 por ciento de la atmósfera de la Tierra es oxígeno. Casi todo el resto es nitrógeno, con pequeñas cantidades de otros gases, como argón, dióxido de carbono y vapor de agua.

Al igual que Venus, la Tierra experimenta un efecto invernadero. La atmósfera de la Tierra retiene el calor, aunque no tanto como lo hace la atmósfera de Venus. Sin la atmósfera, la Tierra sería mucho más fría.

ILUSTRACIÓN 5
Estructura de la Tierra
La Tierra tiene tres capas principales: la corteza, el manto y el núcleo. La corteza es la superficie sólida y rocosa. Debajo de la corteza está el manto, que es una capa de roca caliente. La Tierra tiene un núcleo denso compuesto principalmente por hierro y níquel.

✏️ **Relaciona el texto y los elementos visuales** Rotula la capa de la Tierra que tiene la densidad más alta.

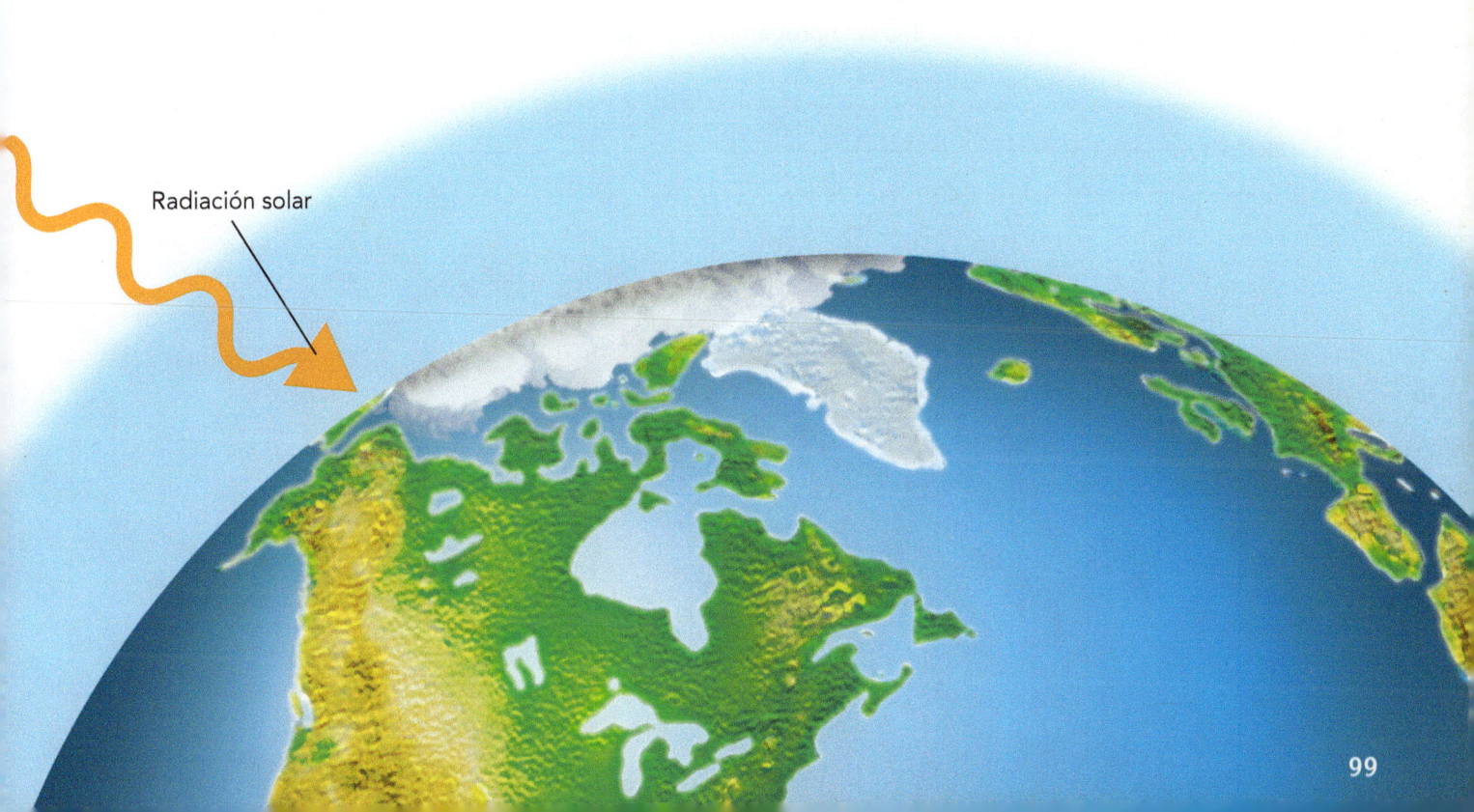

Radiación solar

Tamaño de Marte en comparación con el de la Tierra

Marte Marte se conoce como "el planeta rojo". La **ilustración 6** muestra por qué. Este color rojizo se debe al desprendimiento de rocas ricas en hierro y al polvo oxidado que dejan en el camino. **A pesar de que Marte es demasiado frío para tener agua en estado líquido, en la actualidad, tiene hielo y alguna vez tuvo agua en estado líquido.**

La atmósfera de Marte Más del 95 por ciento de la atmósfera de Marte es dióxido de carbono. Se podría caminar en Marte, pero tendrías que usar un traje hermético y llevar tu propio oxígeno. Marte tiene pocas nubes y son muy delgadas comparadas con las nubes de la Tierra. Las temperaturas en la superficie varían entre −140 °C y 20 °C.

Agua y hielo Las imágenes de Marte tomadas desde el espacio muestran características que parecen haber sido formadas por arroyos, lagos o inundaciones. Los científicos creen que, antiguamente, hubo agua en estado líquido en la superficie de Marte e infieren que Marte debe de haber tenido temperaturas más cálidas y una atmósfera más densa.

En la actualidad, la atmósfera de Marte es tan delgada que cualquier agua líquida se transformaría en un gas. Entonces, ¿dónde está ahora el agua de Marte? Una parte está en las capas de hielo de sus polos. Los científicos pensaban que esas capas tenían dióxido de carbono congelado, pero datos recientes muestran que las capas son de agua congelada. Las sondas espaciales *Mars Global Surveyor* y *Mars Reconnaissance Orbiter* han descubierto depósitos de hielo debajo de la superficie.

ILUSTRACIÓN 6
El planeta rojo
Los *rovers* a control remoto como *Phoenix*, *Spirit* y *Opportunity* han enviado imágenes de la superficie de Marte.

Diseña una solución Si tuvieras que diseñar un vehículo espacial para explorar Marte, ¿en qué lugar de la Tierra lo probarías? ¿Por qué?

100 El sistema solar

¡aplícalo!

Comunica ideas Elige uno de los planetas interiores que no sea la Tierra. Describe un extraterrestre que podría vivir allí. Incluye al menos tres características de tu extrarrestre que le permitan vivir en el planeta que elijas. Dibuja tu extraterrestre en el espacio de la derecha.

_____
_____
_____
_____
_____

ILUSTRACIÓN 7
Monte Olimpo
Ésta es una imagen creada por computadora a partir de los datos de la misión *Mars Global Surveyor*.

Los volcanes Algunas regiones de Marte tienen volcanes gigantes. Existen indicios de que de esos volcanes emanaban lava pero, hoy en día, casi nunca están activos. El monte Olimpo, en la **ilustración 7,** es el volcán más grande del sistema solar. ¡Es casi tan grande como Missouri y su altura es tres veces mayor que la del monte Everest!

Las lunas de Marte Marte tiene dos lunas muy pequeñas. Phobos, la luna más grande, mide 22 kilómetros de ancho. Deimos es aún más pequeña y mide 13 kilómetros de ancho. Al igual que la luna de la Tierra, Phobos y Deimos están cubiertas de cráteres.

Explorar Marte Muchas sondas espaciales visitaron Marte. Las misiones más recientes se concentraron en hallar señales de agua y vida en Marte. Los *rovers Spirit* y *Opportunity* encontraron vestigios de sales y minerales formados en presencia de agua. La misión *Phoenix* tomó muestras de suelo y encontró agua congelada cerca del polo norte. *Mars Express*, una nave espacial que orbita alrededor de Marte, detectó gas metano en la atmósfera de Marte. Este gas podría ser una pista de formas de vida microscópicas en Marte, ¡incluso en el presente!

Zona de laboratorio Haz la Actividad rápida de laboratorio *El efecto invernadero.*

Evalúa tu comprensión

1a. Nombra ¿Cuál es el planeta interior que tiene la atmósfera más densa? _____

b. Relaciona causa y efecto ¿Por qué Venus es más cálido que Mercurio? _____
_____
_____

¿comprendiste?

○ **¡Comprendí!** Ahora sé que los planetas interiores se diferencian en _____
_____

○ Necesito más ayuda con _____

Consulta **MY SCIENCE COACH** en línea para obtener ayuda en inglés sobre este tema.

101

LECCIÓN 5

Los planetas exteriores

DESCUBRE LA PREGUNTA PRINCIPAL

- ¿Qué tienen en común los planetas exteriores?
- ¿Cuáles son las características de cada planeta exterior?

mi Diario del planeta

Predecir un planeta

En la década de 1840, los astrónomos estaban desconcertados. Urano no se movía como se esperaba, según la teoría de la gravedad. Los astrónomos John Couch Adams y Urbain Leverrier coincidieron en que la fuerza de gravedad de otro planeta estaba afectando a Urano. Calcularon dónde debería estar este planeta. Otro astrónomo, Johann Galle, apuntó su telescopio hacia el lugar que predijo Leverrier. El 23 de septiembre de 1846 Galle descubrió Neptuno.

DESCUBRIMIENTO

Comunica ideas Trabaja con un compañero para responder la pregunta.

¿Qué destrezas científicas usaron los astrónomos cuando descubrieron Neptuno?

_____
_____
_____

PLANET DIARY Consulta **Planet Diary** para aprender más en inglés sobre los planetas exteriores.

Zona de laboratorio Haz la Indagación preliminar *¿De qué tamaño son los planetas?*

¿Qué tienen en común los planetas exteriores?

Si pudieras visitar los planetas exteriores, ¡no tendrías un lugar sólido en donde pararte! **Los cuatro planetas exteriores son mucho más grandes que la Tierra, tienen más masa, pero no tienen superficies sólidas.** Debido a su tamaño, se les denomina **gigantes gaseosos.** La **ilustración 1** resume algunos datos básicos sobre los gigantes gaseosos.

Composición Júpiter y Saturno están compuestos principalmente por hidrógeno y helio. Urano y Neptuno contienen algunos de estos gases y también hielo de amoníaco y metano. Como su masa es tan grande, los gigantes gaseosos tienen una fuerza gravitacional muy potente. Esta gravedad evita que los gases se escapen y forma atmósferas densas.

102 El sistema solar

| my science online.com | Gas Giants | PLANET DIARY | INTERACTIVE ART |

Vocabulario
- gigante gaseoso
- anillo

Destrezas
- Lectura: Haz un esquema
- Indagación: Plantea preguntas

A pesar de llevar el nombre "gigantes gaseosos", gran parte del material de estos planetas es, en realidad, líquido, porque la presión en su interior es muy grande. Las capas externas son extremadamente frías porque están lejos del Sol. Las temperaturas aumentan mucho en el interior de los planetas.

Lunas y anillos Todos los gigantes gaseosos tienen muchas lunas, desde las 13 lunas que rodean a Neptuno hasta las más de 60 lunas que rodean a Júpiter. El tamaño de estas lunas varía desde pequeñas bolas de roca y hielo de un kilómetro de ancho hasta lunas más grandes que Mercurio. ¡Algunas de estas lunas incluso tienen su propia atmósfera!

Además, cada gigante gaseoso está rodeado por un conjunto de anillos. Un **anillo** es un disco fino de partículas de hielo y roca. Los anillos de Saturno son los más grandes y los más complejos.

¡Cuando visites los planetas, no olvides llevar la cuenta de las UA que has acumulado!

Planeta	Júpiter	Saturno	Urano	Neptuno
Diámetro (km)	142,984	120,536	51,118	49,528
Período de rotación (horas terrestres)	9.9	10.7	17.2	16.1
Distancia media del Sol (UA)	5.20	9.54	19.2	30.07
Período de revolución (años terrestres)	11.9	29.5	83.8	163.8
Número de lunas	al menos 63	al menos 61	al menos 27	al menos 13

Nota: Los planetas no están a escala.

ILUSTRACIÓN 1
▶ INTERACTIVE ART
Los planetas exteriores
La tabla resume datos sobre los planetas exteriores.

✏️ **Estima** La Tierra tiene alrededor de 12,750 km de diámetro. Aproximadamente, ¿cuántas veces más grande es el diámetro de Júpiter que el diámetro de la Tierra?

_____

Zona de laboratorio® Haz la Actividad rápida de laboratorio *Densidad misteriosa*.

Evalúa tu comprensión

¿comprendiste?..

○ ¡Comprendí! Ahora sé que todos los gigantes gaseosos _____

○ Necesito más ayuda con _____

Consulta **my science coach** en línea para obtener ayuda en inglés sobre este tema.

103

¿Cuáles son las características de cada planeta exterior?

Desde que se inventaron los telescopios, los científicos han estudiado las características de los planetas exteriores y sus lunas. En la actualidad, los telescopios que están en el espacio y las sondas espaciales, como *Voyager*, *Galileo* y *Cassini*, han revelado muchos detalles de estos planetas que no se ven desde la Tierra. Los científicos descubren constantemente información nueva sobre los planetas exteriores y sus lunas.

Júpiter Júpiter es el planeta más grande y el que tiene más masa. La enorme masa de Júpiter hace que los otros planetas parezcan enanos. En realidad, ¡la masa de Júpiter es $2\frac{1}{2}$ veces más grande que la masa de todos los otros planetas juntos!

La atmósfera de Júpiter Al igual que todos los gigantes gaseosos, Júpiter tiene una atmósfera densa compuesta por hidrógeno y helio. Una característica notable de la atmósfera de Júpiter es su Gran Mancha Roja, ¡una tormenta que es más grande que la Tierra! Los vientos arremolinados de la tormenta son semejantes a los de un huracán, como puedes ver en la **ilustración 2**. Sin embargo, a diferencia de los huracanes de la Tierra, la Gran Mancha Roja no muestra signos de desaparecer.

La estructura de Júpiter Según los astrónomos, Júpiter tiene un núcleo denso de roca y hierro, rodeado de un manto de hidrógeno líquido y helio. Debido al peso de la atmósfera de Júpiter, se estima que la presión sobre su núcleo es 30 millones de veces mayor que la presión de la superficie de la Tierra.

Tamaño de Júpiter en comparación con el de la Tierra

Haz un esquema A medida que lees, haz un esquema sobre Júpiter.

I. Atmósfera

   A. _____

   B. _____

II. Estructura

   A. _____

   B. _____

   C. _____

ILUSTRACIÓN 2
La Gran Mancha Roja
Esta tormenta mide aproximadamente 20,000 km de largo y 12,000 km de ancho. La tormenta tropical más grande de la Tierra medía 2,200 km de ancho.

Calcula Piensa en la tormenta de la Tierra como un cuadrado y en la Gran Mancha Roja, como un rectángulo. Aproximadamente, ¿cuántas tormentas terrestres entrarían en la Gran Mancha Roja?

_____

Las lunas de Júpiter El astrónomo italiano Galileo Galilei descubrió las lunas más grandes de Júpiter en 1610. En la **ilustración 3** se pueden ver: Ío, Europa, Ganímides y Calisto. Desde los tiempos de Galileo Galilei, los astrónomos descubrieron lunas que orbitan alrededor de Júpiter. Muchas son lunas pequeñas descubiertas gracias a la avanzada tecnología.

El sistema solar

The Outer Planets | APPLY IT | MY SCIENCE COACH

ILUSTRACIÓN 3
Las lunas de Júpiter
Las cuatro lunas más grandes de Júpiter son más grandes que la luna de la Tierra. Cada luna tiene características que la distinguen de las otras.

✏️ **Relaciona el texto y los elementos visuales** Según lo que muestra la fotografía, une cada descripción con su luna.

1. **Ganímedes** es la luna más grande. ¡Es más grande que Mercurio! Su superficie se divide en áreas oscuras y claras.

2. **Calisto** es la segunda luna más grande después de Ganímedes, pero tiene menos hielo. Calisto tiene más cráteres que cualquiera de las lunas de Júpiter.

3. **Ío** no es helada, a diferencia de la mayoría de las lunas de Júpiter. Tiene por lo menos 300 volcanes activos, cuyas erupciones modifican constantemente la superficie de la luna.

4. **Europa** está cubierta de hielo. Quizás haya agua en estado líquido debajo del hielo… y si hay agua, ¡podría haber vida!

Titán Esta luna gigante tiene una atmósfera densa.

ILUSTRACIÓN 4
El sistema de Saturno
Las sondas espaciales recientes han revelado detalles sobre Saturno y sus lunas.

✏️ **Responde las preguntas siguientes.**

1. **Expresa opiniones** ¿Sería más fácil construir una colonia espacial en Saturno o en una de sus lunas? ¿Por qué?
_____
_____

2. **DESAFÍO** Observa las fotografías de Mimas y Tetis. ¿Qué puedes inferir sobre la historia de estas lunas?
_____
_____

Mimas Un impacto gigante casi destruye a Mimas y dejó el enorme cráter que se ve en la imagen.

Jápeto Esta luna tiene áreas claras y oscuras.

✏️ **Desarrolla hipótesis** ¿De qué estarán compuestas las áreas claras?
_____

Saturno El segundo planeta más grande del sistema solar es Saturno. Al igual que Júpiter, Saturno tiene una atmósfera densa compuesta principalmente por hidrógeno y helio. La atmósfera de Saturno también contiene nubes y tormentas, pero no son tan imponentes como las de Júpiter. La sonda espacial *Cassini* encontró inusuales patrones de nubes de seis fases alrededor del polo norte de Saturno. Los científicos no están seguros acerca de qué es lo que genera estos patrones.

Tamaño de Saturno en comparación con el de la Tierra

Los anillos de Saturno **Saturno tiene los anillos más espectaculares de todos los planetas.** Estos anillos están compuestos por trozos de hielo y roca. Cada anillo gira en su propia órbita alrededor de Saturno. Desde la Tierra, los anillos parecen ser pocos y estar divididos entre sí por regiones estrechas y oscuras. Sin embargo, las sondas espaciales han mostrado que estos anillos están divididos en muchos anillos más finos. Los anillos de Saturno son amplios y finos, como un disco compacto. Algunos anillos se mantienen en su lugar por la fuerza de gravedad de lunas diminutas que orbitan a ambos lados del anillo.

Las lunas de Saturno La luna más grande de Saturno, Titán, es más grande que el planeta Mercurio. También es la única luna del sistema solar que tiene una atmósfera densa, compuesta principalmente por nitrógeno y metano. Algunos de estos gases se descomponen en la atmósfera y forman una nubosidad que se parece un poco a la neblina de la Tierra. En 2005, la sonda *Huygens* aterrizó en la superficie de Titán. Las imágenes tomadas desde *Huygens* revelaron características que se pueden haber formado a partir de corrientes líquidas. Algunos pocos científicos piensan que Titán podría albergar vida.

La sonda espacial *Cassini* aportó muchos datos a los científicos acerca de las lunas de Saturno. Cráteres gigantes y fosas cruzan la superficie de Mimas y Tetis. Hielo y agua emanan de los géiseres de la superficie de Encélado. En 2009, los científicos descubrieron un anillo formado por un material que podría derivar de Febe, la luna más lejana de Saturno. La **ilustración 4** muestra algunos de los integrantes del sistema de Saturno.

¿sabías que...?
Saturno es el planeta con la menor densidad de todo el sistema solar. Si pudieras construir una tina de agua lo suficientemente grande, ¡Saturno flotaría en ella!

Tetis En esta imagen, sólo puedes ver un conjunto de cañones que rodean esta luna.

Encélado Esta imagen muestra finas líneas azuladas que emanan de la superficie de Encélado.

✏️ **Haz generalizaciones** Las erupciones de Encélado forman uno de los anillos de Saturno. ¿De qué es más probable que esté hecho ese anillo?

_____

107

Tamaño de Urano en comparación con el de la Tierra

Urano A pesar de que el diámetro del gigante gaseoso Urano es cuatro veces más grande que el de la Tierra, es mucho más pequeño que Júpiter y Saturno. Urano está dos veces más lejos del Sol que Saturno y, por lo tanto, es mucho más frío. La apariencia verdeazulada de Urano se debe a los vestigios de metano que hay en su atmósfera. Al igual que los otros gigantes gaseosos, Urano está rodeado por un conjunto de anillos finos y planos, aunque los suyos son mucho más oscuros que los de Saturno.

Las lunas de Urano Las fotografías tomadas desde la sonda *Voyager 2* muestran que la superficie de las cinco lunas más grandes de Urano está cubierta de hielo y cráteres. Estos últimos son la evidencia de que rocas espaciales impactaron contra esas lunas. Estas lunas también tienen lava en su superficie, lo cual sugiere que han emanado material desde su interior. Las imágenes de *Voyager 2* revelaron 10 lunas nunca antes vistas. Recientemente, los astrónomos descubrieron varias lunas más; esto suma un total de, por lo menos, 27 lunas.

Un planeta inclinado 🔑 **El eje de rotación de Urano está inclinado en un ángulo de aproximadamente 90 grados respecto del eje vertical.** Visto desde la Tierra, Urano gira de arriba abajo, en vez de girar de lado a lado, como lo hacen otros planetas. La **ilustración 5** muestra la inclinación. Los anillos y las lunas de Urano giran alrededor de este eje inclinado. Según los astrónomos, miles de millones de años atrás, un cuerpo chocó contra Urano y lo hizo inclinarse sobre uno de sus lados. Con las imágenes del *Voyager 2*, se determinó que Urano tarda 17 horas en rotar.

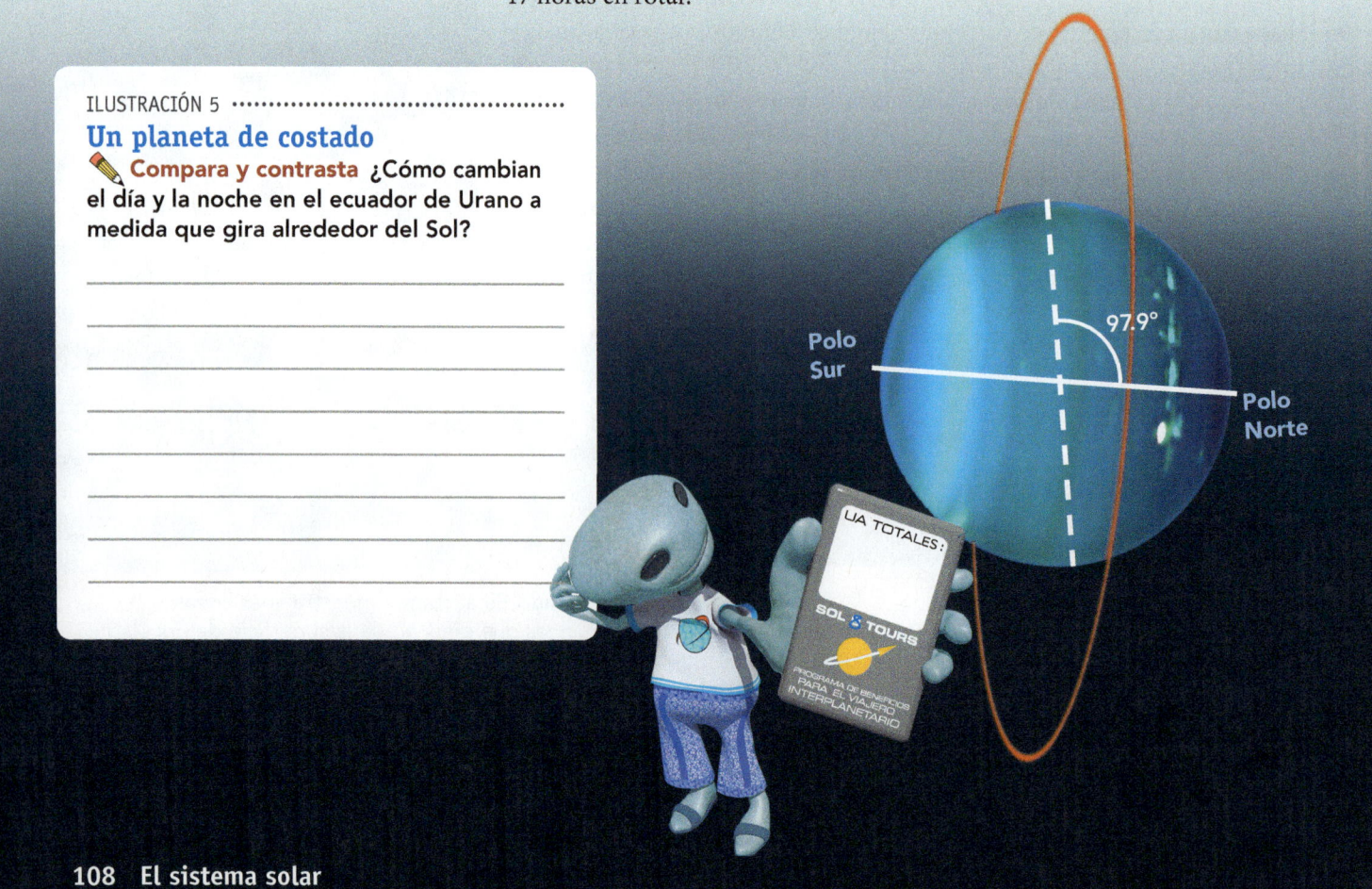

ILUSTRACIÓN 5
Un planeta de costado
✏️ **Compara y contrasta** ¿Cómo cambian el día y la noche en el ecuador de Urano a medida que gira alrededor del Sol?

_____
_____
_____
_____
_____
_____

Polo Sur

97.9°

Polo Norte

108 El sistema solar

Neptuno Neptuno es semejante a Urano en tamaño y color. 🔑 **Neptuno es un planeta frío y azul. Su atmósfera contiene nubes visibles.** El color de Neptuno se debe al metano de su atmósfera. El interior es cálido por la energía sobrante después de su formación. Cuando esta energía se eleva, forma nubes y tormentas en la atmósfera.

La atmósfera de Neptuno En 1989, *Voyager 2* voló sobre Neptuno y fotografió la Gran Mancha Oscura, de aproximadamente el tamaño de la Tierra. Al igual que la Gran Mancha Roja de Júpiter, esta mancha probablemente era una tormenta gigante, pero no duró demasiado. Imágenes tomadas 5 años después mostraron que esa mancha no estaba más.

Las lunas de Neptuno Los astrónomos descubrieron 13 lunas que orbitan alrededor de Neptuno. La más grande es Tritón y las imágenes del *Voyager 2* muestran que el área de su polo sur está cubierta de hielo nitrogenado.

Tamaño de Neptuno en comparación con el de la Tierra

ILUSTRACIÓN 6
Neptuno cambia
La fotografía de arriba fue tomada en 1989 y la fotografía de abajo, en 2002.
✏️ **Interpreta fotos** ¿Cómo cambió Neptuno?
_____
_____
_____

¡aplícalo!

¡Felicitaciones! ¡Has acumulado suficientes UA durante tus viajes para poder participar de una misión espacial gratis al planeta o a la luna que elijas!

1 Expresa opiniones ¿Qué planeta o luna eliges? Nombra tres razones para tu elección.
_____
_____

2 Plantea preguntas ¿Qué pregunta te gustaría que respondiera tu misión?
_____

Zona de laboratorio Haz la Actividad rápida de laboratorio *Hacer un modelo de Saturno.*

🔑 Evalúa tu comprensión

1. Describe Describe una característica de cada planeta exterior que lo distinga de los otros.
_____
_____
_____

¿comprendiste?

○ **¡Comprendí!** Ahora sé que los planetas exteriores se diferencian en _____

○ Necesito más ayuda con _____

Consulta **my science coach** en línea para obtener ayuda en inglés sobre este tema.

109

LECCIÓN 6

Cuerpos pequeños del sistema solar

¿Cómo clasifican los científicos los cuerpos pequeños del sistema solar?

mi Diario del planeta

BLOG

Enviado por: Haley

Ubicación: Constantia, Nueva York

En verano, mi papá y yo salimos cuando oscurece. Nos gusta mirar las estrellas. ¡He logrado ver estrellas fugaces! Las estrellas fugaces son muy difíciles de encontrar. Tienes que observar el cielo con atención y quizá veas pasar una. Aparecen sólo por una fracción de segundo, pero son realmente maravillosas. ¡Ésta es mi actividad favorita en las noches de verano!

Comunica ideas Comenta tus respuestas a estas preguntas con un compañero.

1. ¿Qué crees que son las estrellas fugaces?

____

2. ¿Qué te gusta observar en el cielo nocturno?

____

PLANET DIARY Consulta *Planet Diary* para aprender más en inglés sobre los cuerpos pequeños del sistema solar.

Zona de laboratorio Haz la Indagación preliminar *Colección de micrometeoritos*.

110 El sistema solar

| my science online | Small Objects | PLANET DIARY | VIRTUAL LAB |

Vocabulario
- cinturón de asteroides • cinturón de Kuiper • nube de Oort
- cometa • coma • núcleo • asteroide
- meteoroide • meteoro • meteorito

Destrezas
- Lectura: Resume
- Indagación: Clasifica

¿Cómo clasifican los científicos los cuerpos pequeños del sistema solar?

El sistema solar tiene cuerpos pequeños que orbitan alrededor del Sol. **Los científicos clasifican estos cuerpos según su tamaño, forma, composición y órbita. Las categorías principales incluyen planetas enanos, cometas, asteroides y meteoroides.**

Áreas del sistema solar Los cuerpos pequeños del sistema solar están en tres áreas: el cinturón de asteroides, el cinturón de Kuiper y la nube de Oort. El **cinturón de asteroides** es una región entre Marte y Júpiter. Más allá de la órbita de Neptuno, está el **cinturón de Kuiper,** que se extiende por cien veces la distancia entre la Tierra y el Sol. Más allá del cinturón de Kuiper, la **nube de Oort** se extiende por más de mil veces la distancia entre el Sol y Neptuno. La **ilustración 1** muestra estas áreas.

ILUSTRACIÓN 1
Áreas del sistema solar
El diagrama que sigue muestra las posiciones relativas del cinturón de asteroides, el cinturón de Kuiper y la nube de Oort.

Relaciona el texto y los elementos visuales Mientras lees esta lección, escribe una C para indicar desde dónde sería más probable que viniera un cometa, una P para indicar dónde esperarías encontrar un plutoide y una A para indicar dónde esperarías encontrar un asteroide.

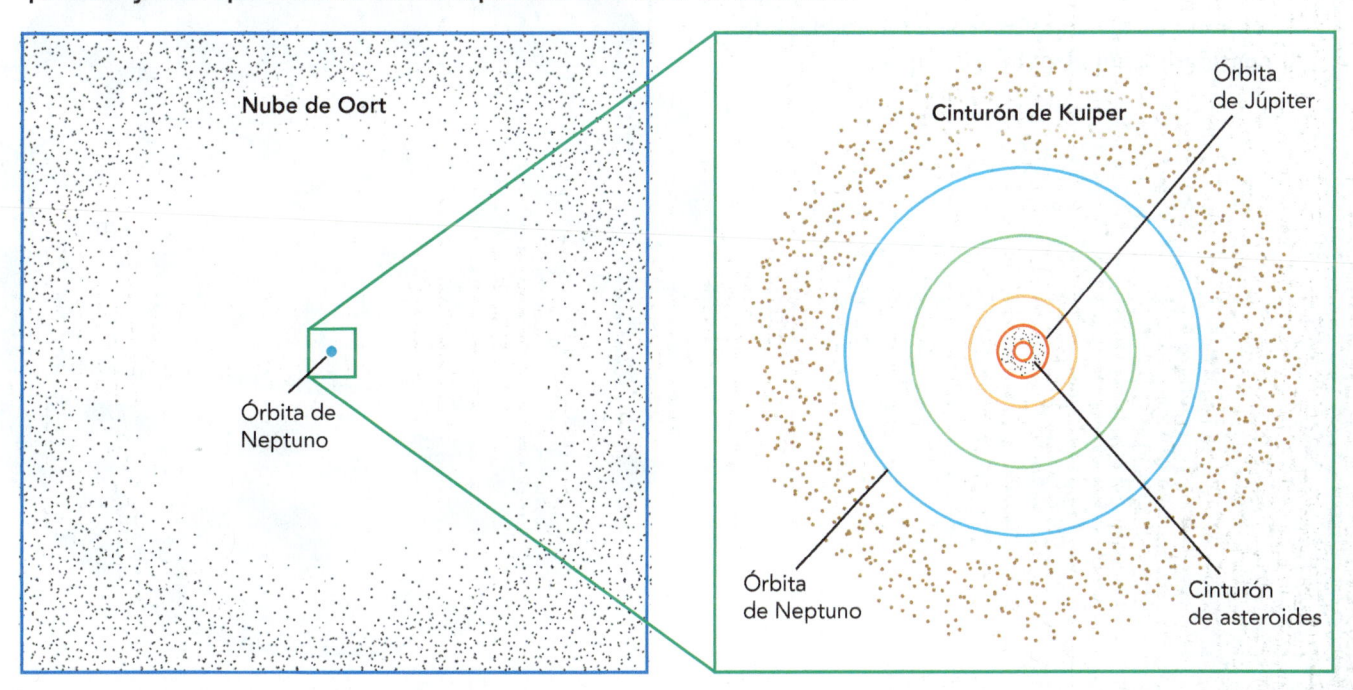

Nube de Oort
Órbita de Neptuno

Órbita de Júpiter
Cinturón de Kuiper
Órbita de Neptuno
Cinturón de asteroides

Vocabulario Palabras de origen griego La palabra *cometa* proviene de la palabra griega *kometes*, que significa "pelo largo". ¿Por qué crees que se usa esta palabra?

_____
_____
_____

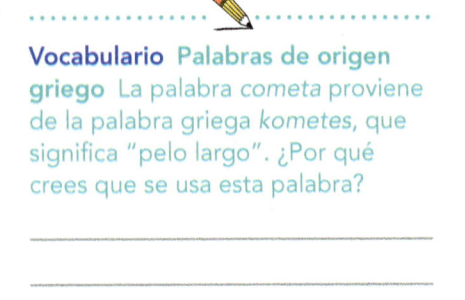

Planetas enanos "¿Qué ocurrió con Plutón?". Quizá te hayas hecho esta pregunta mientras aprendías acerca del sistema solar. Durante muchos años, Plutón fue considerado un planeta. Pero los científicos luego descubrieron otros cuerpos que tenían al menos el mismo tamaño que Plutón. Algunos de estos cuerpos estaban incluso más lejos que él. Los científicos empezaron a debatir acerca de cómo definir un planeta.

Definir planetas enanos En 2006, los astrónomos desarrollaron una nueva categoría de cuerpos del sistema solar que denominaron planetas enanos. Estos cuerpos orbitan alrededor del Sol y tienen la gravedad suficiente para atraer esferas; sin embargo, tienen otros cuerpos en el área de sus órbitas. Para 2009, los científicos habían identificado cinco planetas enanos: Plutón, Eris, Makemake, Haumea y Ceres. Se cree que Eris es el planeta enano más grande hasta el momento. Existen al menos una docena de cuerpos más que podrían ser planetas enanos, una vez que los científicos logren estudiarlos.

Al igual que los planetas, los planetas enanos tienen lunas. Plutón tiene tres lunas: Caronte, Nix e Hidra. Haumea tiene dos y Eris tiene una.

Cuerpos del cinturón de Kuiper Los planetas enanos, excepto Ceres, orbitan más allá de Neptuno (Ceres orbita en el cinturón de asteroides). Un planeta enano que orbita más allá de Neptuno se conoce también como plutoide. Los plutoides orbitan alrededor del Sol en el cinturón de Kuiper, aunque Eris puede estar más allá. El cinturón de Kuiper incluye cuerpos que son muy pequeños para ser planetas enanos.

ILUSTRACIÓN 2

> VIRTUAL LAB ¿Es o no es un planeta?
Esta ilustración muestra cómo imagina un artista la superficie de Plutón.

Expresa opiniones ¿Crees que Plutón debería ser considerado un planeta? ¿Por qué?

_____
_____
_____
_____
_____
_____
_____

112   El sistema solar

Cometas Un cometa es uno de los cuerpos más espectaculares que puedes ver en el cielo nocturno. En una noche despejada, puedes ver su difusa cabeza blanca y sus largas colas que se extienden como serpentinas. Los cometas son cuerpos poco densos de hielo, polvo y partículas rocosas cuyas órbitas pueden ser elipses muy largas y estrechas. Algunos cometas tienen órbitas más pequeñas que los acercan a la Tierra regularmente. La mayoría de los cometas se originan en la nube de Oort.

La cabeza de un cometa Cuando un cometa se acerca al Sol, la energía de la luz solar convierte el hielo en gas y libera gas y polvo. Las nubes de gas y polvo forman una capa exterior y difusa llamada coma. La **ilustración 3** muestra la coma y el núcleo, que es la parte central sólida del cometa. El núcleo sólo tiene unos pocos kilómetros de ancho.

La cola de un cometa Cuando un cometa se acerca al Sol, su temperatura aumenta y empieza a brillar. Parte del gas y el polvo del cometa sale y se forma una cola. Los cometas tienen dos colas: una de gas y una de polvo. La cola de gas se aleja del Sol y la cola de polvo sigue el recorrido del cometa. La cola de un cometa puede medir más de 100 millones de kilómetros de largo y desde la Tierra, parece extenderse por el cielo, pero de manera muy ligera.

> **Resume** Escribe algunas oraciones que resuman la estructura de un cometa.
> _____
> _____
> _____
> _____
> _____
> _____

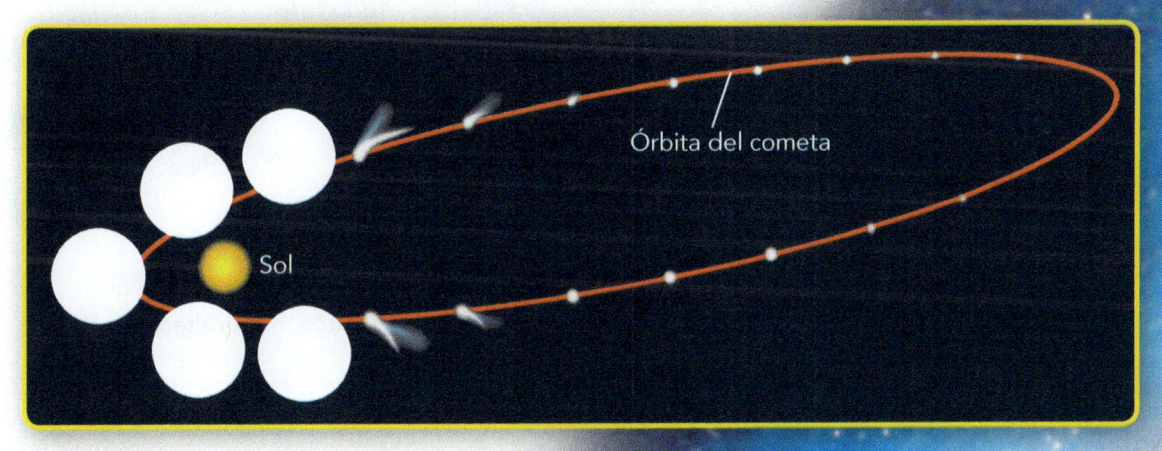

ILUSTRACIÓN 3
La órbita de un cometa
Los cometas, como se muestra aquí, tienen órbitas largas y estrechas. Sus colas tienden a ser más largas a medida que se acercan al Sol.

✏️ **Aplica conceptos** Completa el diagrama anterior agregando las colas del cometa.

Órbita del cometa
Sol
Cola de gas
Cola de polvo
Núcleo
Coma

Asteroides Alrededor del Sol orbitan cientos de cuerpos rocosos, irregulares y pequeños. Estos asteroides son cuerpos rocosos, y la mayoría son demasiado pequeños y numerosos para ser considerados planetas o planetas enanos. Los astrónomos han descubierto más de 100,000 asteroides y continúan descubriendo más.

Cuerpos pequeños Los asteroides son pequeños: tienen menos de un kilómetro de diámetro. Sólo Ceres, Palas, Vesta e Higia tienen más de 300 km de ancho. (Ceres es un planeta enano y el asteroide más grande). La mayoría de los asteroides no son esféricos. Los científicos creen que los asteroides son piezas sobrantes de los comienzos del sistema solar que nunca se juntaron y formaron un planeta.

Órbitas de los asteroides La mayoría de los asteroides orbitan alrededor del Sol en el cinturón de asteroides, pero algunos tienen órbitas tan elípticas que se acercan al Sol más que la órbita de la Tierra. Algún día, un asteroide impactará contra la Tierra. Uno o más asteroides impactaron contra la Tierra hace 65 millones de años y la atmósfera se llenó de polvo y humo. Como resultado, la luz solar se bloqueó. Los científicos creen que muchas especies de organismos, como los dinosaurios, se extinguieron como consecuencia de este suceso.

¡aplícalo!

Clasifica Según las descripciones siguientes, clasifica el cuerpo como planeta enano, cometa, asteroide o meteoroide.

❶ Este cuerpo es apenas más pequeño que Plutón, orbita alrededor del Sol más allá de Neptuno y es esférico. _____

❷ Este cuerpo tiene una forma irregular y orbita alrededor del Sol apenas fuera de la órbita de Marte. _____

❸ Este cuerpo es un trozo de roca y metal. Fue parte de otro cuerpo que orbitaba alrededor del Sol. _____

❹ Este cuerpo está compuesto por hielo y roca, su órbita alrededor del Sol es alargada y demora muchos años en completar una órbita.
_____

❺ **DESAFÍO** ¿Qué dos clases de cuerpos son difíciles de distinguir? ¿Por qué? _____

Meteoroides Los meteoroides son trozos de roca o polvo más pequeños que los asteroides. Los meteoroides generalmente miden menos de 10 metros de ancho. Algunos meteoroides se forman cuando los asteroides chocan; otros se forman cuando los cometas se rompen y producen nubes de polvo.

Meteoros y meteoritos Cuando un meteoroide ingresa en la atmósfera de la Tierra, la fricción con el aire produce calor y crea un rayo de luz. Este rayo de luz es un meteoro (las personas suelen llamarlo estrella fugaz, pero no son estrellas). La mayoría de los meteoros provienen de partes diminutas de roca o polvo que se queman. Sin embargo, algunos meteoroides más grandes no se queman. Los meteoroides que pasan por la atmósfera y son encontrados en la superficie de la Tierra se denominana meteoritos. Los impactos de los meteoritos pueden dejar cráteres, como el cráter de la **ilustración 4**.

Lluvias de meteoros Las lluvias de meteoros ocurren cuando la Tierra pasa por un área que tiene muchos meteoroides. Algunos de estos grupos de meteoroides son trozos de cometas que se rompieron. Las lluvias de meteoros suelen llevar el nombre de la constelación de la cual parecen venir. Algunos ejemplos son Perseidas, Gemínidas y Oriónidas.

ILUSTRACIÓN 4
Cráter de meteorito
El Cráter del Meteorito de Arizona se formó hace unos 50,000 años como consecuencia del impacto de un meteorito que medía de 50 a 100 metros de diámetro.
✏️ **Predice** ¿Cómo afectaría a la Tierra el impacto de un meteorito grande en la actualidad?

_____
_____
_____

Tamaño aproximado del meteorito con respecto al cráter

Zona de laboratorio Haz la Actividad rápida de laboratorio *Órbitas que cambian*.

🔑 **Evalúa tu comprensión**

1a. Repasa Los (cometas/asteroides) son rocosos, mientras que los (cometas/asteroides) están compuestos por hielo y polvo.

b. Compara y contrasta ¿Cuál es la diferencia entre un planeta enano y un asteroide?
_____
_____
_____

c. Relaciona causa y efecto ¿Cómo y por qué cambia un cometa a medida que se acerca al Sol?
_____
_____
_____
_____

¿comprendiste?

○ **¡Comprendí!** Ahora sé que los cuerpos pequeños del sistema solar incluyen _____
_____

○ Necesito más ayuda con _____
Consulta **MY SCIENCE COACH** en línea para obtener ayuda en inglés sobre este tema.

115

CAPÍTULO 3 Guía de estudio

REPASA LA PREGUNTA PRINCIPAL
Los cuerpos del sistema solar son diferentes unos de otros porque se formaron _____

LECCIÓN 1 Modelos del sistema solar

🔑 En un modelo geocéntrico, la Tierra está en el centro.

🔑 Copérnico descubrió la distribución de los planetas conocidos y cómo orbitan alrededor del Sol.

🔑 Kepler descubrió que las órbitas de los planetas son elipses.

🔑 La evidencia de Galileo Galilei convenció a otros de que el modelo heliocéntrico era correcto.

Vocabulario
- geocéntrico • heliocéntrico • elipse

LECCIÓN 2 Introducción al sistema solar

🔑 Nuestro sistema solar está formado por el Sol, los planetas, sus lunas y cuerpos más pequeños.

🔑 El sistema solar se formó hace aproximadamente 4.6 mil millones de años, a partir de una nube de hidrógeno, helio, roca, hielo y otros materiales que fueron atraídos entre sí por la fuerza de gravedad.

Vocabulario
- sistema solar • unidad astronómica • planeta
- planeta enano • planetesimal

LECCIÓN 3 El Sol

🔑 El interior del Sol está formado por el núcleo, la zona radiactiva y la zona de convección. La atmósfera solar incluye la fotósfera, la cromósfera y la corona.

🔑 Las manchas solares, las prominencias y los destellos solares son algunas de las características sobre la superficie solar o encima de ella.

Vocabulario
- núcleo • fusión nuclear
- zona radiactiva • zona de convección
- fotósfera • cromósfera • corona
- viento solar • mancha solar
- prominencia • destello solar

LECCIÓN 4 Los planetas interiores

🔑 Los planetas interiores son pequeños, densos y tienen una superficie rocosa.

🔑 Mercurio es el planeta telúrico más pequeño y el más cercano al Sol. Venus tiene una atmósfera densa y la superficie más caliente de todos los planetas. La Tierra tiene variaciones de temperatura adecuadas y una atmósfera que permiten la supervivencia de los seres vivos. Marte tiene hielo y alguna vez puede haber tenido agua en estado líquido.

Vocabulario
- planetas telúricos • efecto invernadero

LECCIÓN 5 Los planetas exteriores

🔑 Los cuatro planetas exteriores son mucho más grandes que la Tierra y no tienen superficies sólidas.

🔑 Júpiter es el planeta más grande y el que tiene más masa. Saturno tiene los anillos más espectaculares de todos los planetas. El eje de rotación de Urano está inclinado en un ángulo de aproximadamente 90 grados respecto del eje vertical. Neptuno es un planeta frío, azul y tiene nubes visibles.

Vocabulario
- gigantes gaseosos
- anillo

LECCIÓN 6 Cuerpos pequeños del sistema solar

🔑 Los científicos clasifican los cuerpos pequeños según su tamaño, forma, composición y órbita. Las categorías principales son planetas enanos, cometas, asteroides y meteoroides.

Vocabulario
- cinturón de asteroides • cinturón de Kuiper
- nube de Oort • cometa • coma
- núcleo • asteroide
- meteoroide • meteoro • meteorito

116 El sistema solar

Repaso y evaluación

LECCIÓN 1 Modelos del sistema solar

1. ¿Qué cuerpo está en el centro de un sistema geocéntrico?
   - a. la Tierra
   - b. la Luna
   - c. una estrella
   - d. el Sol

2. Kepler descubrió que los planetas se mueven en _____

3. **Relaciona causa y efecto** ¿Cómo contribuyó el trabajo de Tycho Brahe al desarrollo del modelo heliocéntrico?

4. **Escríbelo** Imagínate que vivías en los tiempos de Copérnico. Escribe una carta a un periódico científico en la que apoyes el modelo heliocéntrico.

LECCIÓN 2 Introducción al sistema solar

5. Plutón es un ejemplo de
   - a. planeta enano.
   - b. planeta interior.
   - c. planeta exterior.
   - d. planetesimal.

6. Una unidad astronómica equivale a _____

7. **Compara y contrasta** Compara las condiciones que llevaron a la formación de los planetas interiores con aquellas que llevaron a la formación de los planetas exteriores.

LECCIÓN 3 El Sol

8. ¿En qué parte del Sol ocurre la fusión nuclear?
   - a. cromósfera
   - b. capa de convección
   - c. núcleo
   - d. corona

9. Las áreas relativamente frías de la superficie solar se denominan _____

10. **Explica** ¿Cómo puede el viento solar afectar a la vida en la Tierra?

11. **¡matemáticas!** La densidad del núcleo del Sol es aproximadamente 160 g/cm³. La densidad del núcleo de la Tierra es aproximadamente 13.0 g/cm³. Aproximadamente, ¿cuántas veces más denso es el núcleo del Sol que el de la Tierra?

LECCIÓN 4 Los planetas interiores

12. ¿Qué característica comparten todos los planetas interiores?
    - a. atmósfera densa
    - b. superficie rocosa
    - c. sistema de anillos
    - d. agua en estado líquido

13. Los planetas interiores también se conocen como _____

14. **Aplica conceptos** Explica por qué Venus tiene la superficie más caliente de todos los planetas.

15. **Escríbelo** Elige uno de los planetas interiores. Escribe un artículo informativo en el que describas una visita a la superficie de ese planeta. Incluye detalles descriptivos.

CAPÍTULO 3 Repaso y evaluación

LECCIÓN 5 Los planetas exteriores

16. ¿Qué planeta tiene la órbita más alejada de la órbita de la Tierra?
    a. Júpiter
    b. Neptuno
    c. Saturno
    d. Urano

17. Todos los gigantes gaseosos están rodeados por _____

Usa la ilustración para responder la pregunta 18.

18. **Interpreta diagramas** ¿Qué planeta muestra la imagen de arriba? ¿Qué tiene de inusual este planeta? Según los científicos, ¿qué provocó esta característica inusual?

19. **Predice** ¿Crees que los astrónomos han descubierto todas las lunas de los planetas exteriores? Explica tu respuesta.

LECCIÓN 6 Cuerpos pequeños del sistema solar

20. ¿Dónde están la mayoría de los planetas enanos?
    a. cinturón de asteroides
    b. cinturón de Kuiper
    c. nube de Oort
    d. cinturón de plutoides

21. _____ es un meteoroide que alcanzó la superficie de la Tierra.

22. **Compara y contrasta** Compara y contrasta los asteroides, los cometas y los meteoroides.

23. **Escríbelo** Imagínate que puedes ver el impacto de un meteorito o asteroide contra la Tierra. Escribe un artículo informativo sobre el suceso.

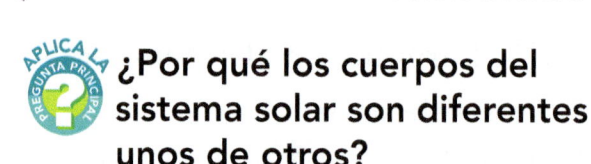

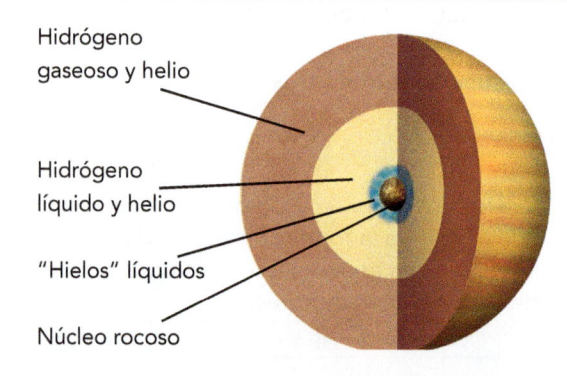

APLICA LA PREGUNTA PRINCIPAL ¿Por qué los cuerpos del sistema solar son diferentes unos de otros?

Hidrógeno gaseoso y helio

Hidrógeno líquido y helio

"Hielos" líquidos

Núcleo rocoso

24. ¿Qué tipo de planeta se muestra? ¿En qué condiciones es más probable que se haya formado?

118 El sistema solar

Preparación para exámenes estandarizados

Selección múltiple

Encierra en un círculo la letra de la mejor respuesta.

1. Esta tabla muestra datos de cinco planetas.

Planeta	Período de rotación (días terrestres)	Período de revolución (años terrestres)	Distancia media del Sol (millones de km)
Marte	1.03	1.9	228
Júpiter	0.41	12	779
Saturno	0.45	29	1,434
Urano	0.72	84	2,873
Neptuno	0.67	164	4,495

   Según la tabla, ¿qué planeta tiene el "día" que más se parece, en cuanto a su duración, a un día terrestre?

   A   Marte
   B   Júpiter
   C   Neptuno
   D   Urano

2. ¿Qué característica comparten todos los planetas exteriores?

   A   Tienen superficies rocosas.
   B   Son más grandes que el Sol.
   C   Tienen muchas lunas.
   D   Tienen atmósfera delgadas.

3. ¿Qué capa del Sol tiene la densidad más alta?

   A   el núcleo
   B   la corona
   C   la fotósfera
   D   la zona radiactiva

4. Durante el día, Mercurio tiene una temperatura aproximada de 430 °C y, durante la noche, la temperatura cae a −170 °C. ¿Cuál es la *mejor* explicación de este fenómeno?

   A   Mercurio tiene un efecto invernadero.
   B   Mercurio es el planeta más cercano al Sol.
   C   Mercurio casi no tiene atmósfera.
   D   Mercurio no tiene agua en estado líquido.

5. ¿De qué región provienen la *mayoría* de los cometas?

   A   cinturón de asteroides
   B   sistema solar interior
   C   cinturón de Kuiper
   D   nube de Oort

Respuesta elaborada

Usa el diagrama que sigue para responder la pregunta 6.

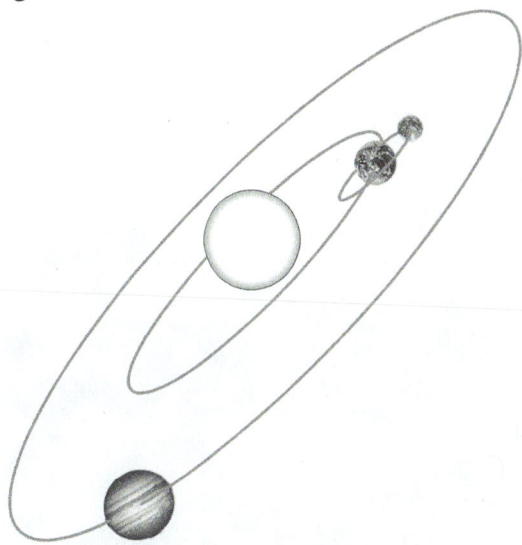

6. ¿Qué modelo del sistema solar se muestra arriba? Escribe al menos dos razones que apoyen el modelo.

EL RINCÓN DE LA CIENCIA

Horizontes de la tecnología

Rovers de Marte

Estudiantes de escuelas secundarias propusieron los nombres —*Spirit* y *Opportunity*— y científicos de la Administración Nacional de Aeronáutica y del Espacio (NASA, por sus siglas en inglés) idearon el plan. Marte está demasiado lejos como para que lo podamos explorar directamente. Por esta razón, se decidió depositar *rovers* en la superficie de Marte para que se encargaran de la exploración por nosotros. Los *rovers* aterrizaron en Marte en enero de 2004 y la misión iba a durar tres meses. Su tarea consistía en tomar imágenes que ayudaran a responder las preguntas: ¿Alguna vez hubo agua en Marte? y ¿Pudo haber existido vida?

Los datos físicos y químicos reunidos por los *rovers* sugieren que alguna vez hubo agua en Marte. Existe evidencia de erosión y de sustancias químicas que podrían hallarse en lagos ácidos o aguas termales. Los *rovers* han enviando datos a la NASA durante más de cinco años. Todavía es imposible saber con certeza si alguna vez existió vida en Marte, pero, aparentemente, existió agua.

Organízalo Busca tres artículos periodísticos sobre la misión de los exploradores rover. Organiza la información de los artículos en una tabla de dos columnas. En la primera columna, haz una lista de todos los datos sobre Marte que aparezcan en los artículos. En la segunda columna, haz una lista de las conclusiones a las que llegaron los científicos basándose en esa evidencia.

María Mitchell

A mediados de siglo XIX, la idea de que una mujer fuera astrónoma parecía exagerada. Pero María Mitchell cambió la historia. En 1847, Mitchell fue la primera astrónoma en usar un telescopio para hallar un cometa. Más adelante, enseñó astronomía en el Vassar College e inspiró a otras mujeres jóvenes a seguir sus pasos. María Mitchell fue una verdadera pionera en la astronomía.

Escríbelo Investiga más acerca de la profesión de María Mitchell. Escribe un ensayo biográfico sobre su vida y obra.

María Michell (izquierda) y Mary Whitney en el observatorio de Vassar. Mary Whitney estudió con María Mitchell y luego dio clases con ella. ▶

La ciencia y la historia

¡ADIÓS, PLUTÓN!

¿Qué es un planeta? En 2006, esa pregunta fue objeto de gran debate entre los astrónomos. Todos coincidieron en que un planeta debe ser redondo y orbitar alrededor del Sol. Pero algunos dijeron que un planeta además debe tener el dominio de su área en el espacio. Entonces, los astrónomos votaron. Como resultado, Plutón fue reducido a la categoría de planeta enano.

Investígalo Averigua más acerca de la decisión que se tomó sobre Plutón. Participa en un debate y expresa tu voto para definir qué es un planeta. Escribe un artículo periodístico sobre el resultado del debate. Asegúrate de incluir información sobre ambos puntos de vista.

Lo último en la ciencia

¿CÓMO PUEDES OBSERVAR EL ESPACIO EN PROFUNDIDAD?

¿Cómo estudian los astrónomos los cuerpos distantes del universo?

¡Dos galaxias van a chocar! Todo comenzó hace 40 millones de años, y estas dos galaxias espirales tardarán aún millones de años más en encontrarse. Los astrónomos saben que la galaxia de la izquierda, NGC 2207, y la galaxia de la derecha, IC 2163, están a 140 millones de años luz de la Tierra. Un año luz es la distancia que recorre la luz en un año, es decir, 9.46 billones de kilómetros. Por lo tanto, estas galaxias se encuentran a unos 1,320,000,000,000,000,000,000 kilómetros de distancia. **Infiere** ¿Cómo los astrónomos pueden llegar a ver cuerpos tan lejanos en el espacio?

> **UNTAMED SCIENCE** Mira el video de *Untamed Science* para aprender más sobre el universo.

Las estrellas, las galaxias y el universo

Las estrellas, las galaxias y el universo

CAPÍTULO
4

CAPÍTULO 4 Para comenzar

Verifica tu comprensión

1. **Preparación** Lee el párrafo siguiente y luego responde la pregunta.

> Todos los chicos sostenían el gigantesco paracaídas del borde y lo sacudían. La tela subía y bajaba mientras se veía una **onda** que la recorría. "Hay **energía** viajando a través de la tela", dijo el maestro. "Si sacudimos el borde rápidamente, la **distancia** entre las ondas disminuirá".

> Una **onda** es una perturbación que transfiere energía de un lugar a otro.
>
> La **energía** es la capacidad para realizar un trabajo o producir cambios.
>
> La **distancia** es la medida del espacio entre dos puntos.

- ¿Qué ocurrirá si los estudiantes sacuden el paracaídas más lentamente?

  _____

  _____

▶ **MY READING WEB** Si tuviste dificultades para completar la pregunta anterior, visita *My Reading Web* y escribe *Stars, Galaxies, and the Universe*.

Destreza de vocabulario

Sufijos Un sufijo es una letra o grupo de letras que se agrega al final de una palabra y forma una palabra nueva con un significado diferente. Cuando se agrega un sufijo, la función gramatical de la palabra, por lo general, cambia.

Sufijo	Significado	Función gramatical	Ejemplo
-ción/-sión	acción y efecto de	sustantivo	nota*ción* científica
-torio	lugar o cosa relacionada con o usada para	sustantivo	observa*torio*

2. **Verificación rápida** Usa la información de la tabla para sugerir un significado de los términos de vocabulario siguientes.

- observatorio: _____

  _____

- notación científica: _____

124 Las estrellas, las galaxias y el universo

my science online.com | Stars, Galaxies, and the Universe ▶ MY READING WEB ▶ VOCAB FLASH CARDS

radiotelescopio

supernova

galaxia espiral

Big Bang

Vistazo al capítulo

LECCIÓN 1
- radiación electromagnética
- luz visible • longitud de onda
- espectro • telescopio
- telescopio óptico
- telescopio de refracción
- lente convexa
- telescopio de reflexión • observatorio
- radiotelescopio

🔍 Pregunta
⚠ Infiere

LECCIÓN 2
- paralaje • universo
- año luz • notación científica

🔍 Resume
⚠ Calcula

LECCIÓN 3
- espectrógrafo
- magnitud aparente
- magnitud absoluta
- diagrama Hertzsprung-Russell
- secuencia principal

🔍 Identifica la idea principal
⚠ Interpreta datos

LECCIÓN 4
- nebulosa • protoestrella
- enana blanca • supernova
- estrella de neutrones
- pulsar • agujero negro

🔍 Compara y contrasta
⚠ Predice

LECCIÓN 5
- estrella binaria • eclipse binario
- cúmulo abierto • cúmulo globular
- galaxia • galaxia espiral
- galaxia elíptica • galaxia irregular
- quásar

🔍 Relaciona causa y efecto
⚠ Saca conclusiones

LECCIÓN 6
- Big Bang • ley de Hubble
- radiación cósmica de fondo
- materia oscura • energía oscura

🔍 Identifica la evidencia de apoyo
⚠ Haz modelos

125

LECCIÓN 1

Telescopios

DESCUBRE LA PREGUNTA PRINCIPAL

- ¿Cuáles son las regiones del espectro electromagnético?
- ¿Qué son los telescopios y cómo funcionan?

mi Diario del planeta

TECNOLOGÍA

Gafas infrarrojas

Imagínate que eres un espía y estás en una calle oscura, esperando descubrir a otro espía. ¿Cómo harías para ver al otro espía en la oscuridad? Usando gafas infrarrojas.

Todos los objetos emiten radiaciones que no puedes ver. Las bobinas de los calentadores eléctricos emiten radiaciones infrarrojas, que se sienten en forma de calor. Los seres humanos emiten radiaciones infrarrojas, y con las gafas infrarrojas puedes ver de color verde el contorno de una persona en la oscuridad. Algunos cuerpos en el espacio también emiten una radiación invisible que podemos detectar con telescopios especiales.

Comunica ideas Responde la pregunta siguiente. Luego, comenta tu respuesta con un compañero.

¿En qué otras situaciones podrías necesitar gafas infrarrojas?

_____
_____
_____
_____
_____

> **PLANET DIARY** Consulta *Planet Diary* para aprender más en inglés sobre los telescopios.

Zona de laboratorio Haz la Indagación preliminar *¿Qué efecto tiene la distancia en una imagen?*

¿Cuáles son las regiones del espectro electromagnético?

Para comprender cómo funcionan los telescopios, es útil comprender la **radiación electromagnética**, es decir, la energía que puede viajar a través del espacio en forma de ondas.

Los científicos denominan **luz visible** a la luz que podemos ver a simple vista. La luz visible es sólo una de las muchas formas de radiación electromagnética. Muchos objetos emiten radiación que no puedes ver. Los cuerpos en el espacio emiten todo tipo de radiación electromagnética.

126 Las estrellas, las galaxias y el universo

Regions of the EM Spectrum | PLANET DIARY | MY SCIENCE COACH

Vocabulario
- radiación electromagnética • luz visible • longitud de onda • espectro
- telescopio • telescopio óptico • telescopio de refracción • lente convexa
- telescopio de reflexión • observatorio • radiotelescopio

Destrezas
- Lectura: Pregunta
- Indagación: Infiere

Se denomina **longitud de onda** a la distancia entre dos crestas de una onda. La luz visible tiene longitudes de onda muy cortas, menos de una millonésima de metro. Existen algunas ondas electromagnéticas que tienen longitudes de onda aún más cortas. Otras ondas tienen longitudes de onda mucho más largas: algunas llegan a medir varios metros.

Si la luz blanca atraviesa un prisma, ésta se descompone y forma una gama de distintos colores con distintas longitudes de onda, conocida como **espectro.** El espectro de luz visible está formado por los colores rojo, anaranjado, amarillo, verde, azul y violeta. **El espectro electromagnético incluye toda la gama de ondas electromagnéticas, radiación infrarroja, luz visible, radiación ultravioleta, rayos X y rayos gamma.** En la **ilustración 1** puedes ver este espectro.

Flor bajo luz visible

ILUSTRACIÓN 1
El espectro electromagnético
Los seres humanos ven la luz visible, pero las abejas pueden ver la luz ultravioleta; por lo tanto, las flores se ven distintas para las abejas.

DESAFÍO ¿Qué ventaja da a las abejas tener visión ultravioleta?

_____
_____
_____
_____

Flor bajo luz ultravioleta

Zona de laboratorio Haz la Actividad rápida de laboratorio *Observar un espectro continuo.*

Evalúa tu comprensión
¿comprendiste?

○ ¡Comprendí! Ahora sé que el espectro electromagnético incluye _____
_____

○ Necesito más ayuda con _____

Consulta MY SCIENCE COACH en línea para obtener ayuda en inglés sobre este tema.

¿Qué son los telescopios y cómo funcionan?

En una noche despejada, a simple vista puedes ver a lo sumo unas miles de estrellas. Pero con un telescopio puedes ver muchos millones. ¿Por qué? La luz de las estrellas se dispersa al viajar a través del espacio, y los ojos del ser humano son demasiado pequeños para detectar tanta luz.

🔑 **Los telescopios son instrumentos que captan y enfocan la luz y otras formas de radiación electromagnética.** Los telescopios hacen que los objetos lejanos se vean más grandes y brillantes. Los telescopios que usan lentes o espejos para captar y enfocar la luz visible se denominan **telescopios ópticos.** También existen telescopios no ópticos. Estos telescopios captan y enfocan diferentes tipos de radiación electromagnética de la misma manera que los telescopios ópticos captan la luz visible.

Vocabulario Sufijos Encierra en un círculo las palabras correctas para completar la oración. En el (observar/observatorio) hay muchos telescopios que usan lentes o espejos para (observar/observatorio) el universo.

Telescopios ópticos
Los dos tipos principales de telescopios ópticos son los telescopios de refracción y los telescopios de reflexión.

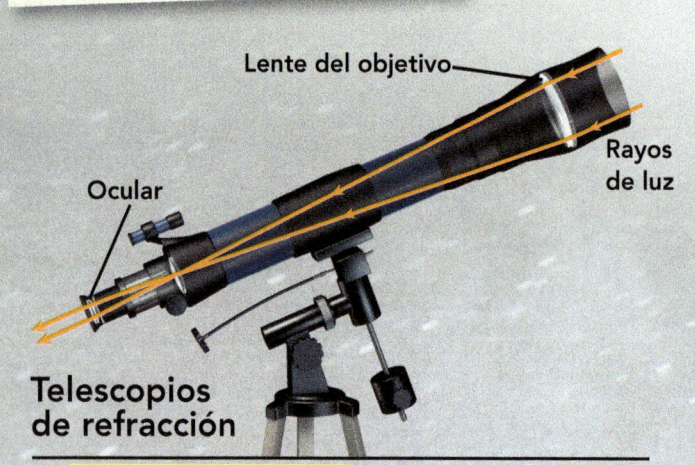

Telescopios de refracción

Un **telescopio de refracción** es un telescopio que usa lentes convexas para captar y enfocar la luz. Una **lente convexa** es una lente curva más gruesa en el centro que en los extremos.

Un telescopio de refracción simple tiene dos lentes convexas, una a cada lado de un tubo largo. La luz entra en el telescopio por la lente grande llamada lente del objetivo que está en la parte superior. La lente del objetivo enfoca la luz que está a una cierta distancia de la lente. Esta distancia es la longitud focal de la lente. Cuanto más grande es la lente del objetivo, más luz puede captar el telescopio. Por eso, los astrónomos pueden ver fácilmente cuerpos apenas visibles o muy lejanos.

La lente más pequeña de la parte inferior del telescopio de refracción es el ocular. El ocular aumenta de tamaño la imagen producida por la lente del objetivo. Es más fácil estudiar una imagen ampliada.

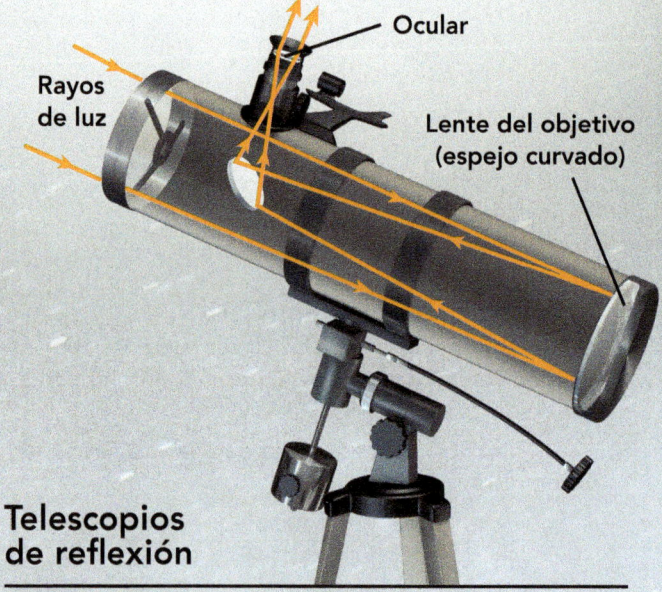

Telescopios de reflexión

En 1668, Isaac Newton construyó el primer telescopio de reflexión. Un **telescopio de reflexión** usa un espejo curvado para captar y enfocar la luz. Al igual que la lente del objetivo en el telescopio de refracción, el espejo curvado del telescopio de reflexión enfoca una gran cantidad de luz sobre un área pequeña. Cuanto más grande es el espejo, más luz puede captar el telescopio. Los telescopios ópticos más grandes de hoy en día son todos telescopios de reflexión.

¿Por qué los telescopios ópticos más grandes son telescopios de reflexión? Porque el espejo puede sujetarse desde abajo. En cambio, la lente del telescopio de refracción debe sujetarse de los costados para que la luz pueda atravesarla.

Telescopes ▶ INTERACTIVE ART ▶ APPLY IT

ILUSTRACIÓN 2
▶ INTERACTIVE ART **Telescopios de refracción y reflexión**
El telescopio de refracción usa lentes convexas para enfocar la luz.
El telescopio de reflexión usa un espejo curvado para enfocar la luz.

✏️ **Compara y contrasta** Después de leer sobre los telescopios de refracción y reflexión, encierra en un círculo las respuestas correctas en la tabla que indica las semejanzas y las diferencias de los dos tipos de telescopios.

TELESCOPIO	Lente del objetivo	Ocular	Tamaño típico	Captación de luz
de refracción	Lente / Espejo	Lente / Espejo	Menor / Mayor	Menos / Más
de reflexión	Lente / Espejo	Lente / Espejo	Menor / Mayor	Menos / Más

El telescopio Hubble

La estructura brillante de los restos de una supernova

ILUSTRACIÓN 3
El telescopio espacial Hubble
El telescopio espacial Hubble es un telescopio de reflexión con un espejo de 2.4 metros de diámetro. El telescopio Hubble orbita alrededor de la Tierra sobre la atmósfera. Como resultado, capta imágenes muy detalladas bajo la luz visible. También capta radiación ultravioleta e infrarroja. Muchas imágenes como éstas han cambiado la forma en que los astrónomos ven el universo.

La Nebulosa del Cono

Restos de supernova en la Gran Nube de Magallanes

La galaxia Sombrero

¿sabías que...?

Los astrónomos están preocupados por la "contaminación lumínica": la iluminación artificial que hace difícil ver el cielo por la noche. Algunas ciudades han reemplazado las lámparas de las calles por otras que apuntan hacia abajo. Con estas lámparas, la luz no está dirigida hacia el cielo nocturno y permite que podamos ver las estrellas nuevamente.

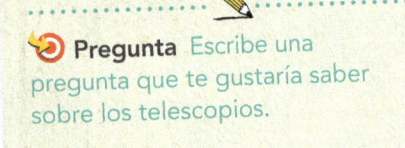

Pregunta Escribe una pregunta que te gustaría saber sobre los telescopios.

_____
_____
_____
_____

Otros telescopios Por lo general, los telescopios se encuentran en observatorios. Un **observatorio** es un edificio que contiene uno o más telescopios. Muchos observatorios grandes están en las cimas de las montañas o en el espacio. ¿Por qué? La atmósfera terrestre hace que los cuerpos en el espacio se vean borrosos. El cielo en la cima de algunas montañas es más claro que a nivel del mar y no está opacado por las luces de la ciudad.

- Los **radiotelescopios** se usan para detectar ondas de radio de los cuerpos en el espacio. La mayoría de los radiotelescopios tiene superficies curvas reflectantes. Estas superficies enfocan las ondas de radio de la misma manera que los espejos de los telescopios de reflexión enfocan las ondas de luz. Los radiotelescopios deben ser grandes para poder captar y enfocar una mayor cantidad de ondas de radio porque las ondas de radio tienen longitudes de onda largas. Algunos radiotelescopios, como el de la **ilustración 4,** se colocan en valles.
- El telescopio espacial Spitzer, lanzado en 2003, capta imágenes en la porción infrarroja del espectro.
- Los objetos muy calientes del espacio emiten rayos X. El Observatorio de Rayos X Chandra capta imágenes en la porción de los rayos X del espectro. La atmósfera de la Tierra bloquea los rayos X; por eso, este telescopio se encuentra en el espacio exterior.

Algunos telescopios nuevos están equipados con sistemas informáticos que corrigen errores en las imágenes como, por ejemplo, el movimiento del telescopio y los cambios en la temperatura del aire o en la forma del espejo.

ILUSTRACIÓN 4
Radiotelescopio de Arecibo
El telescopio de Arecibo, en Puerto Rico, tiene un diámetro de 305 metros.

Evalúa el diseño ¿Por qué son tan grandes los radiotelescopios?

_____
_____

130 Las estrellas, las galaxias y el universo

¡aplícalo!

A Óptico **B** Radiotelescopio **C** De rayos X

Infiere En el diagrama, identifica dónde funcionan mejor los distintos tipos de telescopios y explica por qué. Coloca una X donde no colocarías ningún telescopio.

Telescopio óptico: _____

Radiotelescopio: _____

Telescopio de rayos X: _____

Zona de laboratorio Haz la Investigación de laboratorio *Diseña y construye un telescopio.*

Evalúa tu comprensión

1a. Sigue la secuencia Haz una lista de las ondas electromagnéticas, ordenadas de la longitud de onda más larga a la más corta.

_____
_____
_____
_____

b. Identifica razonamientos erróneos Un estudiante de astronomía sugiere instalar un radiotelescopio cerca de una estación de radio. ¿Es una buena idea? ¿Por qué?

_____
_____
_____
_____

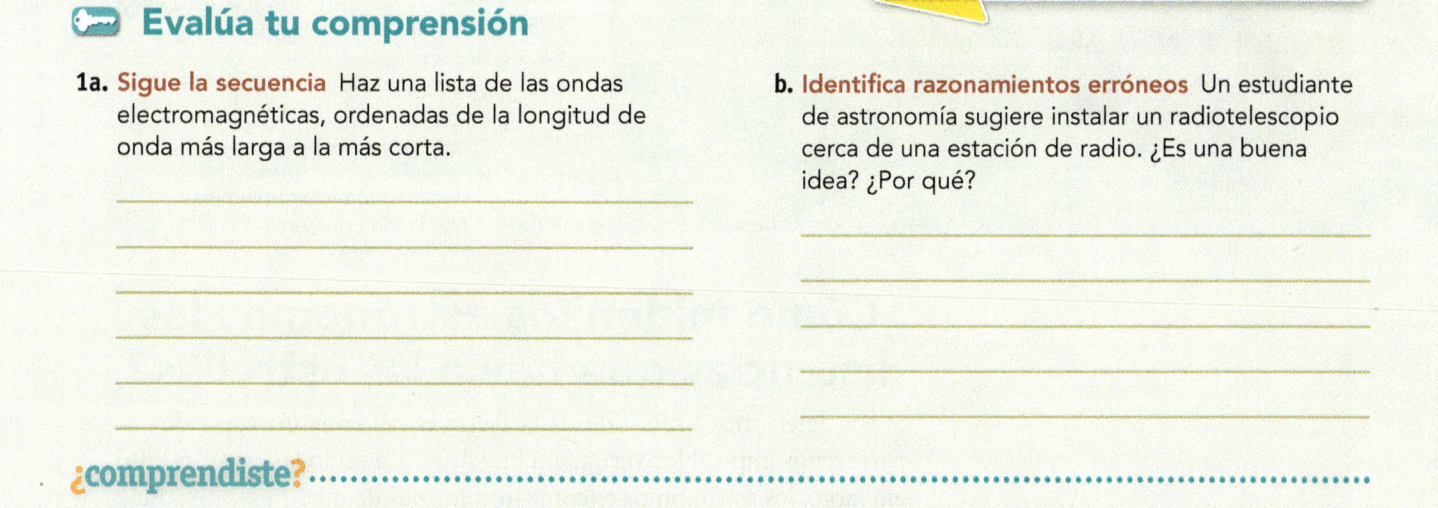

¿comprendiste?

○ **¡Comprendí!** Ahora sé que los telescopios son _____

○ Necesito más ayuda con _____

Consulta **MY SCIENCE COACH** en línea para obtener ayuda en inglés sobre este tema.

131

LECCIÓN 2

La escala del universo

DESCUBRE LA PREGUNTA PRINCIPAL

- ¿Cómo miden los astrónomos las distancias que hay a las estrellas?
- ¿Cómo describen los astrónomos la escala del universo?

mi Diario Del planeta

La grabación dorada del Voyager

A 16 mil millones de kilómetros de distancia, viaja un disco de cobre enchapado en oro con una voz que dice: "Hola y saludos a todos". Este disco viaja a bordo del *Voyager 1*, una nave espacial lanzada en 1977 que una vez envió a la Tierra información sobre los planetas del sistema solar. El disco contiene imágenes y sonidos de la Tierra. Algún día, ¡seres extraterrestres podrían encontrar el *Voyager 1* y aprender todo sobre nosotros!

DATO CURIOSO

Comunica ideas Comenta la grabación del Voyager con un compañero. Luego, responde la pregunta siguiente.

¿Qué imágenes y sonidos incluirías en una grabación para seres extraterrestres?

_____
_____
_____
_____

PLANET DIARY Consulta *Planet Diary* para aprender más en inglés sobre la escala del universo.

Zona de laboratorio Haz la Indagación preliminar *Medición con cordel*.

¿Cómo miden los astrónomos las distancias que hay a las estrellas?

Si nos detenemos a mirar desde la Tierra el cielo nocturno, puede parecernos imposible averiguar a qué distancia están las estrellas. Sin embargo, los astrónomos encontraron formas de medir esas distancias. **Por lo general, los astrónomos usan la paralaje para medir la distancia que hay a las estrellas cercanas.**

La **paralaje** es el cambio aparente en la posición de un cuerpo cuando es visto desde distintos lugares. Los astrónomos pueden medir la paralaje de estrellas cercanas y así determinar a qué distancia se encuentran.

Las estrellas, las galaxias y el universo

Distances to Stars | PLANET DIARY | MY SCIENCE COACH

Vocabulario
- paralaje
- año luz
- universo
- notación científica

Destrezas
- Lectura: Resume
- Indagación: Calcula

ILUSTRACIÓN 1
Paralaje de las estrellas
El cambio aparente en la posición de una estrella cuando es vista desde distintos lugares se denomina paralaje. Ten en cuenta que el diagrama no está a escala.

DESAFÍO Levanta un dedo a aproximadamente medio brazo de distancia de tu cara, tal como muestra la ilustración de abajo. Cierra el ojo izquierdo y luego el derecho una y otra vez y observa cómo tu dedo parece moverse en relación al fondo. ¿Por qué parece que tu dedo se mueve? ¿De qué manera se relaciona esto con la paralaje de las estrellas?

_____
_____
_____
_____
_____
_____
_____

El cielo en enero   El cielo en julio
Estrella A
Enero   Julio

Como muestra la **ilustración 1,** los astrónomos observan una estrella cercana cuando la Tierra se encuentra de un lado del Sol. Luego, vuelven a mirar la misma estrella seis meses más tarde, cuando la Tierra está del otro lado del Sol. Los astrónomos miden cuánto parece haberse movido la estrella cercana en relación al fondo de estrellas que están mucho más alejadas. Y entonces, usan esta medida para calcular la distancia a la estrella cercana. Cuanto menos parece haberse movido la estrella, más lejos está.

Los astrónomos pueden usar la paralaje para medir distancias de hasta varios cientos de años luz de la Tierra. La paralaje de cualquier estrella que se encuentre más lejos es demasiado pequeña como para medirla con exactitud.

Zona de laboratorio Haz la Actividad rápida de laboratorio ¿A qué distancia está esa estrella?

Evalúa tu comprensión
¿comprendiste? ....

○ ¡Comprendí! Ahora sé que por lo general los astrónomos miden las distancias que hay a las estrellas cercanas usando _____ que es _____
_____
_____

○ Necesito más ayuda con _____
_____

Consulta **MY SCIENCE COACH** en línea para obtener ayuda en inglés sobre este tema.

133

¿Cómo describen los astrónomos la escala del universo?

Los astrónomos definen el **universo** como todo el espacio y todo lo que hay en él. El universo es enorme, casi más allá de la imaginación. Los astrónomos estudian cuerpos tan cercanos como la Luna y tan lejanos como los quásares. Estudian objetos increíblemente grandes como, por ejemplo, cúmulos de galaxias que tienen millones de años luz de longitud. También estudian el comportamiento de partículas diminutas, como los átomos dentro de las estrellas. **Como los astrónomos a menudo usan números muy grandes o muy pequeños, generalmente expresan los tamaños y las distancias en el universo en notación científica. Además, usan una unidad denominada año luz para medir las distancias entre las estrellas.**

El año luz
Las distancias que hay a las estrellas son tan grandes que las unidades métricas no son muy prácticas. En el espacio, la luz viaja a una velocidad de aproximadamente 300,000,000 metros por segundo. Un **año luz** es la distancia que recorre la luz en un año: aproximadamente 9.46 billones de kilómetros.

El año luz es una unidad de distancia, no de tiempo. Para entenderlo mejor, piensa en este ejemplo. Si andas en bicicleta a 10 kilómetros por hora, te llevaría una hora llegar a un centro comercial que está a 10 kilómetros de distancia. Podrías decir que el centro comercial está a "1 hora bicicleta" de distancia.

Notación científica
La **notación científica** usa potencias de base diez para escribir números muy grandes o muy pequeños de una forma más corta. Cada número se escribe como el producto de un número entre el 1 y el 10 y una potencia de base 10. Por ejemplo: 1,200 se escribe 1.2×10^3.

Un año luz equivale a unos 9,460,000,000,000,000 metros. Para expresar este número en notación científica, primero debes agregar un punto decimal en el número original para obtener un número entre el uno y el diez. En este caso, el número redondeado es 9.5. Para determinar la potencia de base diez, cuenta la cantidad de lugares que se movió el punto decimal. Como hay 15 dígitos después del primer dígito, este número en notación científica se puede escribir como 9.5×10^{15} metros.

La inmensidad del espacio
Los cuerpos en el universo varían mucho en cuanto a su distancia de la Tierra. Para comprender la escala de estas distancias, imagínate que viajas a través del universo. Observa la **ilustración 2** mientras haces tu viaje imaginario. Comienza en la Tierra. Ahora ve hacia la derecha y cambia la escala a 100,000,000,000 ó 10^{11}. Ahora estás cerca del Sol, que se encuentra a una distancia de 1.5×10^{11} metros. A medida que te trasladas de izquierda a derecha en la **ilustración 2,** la distancia aumenta. La estrella más cercana al Sol, Alfa del Centauro, está a 4.2×10^{16} metros, o 4.3 años luz de distancia. La galaxia más cercana a la Vía Láctea, la galaxia de Andrómeda, se encuentra a aproximadamente 2.4×10^{22} metros de distancia.

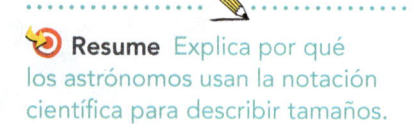

Resume Explica por qué los astrónomos usan la notación científica para describir tamaños.

_____
_____
_____

¡Usa las matemáticas!

Notación científica

Para expresar un número en notación científica, primero debes introducir un punto decimal en el número original de manera de obtener un número entre uno y diez. Luego, cuenta el número de lugares que se movió el punto decimal. Así, obtendrás como resultado la potencia de base diez.

1 Calcula El sol tarda aproximadamente 220,000,000 de años en dar una vuelta alrededor del centro de la galaxia. Expresa esta cantidad de tiempo en notación científica.

_____

2 Calcula Según algunos astrónomos, la estrella lejana Deneb está a 3,230 años luz de distancia. Escribe esta distancia en notación científica.

_____

134 Las estrellas, las galaxias y el universo

| Scale of the Universe | DO THE MATH | INTERACTIVE ART |

ILUSTRACIÓN 2

> INTERACTIVE ART La escala del universo

Con frecuencia, los científicos usan la notación científica para describir las distancias enormes que hay en el espacio. El Sol está a una distancia de 1.5×10^{11} m de la Tierra, pero la siguiente estrella, Alfa del Centauro, está a 4.2×10^{16} m de distancia, casi 300,000 veces más lejos.

○ Tierra   ○ Sol   ○ Alfa del Centauro   ○ galaxia de Andrómeda

10^5 m 10^{10} m 10^{15} m 10^{20} m 10^{25} m

Calcula Expresa las distancias al Sol y a la estrella Alfa d[...]ros; escribe el número con todos los ceros.

Sol: _____

Alfa del Centauro: _____

Zona de laboratorio Haz la Actividad rápida de laboratorio *Medir el universo*.

🔑 Evalúa tu comprensión

1a. Repasa ¿Qué es la notación científica?
_____
_____
_____

b. Explica ¿Por qué es útil la notación científica para los astrónomos?
_____
_____
_____

c. Calcula La galaxia de Andrómeda se encuentra a 2,200,000 años luz de distancia. Expresa esta medida en notación científica.
_____
_____

¿comprendiste? ....

○ ¡Comprendí! Ahora sé que, para describir la escala del universo, los astrónomos usan _____
_____

○ Necesito más ayuda con _____

Consulta MY SCIENCE COACH en línea para obtener ayuda en inglés sobre este tema.

135

LECCIÓN
3   Características de las estrellas

DESCUBRE LA PREGUNTA PRINCIPAL

- ¿Cómo se clasifican las estrellas?
- ¿Qué es un diagrama H-R y cómo lo usan los astrónomos?

mi Diario del planeta

PROFESIONES

Agujeros negros

Si fueras astrónomo, podrías estudiar algunos de los cuerpos más extraños del universo. Durante casi 100 años, los científicos creyeron que algunas estrellas se convertían en agujeros negros al morir. Pero un agujero negro es un cuerpo con una gravedad tan fuerte que ni siquiera la luz puede escapar. Así que los científicos no podían probar la existencia de los agujeros negros porque no podían verlos. Con el tiempo, los astrónomos descubrieron una manera de demostrar su existencia. Se dieron cuenta de que podían detectar la materia atraída hacia el agujero negro. Esa materia alcanza temperaturas tan altas que emite rayos X. En la década de 1960, los astrónomos lanzaron un cohete para registrar los rayos X del espacio exterior. En esta primera misión, ¡encontraron evidencia que demostraba la existencia de los agujeros negros!

Comunica ideas Responde las preguntas siguientes. Luego, comenta tus respuestas con un compañero.

1. ¿Por qué era tan difícil demostrar que los agujeros negros existían?

2. ¿Qué otras materias, además de la astronomía, tendrían que estudiar los astrónomos para descubrir agujeros negros?

PLANET DIARY Consulta *Planet Diary* para aprender más en inglés sobre las características de las estrellas.

Zona de laboratorio Haz la Indagación preliminar *¿En qué difieren las estrellas?*

136 Las estrellas, las galaxias y el universo

| my science online | Star Classification | PLANET DIARY | APPLY IT |

Vocabulario
- espectrógrafo • magnitud aparente
- magnitud absoluta • diagrama Hertzsprung-Russell
- secuencia principal

Destrezas
- Lectura: Identifica la idea principal
- Indagación: Interpreta datos

¿Cómo se clasifican las estrellas?

Todas las estrellas son bolas gigantescas de gas incandescente. Las estrellas están compuestas principalmente por hidrógeno y producen energía mediante el proceso de fusión nuclear. Los astrónomos clasifican las estrellas según sus características físicas. **Algunas de las características que se usan para clasificar las estrellas son el color, la temperatura, el tamaño, la composición y la magnitud.**

Color y temperatura
Si observas el cielo nocturno, puedes ver pequeñas diferencias en los colores de las estrellas. Algunas estrellas se ven rojizas. Otras son amarillas o azules blanquecinas, como muestra la **ilustración 1**.

El color de una estrella indica la temperatura de su superficie. Las estrellas más frías, con una temperatura en la superficie de unos 3,200 °C, se ven rojas. Nuestro Sol amarillo tiene una temperatura en la superficie de unos 5,500 °C. Las estrellas más calientes, con temperaturas en la superficie de aproximadamente 20,000 °C, se ven azuladas.

Tamaño
Cuando observas las estrellas en el cielo, todas parecen puntos de luz del mismo tamaño. En realidad, muchas estrellas tienen casi el mismo tamaño que el Sol. Pero otras son mucho más grandes que el Sol. Las estrellas muy grandes se conocen como estrellas gigantes o estrellas supergigantes.

La mayoría de las estrellas son más pequeñas que el Sol. Las estrellas enanas blancas tienen aproximadamente el mismo tamaño que la Tierra. Y las estrellas de neutrones son incluso más pequeñas, con un diámetro de unos 20 kilómetros.

Identifica la idea principal
Escribe una oración en la que expliques qué indica el color de una estrella.
___
___
___
___

ILUSTRACIÓN 1
El color y la temperatura de las estrellas
Las estrellas tienen distintos tamaños, colores y temperaturas.

✏️ **Saca conclusiones** ¿Cuál de estas cuatro estrellas tiene la mayor temperatura? ¿Por qué?
___
___
___

Enana blanca

Estrella grande

Estrella gigante

Estrella mediana

137

Composición química Las estrellas tienen diferentes composiciones químicas. La composición química de la mayoría de las estrellas es de aproximadamente 73 por ciento de hidrógeno, 25 por ciento de helio y 2 por ciento de otros elementos, de acuerdo con su masa. Esta composición es muy parecida a la del Sol.

Los astrónomos usan espectrógrafos para identificar los elementos que hay en las estrellas. Un **espectrógrafo** es un instrumento que separa la luz en colores y crea una imagen del espectro resultante. En la actualidad, la mayoría de los telescopios grandes tienen espectrógrafos para analizar la luz.

Los gases de la atmósfera de una estrella absorben algunas longitudes de onda producidas dentro de la estrella. Al observar la luz de la estrella con un espectrógrafo, cada longitud de onda absorbida aparece como una línea oscura en el espectro. Cada elemento químico absorbe luz a una longitud de onda determinada. Así como cada ser humano tiene huellas digitales únicas, cada elemento tiene un conjunto único de líneas espectrales para una cierta temperatura.

Alnitak
aproximadamente a
800
años luz de distancia

Alnilam
aproximadamente a
1,300
años luz de distancia

¡aplícalo!

Las líneas de estos espectros pertenecen a cuatro elementos diferentes. Al comparar el espectro de una estrella con los espectros de los elementos ya conocidos, los astrónomos pueden inferir los elementos que componen la estrella. El espectro de cada estrella está formado por todos los espectros de cada uno de sus elementos superpuestos.

⚠️ **Interpreta datos** Identifica los elementos según las líneas más fuertes de las estrellas A, B y C.

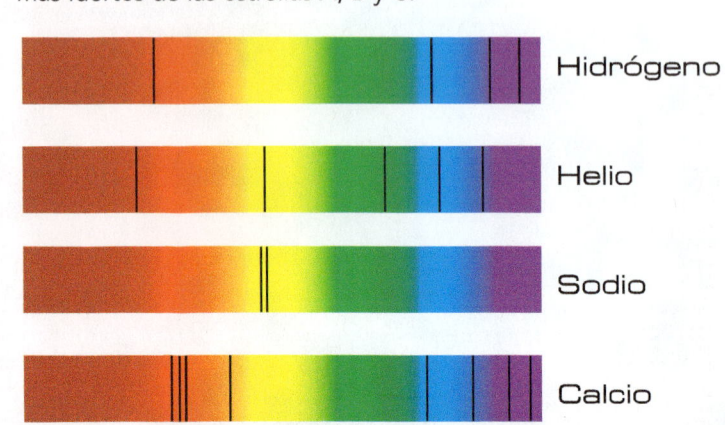

Hidrógeno

Helio

Sodio

Calcio

A

B

C

138 Las estrellas, las galaxias y el universo

La magnitud de las estrellas Las estrellas también se diferencian por su brillo o magnitud, es decir, por la cantidad de luz que emiten. 🔑 **La magnitud de una estrella depende de su tamaño y su temperatura.** Las estrellas más grandes tienden a ser más brillantes que las pequeñas. Y las más calientes tienden a ser más brillantes que las más frías.

Qué tan brillante se ve una estrella depende de su distancia de la Tierra y de su magnitud o brillo real. Debido a estos dos factores, la magnitud de una estrella se describe de dos maneras: magnitud aparente y magnitud absoluta.

Magnitud aparente La <mark>magnitud aparente</mark> de una estrella es el brillo de la estrella vista desde la Tierra. Los astrónomos pueden medir la magnitud aparente con cierta facilidad mediante instrumentos electrónicos. Pero no pueden saber cuánta luz emite la estrella con sólo conocer su magnitud aparente. Así como una linterna se ve más brillante cuanto más cerca estés de ella, una estrella se ve más brillante cuanto más cerca esté de la Tierra. Por ejemplo, el Sol se ve muy brillante, pero eso no significa que el Sol emita más luz que todas las demás estrellas. El Sol se ve muy brillante simplemente porque está muy cerca.

Magnitud absoluta La <mark>magnitud absoluta</mark> de una estrella es el brillo que tendría la estrella si estuviera a una distancia estándar de la Tierra. Determinar la magnitud absoluta de una estrella es más complejo que determinar su magnitud aparente. Los astrónomos primero deben determinar la magnitud aparente de la estrella y su distancia de la Tierra. Después, pueden calcular la magnitud absoluta de esa estrella.

Los astrónomos han descubierto que la magnitud absoluta de las estrellas puede variar enormemente. ¡Las estrellas más brillantes son más de mil millones de veces más brillantes que las estrellas más débiles!

ILUSTRACIÓN 2
Magnitud aparente y magnitud absoluta
Tres de las estrellas de la constelación de Orión, Alnitak, Alnilam y Mintaka, parecen tener la misma magnitud aparente desde la Tierra. Pero, en realidad, Alnilam está más lejos que las otras dos estrellas.

✏️ **DESAFÍO** ¿Cuál de las estrellas tiene la mayor magnitud absoluta? ¿Cómo lo sabes?

_____
_____
_____
_____

Mintaka
aproximadamente a
900
años luz de distancia

Zona de laboratorio Haz la Actividad rápida de laboratorio *El brillo de las estrellas*.

🔑 **Evalúa tu comprensión**

¿comprendiste?

○ **¡Comprendí!** Ahora sé que las estrellas se clasifican según _____
_____

○ Necesito más ayuda con _____

Consulta **MY SCIENCE** 🔎 **COACH** en línea para obtener ayuda en inglés sobre este tema.

139

¿Qué es un diagrama H-R y cómo lo usan los astrónomos?

Hace unos 100 años, dos científicos que trabajaban por separado hicieron el mismo descubrimiento. Tanto Ejnar Hertzprung (AI nar JERT spran) en Dinamarca como Henry Norris Russell en los Estados Unidos hicieron gráficas distintas para descubrir si la temperatura y la magnitud absoluta de las estrellas están relacionadas. Representaron las temperaturas de las superficies de las estrellas en el eje de las x y su magnitud absoluta en el eje de las y. Los puntos formaron un patrón. Los astrónomos de hoy en día siguen usando esta gráfica denominada **diagrama Hertzsprung-Russell,** o diagrama H-R.

ILUSTRACIÓN 3
Diagrama Hertzsprung-Russell
El diagrama H-R muestra la relación que existe entre la temperatura de la superficie de una estrella y su magnitud absoluta.

✏️ **Interpreta diagramas** Ubica en el diagrama las estrellas de la tabla y anota en la tabla la clasificación de cada estrella.

DIAGRAMA H-R

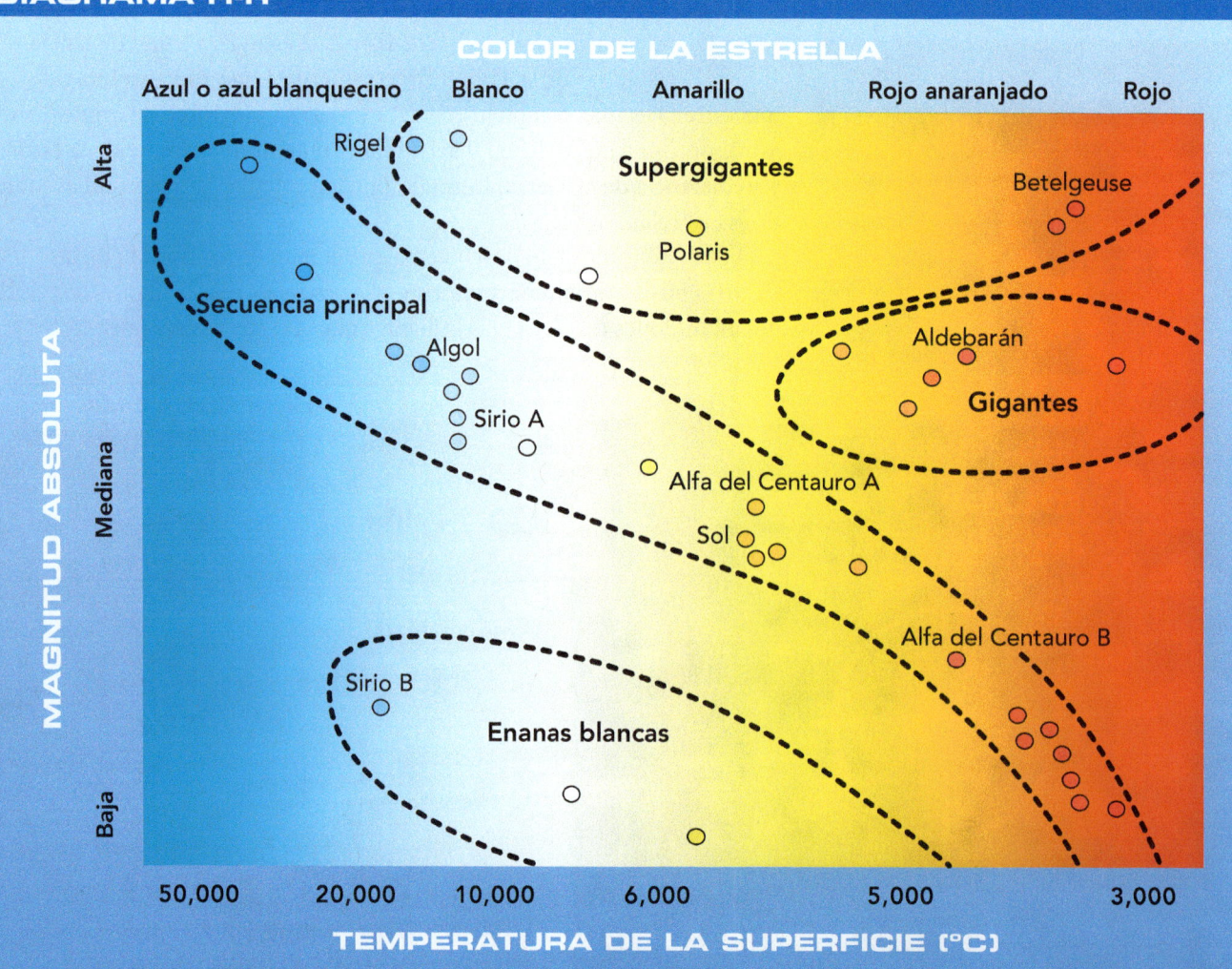

COLOR DE LA ESTRELLA

Azul o azul blanquecino — Blanco — Amarillo — Rojo anaranjado — Rojo

MAGNITUD ABSOLUTA: Alta, Mediana, Baja

- Rigel
- Supergigantes
- Betelgeuse
- Polaris
- Secuencia principal
- Algol
- Aldebarán
- Sirio A
- Gigantes
- Alfa del Centauro A
- Sol
- Alfa del Centauro B
- Sirio B
- Enanas blancas

TEMPERATURA DE LA SUPERFICIE (°C): 50,000 20,000 10,000 6,000 5,000 3,000

140 Las estrellas, las galaxias y el universo

H-R Diagram

Los astrónomos usan diagramas H-R para clasificar las estrellas y para comprender cómo cambian con el tiempo. Como muestra la **ilustración 3,** la mayoría de las estrellas del diagrama H-R forman un área diagonal denominada **secuencia principal.** Más del 90 por ciento de todas las estrellas, incluido el Sol, son estrellas de secuencia principal. Dentro de la secuencia principal, la temperatura de la superficie aumenta a medida que aumenta la magnitud absoluta. De esta manera, las estrellas azuladas calientes se ubican a la izquierda en el diagrama H-R, y las estrellas rojizas más frías se ubican a la derecha.

Las estrellas más brillantes se ubican cerca de la parte superior del diagrama H-R, mientras que las estrellas más tenues se ubican en la parte inferior. Las estrellas gigantes y supergigantes son muy brillantes. Por lo tanto, se ubican en las partes superior derecha y central del diagrama. Las enanas blancas son estrellas calientes, pero no muy brillantes, por lo que aparecen en la parte inferior izquierda o inferior central del diagrama.

Estrella A	
Color	Rojo anaranjado
Temperatura	5,000 °C
Magnitud	Alta
Tipo	

Estrella B	
Color	Amarillo
Temperatura	6,000 °C
Magnitud	Media
Tipo	

Estrella C	
Color	Blanco
Temperatura	10,000 °C
Magnitud	Baja
Tipo	

Zona de laboratorio Haz la Actividad rápida de laboratorio *Cómo interpretar un diagrama H-R.*

Evalúa tu comprensión

1a. Repasa ¿Qué dos características de las estrellas muestra un diagrama H-R?

b. Explica ¿Cuál es la relación entre la magnitud y la temperatura dentro de la secuencia principal?

c. Interpreta diagramas La estrella Proción B tiene una temperatura en su superficie de 7,500 °C y una magnitud absoluta baja. ¿Qué tipo de estrella es?

¿comprendiste?

○ **¡Comprendí!** Ahora sé que los astrónomos usan los diagramas H-R para _____

○ Necesito más ayuda con _____

Consulta **MY SCIENCE COACH** *en línea para obtener ayuda en inglés sobre este tema.*

141

LECCIÓN 4

La vida de las estrellas

DESCUBRE LA PREGUNTA PRINCIPAL

- ¿Cómo se forma una estrella y qué determina su tiempo de vida?
- ¿Qué pasa con una estrella cuando se queda sin combustible?

mi DiaRio DeL pLaneta

DESCUBRIMIENTO

La supernova de 1054

En el verano del año 1054, algunos astrónomos chinos vieron una "estrella invitada" en el cielo nocturno. ¡La estrella era tan brillante que se podía ver incluso de día! La estrella permaneció visible durante casi dos años. ¿Cómo lo interpretaron los antiguos astrónomos? ¿Era una señal de que el emperador recibiría una visita importante? Todos alrededor del mundo registraron e interpretaron este suceso de distintas maneras. Casi 1,000 años más tarde, los científicos descubrieron que esa "estrella invitada" fue en realidad la explosión de una estrella gigante a 4,000 años luz de distancia. La explosión fue tan grande que habría terminado con toda forma de vida dentro de un radio de los 50 años luz. En la actualidad, se denomina Supernova 1054, y sus restos se conocen con el nombre de Nebulosa del Cangrejo.

Comunica ideas Comenta el texto sobre la supernova con un compañero y responde las preguntas siguientes.

1. ¿Por qué fue tan famosa la Supernova 1054?
   _____
   _____
   _____
   _____

2. ¿En qué piensas que se podría diferenciar la interpretación de este suceso de los astrónomos antiguos de la interpretación de los astrónomos actuales?
   _____
   _____
   _____
   _____

> **PLANET DIARY** Consulta *Planet Diary* para aprender más en inglés sobre las estrellas.

Zona de laboratorio Haz la Indagación preliminar *¿De qué depende la duración de la vida de las estrellas?*

142 Las estrellas, las galaxias y el universo

| my science online | Star Formation and Life Span | PLANET DIARY | APPLY IT |

Vocabulario
- nebulosa • protoestrella • enana blanca • supernova
- estrella de neutrones • pulsar • agujero negro

Destrezas
- Lectura: Compara y contrasta
- Indagación: Predice

¿Cómo se forma una estrella y qué determina su tiempo de vida?

Las estrellas no duran para siempre. Las estrellas nacen, cumplen con su ciclo de vida y finalmente mueren. (Por supuesto que las estrellas no son seres vivos. Las palabras *nacen, viven* y *mueren* son sólo comparaciones útiles).

🗝 **Una estrella nace cuando el gas y el polvo que se contraen dentro de una nebulosa se vuelven tan densos y calientes que dan lugar a una fusión nuclear. El tiempo de vida de una estrella depende de su masa.**

Nace una estrella Todas las estrellas comienzan siendo parte de una nebulosa como la de la **ilustración 1**. Una nebulosa es una gran nube de gas y polvo extendida en un volumen inmenso. En cambio, una estrella está compuesta por una gran cantidad de gas dentro de un volumen relativamente pequeño.

En la parte más densa de la nebulosa, la gravedad atrae el gas y el polvo. Una nube de gas y polvo que se contrae, con suficiente masa como para formar una estrella se denomina protoestrella. *Proto-* significa "primero" en griego, por lo que una protoestrella es la primera etapa de vida de una estrella.

Recuerda que la fusión nuclear es el proceso mediante el cual los átomos se unen y forman átomos más pesados. En el Sol, por ejemplo, los átomos de hidrógeno se unen y forman el helio. Durante la fusión nuclear, se libera una gran cantidad de energía. La fusión nuclear comienza en una protoestrella.

ILUSTRACIÓN 1
Un semillero estelar
Las estrellas nuevas se forman en la nebulosa.
✏️ **Resume** Describe el proceso de formación de estrellas.

El tiempo de vida de las estrellas El tiempo de vida de una estrella depende de su masa. Probablemente pienses que las estrellas con una masa mayor viven más tiempo que las estrellas con una masa menor. Pero, en realidad, es exactamente al revés. Puedes pensar que las estrellas son como autos. Un auto pequeño tiene un tanque de combustible pequeño, pero también tiene un motor pequeño que consume combustible lentamente. En cambio, un auto grande tiene un tanque más grande y un motor también más grande que consume combustible rápidamente. Por lo tanto, el auto pequeño puede recorrer una mayor distancia con un tanque de combustible que el auto más grande. Las estrellas de menor masa consumen su combustible más lentamente que las estrellas de gran masa y, como resultado, viven durante mucho más tiempo.

Generalmente, las estrellas que tienen una masa menor que la del Sol usan su combustible lentamente y pueden vivir hasta 200 mil millones de años. Una estrella de masa mediana como el Sol vive unos 10 mil millones de años. El Sol tiene aproximadamente 4,600 millones de años, con lo cual está más o menos en la mitad de su período de vida. La estrella amarilla de la **ilustración 2**, es similar al Sol.

Las estrellas que tienen una masa mayor que la del Sol tienen vidas más cortas. Una estrella mucho más grande que el Sol, como la estrella azul de la **ilustración 2,** puede vivir alrededor de 10 millones de años. Puede parecer mucho tiempo, pero es sólo una décima parte del uno por ciento del tiempo de vida del Sol.

ILUSTRACIÓN 2
La vida de una estrella
El tiempo de vida de una estrella depende de su masa.

✎ **Explica** La estrella amarilla tiene mucho menos masa que la estrella azul, con lo cual vivirá más tiempo. Explica por qué.

_____
_____
_____
_____
_____

Zona de laboratorio Haz la Actividad rápida de laboratorio *El ciclo de vida de las estrellas.*

Evalúa tu comprensión

1a. Repasa ¿Cómo se forma una estrella en una nebulosa?

_____
_____
_____
_____

b. Resume ¿Qué factor determina el tiempo de vida de una estrella?

_____

c. Predice Si una estrella es dos veces más grande que el Sol, ¿en qué se diferencian sus tiempos de vida?

_____
_____

¿comprendiste?

○ **¡Comprendí!** Ahora sé que las estrellas nacen cuando _____

y que el tiempo de vida de una estrella depende de _____

○ Necesito más ayuda con _____

Consulta **MY SCIENCE** 💬 **COACH** *en línea para obtener ayuda en inglés sobre este tema.*

144 Las estrellas, las galaxias y el universo

¿Qué pasa con una estrella cuando se queda sin combustible?

Cuando una estrella comienza a quedarse sin combustible, su núcleo se encoge y su parte exterior se expande. Según su masa, se convierte en una estrella gigante roja o en una supergigante roja. Las gigantes y supergigantes rojas evolucionan de formas muy diferentes. 🔑 **Después de que una estrella se queda sin combustible, se convierte en una enana blanca, en una estrella de neutrones o en un agujero negro.**

Las enanas blancas Las estrellas de masa baja o media, como el Sol, tardan miles de millones de años en utilizar todo su combustible nuclear. Cuando comienzan a quedarse sin combustible, sus capas externas se expanden, y se convierten en gigantes rojas. Con el tiempo, estas áreas externas se expanden aún más, se esparcen por el espacio y forman una nube brillante de gas denominada nebulosa planetaria. El núcleo azul blanquecino de la estrella que queda se enfría y se convierte en una **enana blanca.**

Las enanas blancas tienen más o menos el tamaño de la Tierra, pero casi tanta masa como el Sol. Una enana blanca es aproximadamente un millón de veces más densa que el Sol. Las enanas blancas no tienen combustible, pero brillan débilmente gracias a la energía que todavía les queda. Después de miles de millones de años, las enanas blancas dejan de brillar. Y entonces, se llaman enanas negras.

Compara y contrasta
¿En qué se diferencian la masa y el tamaño de una enana blanca con la masa y el tamaño del Sol?
○ igual masa, mayor tamaño
○ menor masa, mayor tamaño
○ igual masa, menor tamaño
○ menor masa, menor tamaño

Las supernovas El ciclo de vida de una estrella de gran masa es diferente. Estas estrellas se convierten rápidamente en supergigantes brillantes. Cuando una supergigante se queda sin combustible, puede explotar repentinamente. En cuestión de horas, la estrella explota con un brillo millones de veces más intenso. La explosión se denomina **supernova.** Después de la supernova, parte del material de la estrella se expande por el espacio y puede formar parte de una nebulosa. Luego, esa nebulosa puede contraerse y formar una estrella nueva, parcialmente reciclada. Recuerda que la fusión nuclear produce elementos pesados, o de gran masa atómica. Una supernova proporciona la suficiente energía como para producir los elementos más pesados. Los astrónomos sostienen que la materia del Sol y los planetas que giran a su alrededor provino de una supernova gigante. Si es así, significa que toda la materia que te rodea se formó en una estrella y toda la materia de la Tierra es una forma de polvo de estrellas.

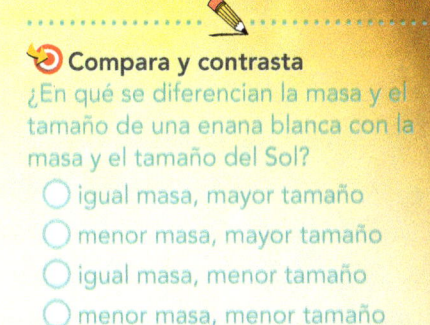

ILUSTRACIÓN 3
Casiopea A, restos de una supernova
Casiopea A es el resto de una estrella que alguna vez fue enorme y que murió durante la explosión de la supernova, suceso que se vio hace 325 años.

DESAFÍO Explica la conexión que existe entre tu cuerpo y una supernova.

ILUSTRACIÓN 4

> **INTERACTIVE ART** La vida de las estrellas

✏️ **Relaciona el texto y los elementos visuales** Completa las etapas que faltan en el diagrama. Luego, piensa en qué lugar del diagrama debe ir el Sol. En el espacio que sigue, describe qué sucederá con el Sol cuando se quede sin combustible.

_____
_____
_____
_____
_____
_____
_____
_____
_____
_____

Protoestrella

Estrella de masa baja o media

Estrella de gran masa

¡aplícalo!

⚠️ **Predice** Una civilización extraterrestre gira alrededor de una estrella supergigante de gran masa. ¿Deberían quedarse allí o buscar otro lugar? ¿Por qué?

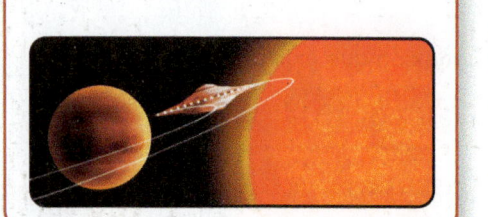

_____
_____
_____
_____
_____

Las estrellas de neutrones Después de la explosión de una supergigante, siempre quedan restos del material de la estrella. Este material puede formar una estrella de neutrones. Las **estrellas de neutrones** son restos de una estrella de gran masa. Son aún más pequeñas y más densas que las enanas blancas. Una estrella de neutrones puede tener hasta tres veces la masa del Sol, pero un diámetro de sólo 25 kilómetros, es decir, el tamaño de una ciudad.

En 1967, Jocelyn Bell, una estudiante británica de astronomía que trabajaba con Anthony Hewish, detectó un objeto en el espacio que parecía emitir pulsos regulares de ondas de radio. Algunos astrónomos pensaron que los pulsos podían ser, en realidad, señales enviadas por alguna civilización extraterrestre. En un principio, los astrónomos incluso llamaron a la fuente LGM, por la sigla en inglés de "hombrecitos verdes" de los primeros relatos de ciencia ficción. Pero al poco tiempo, los astrónomos llegaron a la conclusión de que la fuente de donde provenían las ondas de radio era, en realidad, una estrella de neutrones que giraba rápidamente. Estas estrellas de neutrones que giran se denominan **pulsares,** palabra que proviene de la abreviatura en inglés de "fuentes de ondas de radio pulsantes". ¡Algunos pulsares giran cientos de veces por segundo!

146 Las estrellas, las galaxias y el universo

Supergigante

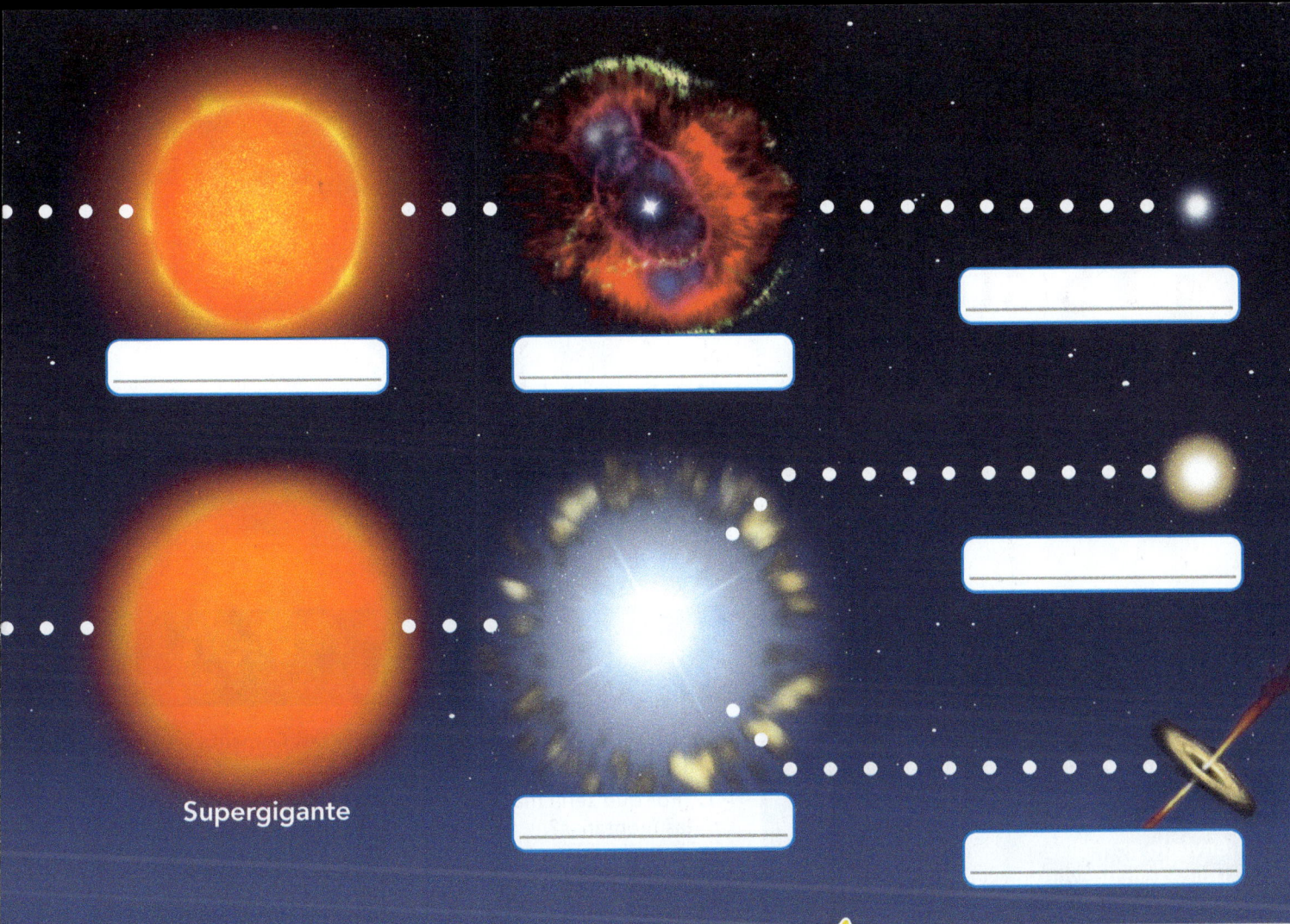

Los agujeros negros

Las estrellas más grandes (las que tienen más de 10 veces la masa del Sol) pueden convertirse en agujeros negros cuando mueren. Un **agujero negro** es un cuerpo cuya gravedad es tan fuerte que nada, ni siquiera la luz, puede escapar. Después de una explosión de supernova muy grande, puede quedar una masa cinco veces mayor que la del Sol. La gravedad de esta masa es tan fuerte que el gas es atraído hacia el centro y se compacta en un espacio cada vez más pequeño. El gas de la estrella se comprime tanto que la estrella se convierte en un agujero negro y su gravedad intensa no permite que ni siquiera la luz escape.

Ni la luz, ni las ondas de radio, ni ninguna otra forma de radiación pueden escapar de un agujero negro, de manera que es imposible detectarlo directamente. Pero los astrónomos pueden detectar los agujeros negros de manera indirecta. Por ejemplo, un agujero negro atrae el gas cercano con tanta fuerza que hace que este gas gire más y más rápido alrededor del agujero negro. La fricción calienta el gas. Los astrónomos pueden detectar los rayos X que provienen del gas caliente y así inferir que hay un agujero negro en ese lugar.

Zona de laboratorio Haz la Actividad rápida de laboratorio *La muerte de una estrella*.

Evalúa tu comprensión

2a. Repasa ¿Qué determina que una estrella se convierta en una enana blanca, una estrella de neutrones o un agujero negro?

_____

b. Predice ¿En qué se convertirá el Sol: en una enana blanca, en una estrella de neutrones o en un agujero negro? ¿Por qué?

_____

¿comprendiste?

○ ¡Comprendí! Ahora sé que cuando una estrella se queda sin combustible, se convierte en _____

_____

○ Necesito más ayuda con _____

Consulta **MY SCIENCE COACH** *en línea para obtener ayuda en inglés sobre este tema.*

147

LECCIÓN 5

Sistemas estelares y galaxias

DESCUBRE LA PREGUNTA PRINCIPAL

- ¿Qué es un sistema estelar?
- ¿Cuáles son los tipos de galaxias principales?

mi Diario Del planeta

BLOG

Enviado por: Mike
Ubicación: Brewerton, Nueva York

Cuando tenía diez años, fui a visitar a un amigo en las montañas Adirondack. En una noche oscura y despejada, nos quedamos afuera hasta las 2 de la mañana y vimos la Vía Láctea. Era una franja blanca gigantesca que cruzaba el cielo. La Vía Láctea estaba llena de estrellas.

Comunica ideas Responde estas preguntas. Comenta tus respuestas con un compañero.

1. ¿Por qué sería más fácil ver la Vía Láctea desde las montañas?
_____
_____

2. ¿Por qué la Vía Láctea se ve como una franja blanca y no como estrellas separadas?
_____
_____
_____
_____

PLANET DIARY Consulta *Planet Diary* para aprender más en inglés sobre las galaxias.

Zona de laboratorio Haz la Indagación preliminar *¿Por qué la Vía Láctea se ve brumosa?*

¿Qué es un sistema estelar?

Nuestro sistema solar tiene una sola estrella: el Sol. Pero esto no es lo más usual con las estrellas. **La mayoría de las estrellas son parte de grupos de dos o más estrellas, denominados sistemas estelares.** Si estuvieras en un planeta de uno de estos sistemas estelares, ¡en ocasiones podrías ver dos o más soles en el cielo! En otros momentos, uno o más de estos soles podrían estar escondidos bajo el horizonte.

148 Las estrellas, las galaxias y el universo

Vocabulario
- estrella binaria • eclipse binario • cúmulo abierto
- cúmulo globular • galaxia • galaxia espiral
- galaxia elíptica • galaxia irregular • quásar

Destrezas
- Lectura: Relaciona causa y efecto
- Indagación: Saca conclusiones

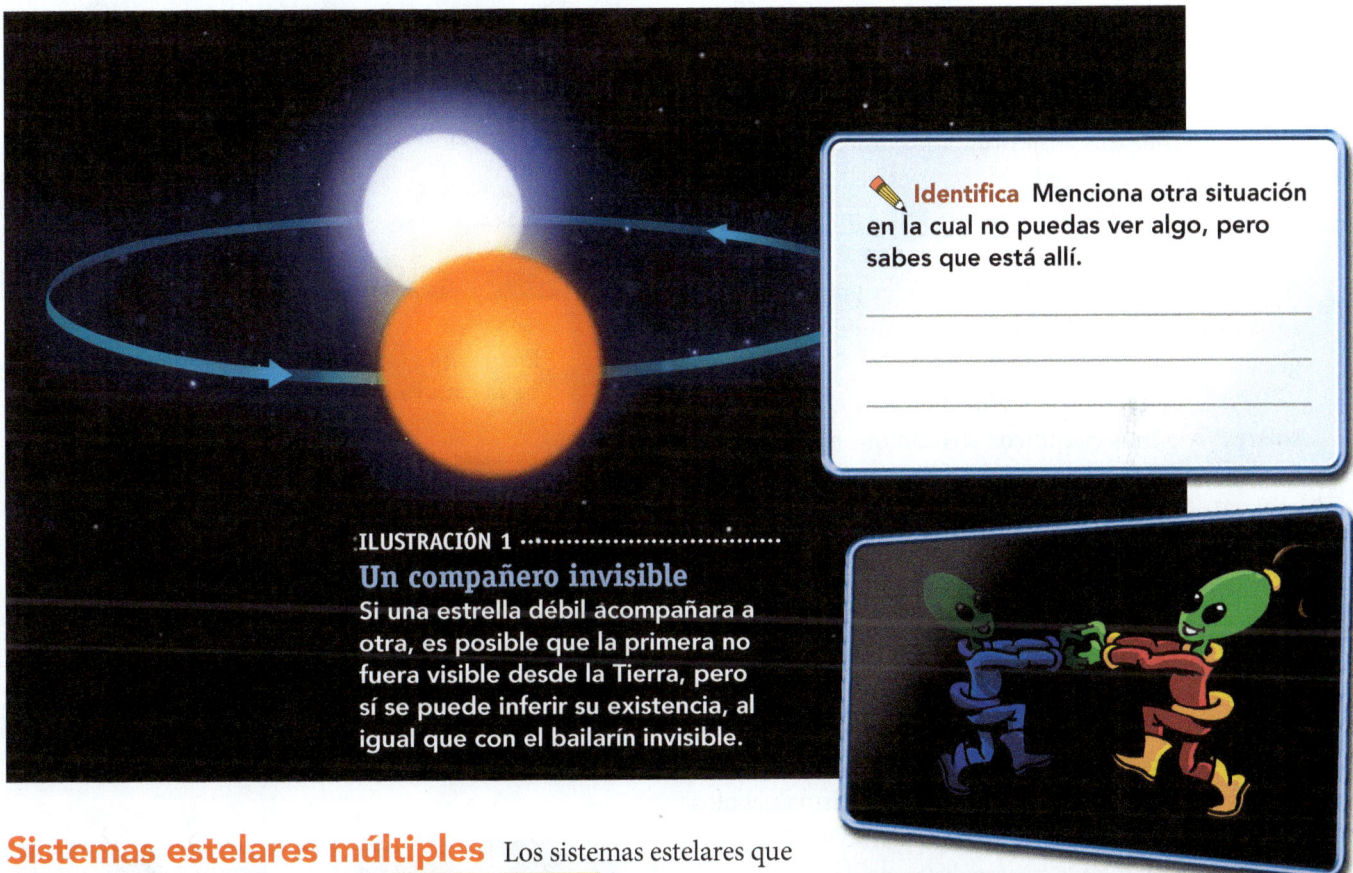

Identifica Menciona otra situación en la cual no puedas ver algo, pero sabes que está allí.

_____
_____
_____

ILUSTRACIÓN 1
Un compañero invisible
Si una estrella débil acompañara a otra, es posible que la primera no fuera visible desde la Tierra, pero sí se puede inferir su existencia, al igual que con el bailarín invisible.

Sistemas estelares múltiples Los sistemas estelares que tienen dos estrellas se denominan **estrellas binarias.** (El prefijo *bi-* significa "dos"). Los que tienen tres estrellas se llaman estrellas triples.

Con frecuencia, una de las dos estrellas de una estrella binaria es mucho más brillante y más grande que la otra. A veces, los astrónomos pueden detectar una estrella binaria aun cuando sólo una de las estrellas es visible desde la Tierra. Los astrónomos generalmente pueden detectar una estrella tenue en un sistema binario observando los efectos de su gravedad. Mientras la estrella tenue gira alrededor de la estrella brillante, la gravedad de la estrella más débil mueve la más brillante. Imagina un par de bailarines que giran juntos de la mano, tal como muestra la **ilustración 1**. Aun cuando uno de los bailarines fuera invisible, podrías darte cuenta de su presencia por el movimiento del bailarín visible.

Eclipses binarios El movimiento no es la única pista que indica que una estrella tiene una compañera más tenue. La estrella tenue de una estrella binaria puede pasar frente a la estrella más brillante y bloquearla, o eclipsarla. Si lo viéramos desde la Tierra, la estrella brillante se volvería mucho más débil de repente. Un sistema en el que una estrella bloquea periódicamente la luz de la otra se denomina **eclipse binario.**

Relaciona causa y efecto
¿Qué hace que las estrellas binarias se muevan de un lado a otro?
- ○ la gravedad de otra estrella
- ○ el eclipse producido por otra estrella

149

Los planetas alrededor de otras estrellas En 1995, los astrónomos descubrieron por primera vez un planeta que giraba alrededor de otra estrella común. Usaron un método similar al usado para estudiar las estrellas binarias. Observaron que la estrella se acercaba ligeramente hacia nosotros y luego se alejaba. Sabían que el cuerpo invisible que causaba este movimiento no tenía la suficiente masa como para ser una estrella y entonces infirieron que debía ser un planeta.

Desde entonces, los astrónomos descubrieron más de 300 planetas alrededor de otras estrellas y continúan descubriendo más constantemente. La mayoría de estos planetas son muy grandes: tienen al menos la mitad de la masa de Júpiter. Cualquier planeta pequeño sería difícil de detectar porque tendría poco efecto gravitacional sobre su estrella.

¿Podría haber vida en planetas de otros sistemas solares? Algunos científicos piensan que es posible. En la actualidad, algunos astrónomos están usando radiotelescopios para buscar señales que no podrían provenir de fuentes naturales. Esas señales podrían ser la prueba de que una civilización extraterrestre esté enviando ondas de radio.

Cúmulos de estrellas Muchas estrellas pertenecen a agrupaciones más grandes denominadas cúmulos de estrellas. Todas las estrellas de un cúmulo determinado se formaron a partir de la misma nebulosa aproximadamente en el mismo momento y están aproximadamente a la misma distancia de la Tierra.

Hay dos tipos principales de cúmulos de estrellas: los cúmulos abiertos y los cúmulos globulares. Los **cúmulos abiertos** tienen una apariencia no compacta y desorganizada, como la de la **ilustración 3,** y contienen unos pocos miles de estrellas. Suelen contener muchas supergigantes brillantes y mucho gas y polvo. En cambio, los **cúmulos globulares** son conjuntos grandes de estrellas viejas. Los cúmulos globulares son redondos y están llenos de estrellas. Algunos pueden llegar a tener más de un millón de estrellas.

ILUSTRACIÓN 3
El cúmulo de estrellas de las Pléyades
✏️ **DESAFÍO** ¿Por qué algunos astrónomos de la antigüedad llamaron a las Pléyades las "siete hermanas"?

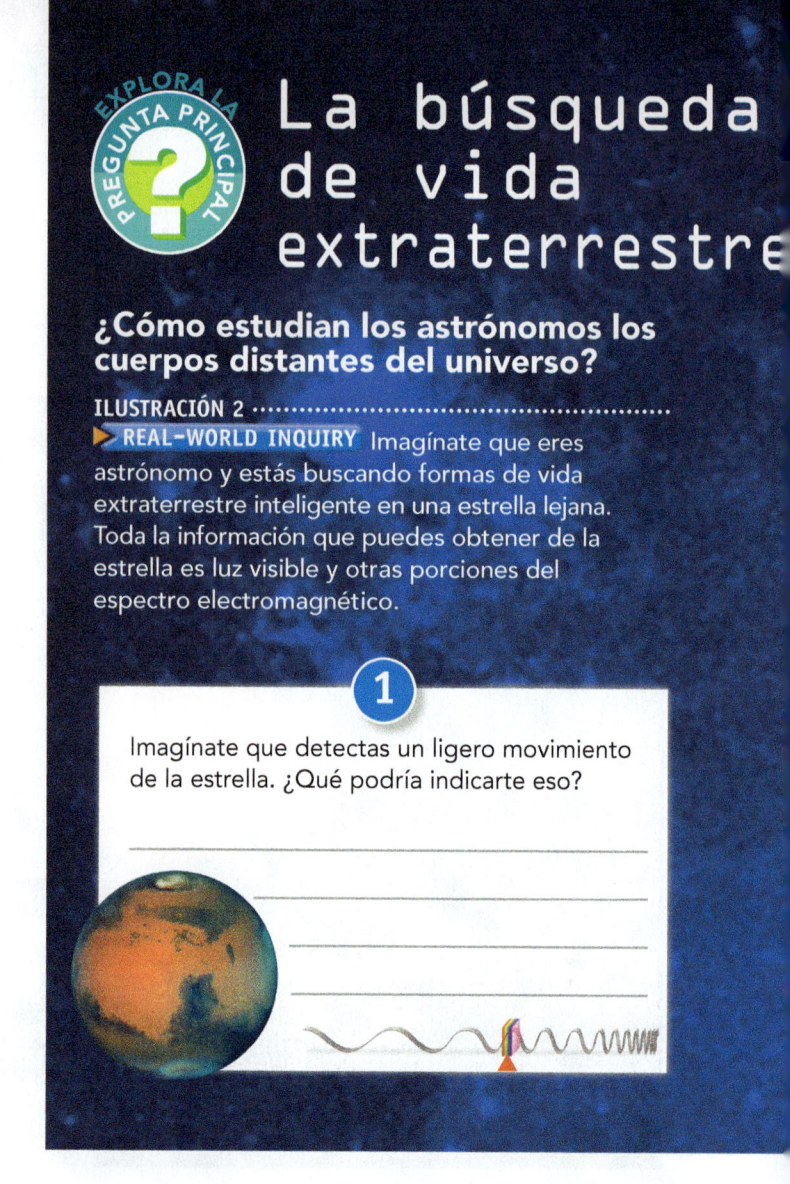

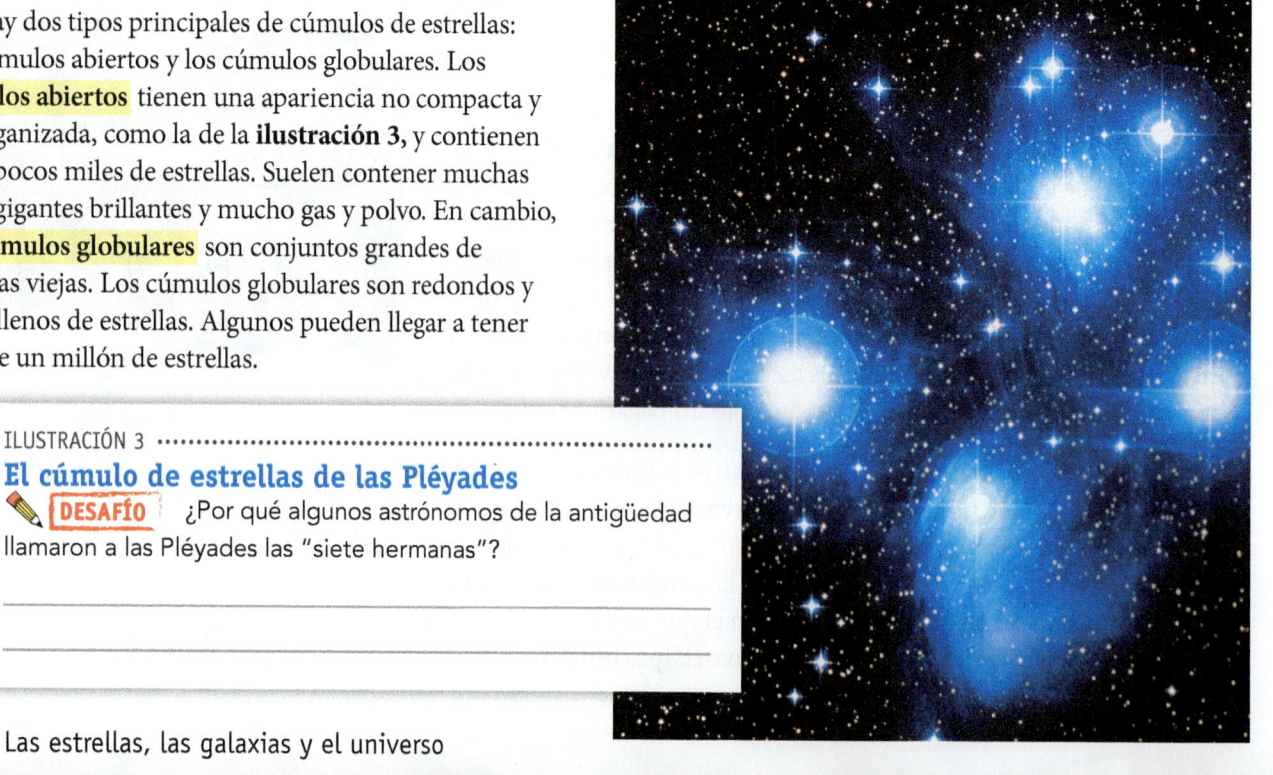

_____
_____

La búsqueda de vida extraterrestre

EXPLORA LA PREGUNTA PRINCIPAL

¿Cómo estudian los astrónomos los cuerpos distantes del universo?

ILUSTRACIÓN 2
▶ **REAL-WORLD INQUIRY** Imagínate que eres astrónomo y estás buscando formas de vida extraterrestre inteligente en una estrella lejana. Toda la información que puedes obtener de la estrella es luz visible y otras porciones del espectro electromagnético.

1
Imagínate que detectas un ligero movimiento de la estrella. ¿Qué podría indicarte eso?

_____
_____
_____

2

Esta concepción artística de un planeta girando alrededor de otra estrella se basa en una imagen infrarroja tomada con el telescopio espacial Spitzer.

3

¿Qué podrías inferir si captaras una señal de radio regular del sistema estelar?

_____
_____
_____
_____
_____
_____
_____

4

✏️ **Aplica conceptos** Explica qué información podemos obtener de la luz y qué nos indica eso sobre los cuerpos distantes.

_____
_____
_____
_____
_____
_____
_____
_____
_____

Zona de laboratorio Haz la Actividad rápida de laboratorio *Planetas que giran alrededor de otras estrellas.*

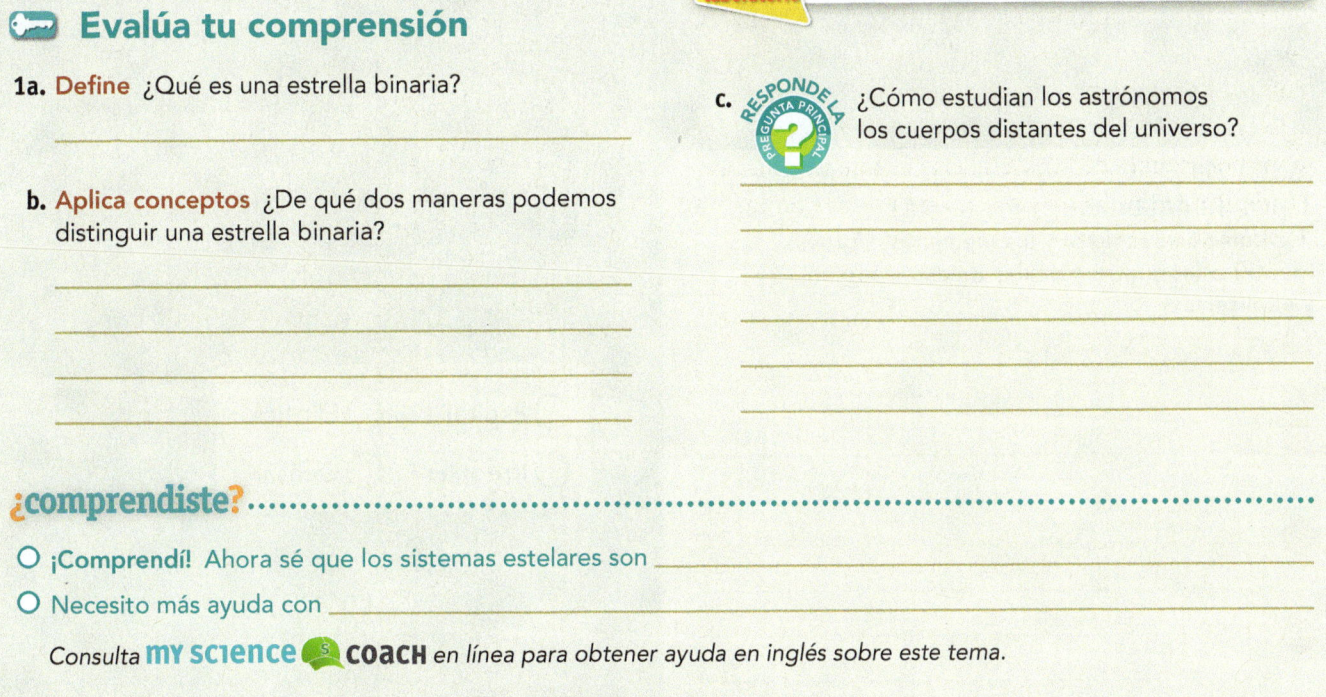

🔑 **Evalúa tu comprensión**

1a. Define ¿Qué es una estrella binaria?
_____

b. Aplica conceptos ¿De qué dos maneras podemos distinguir una estrella binaria?
_____
_____
_____
_____

c. RESPONDE LA PREGUNTA PRINCIPAL ¿Cómo estudian los astrónomos los cuerpos distantes del universo?
_____
_____
_____
_____
_____

¿comprendiste?..

○ **¡Comprendí!** Ahora sé que los sistemas estelares son _____

○ Necesito más ayuda con _____

Consulta **MY SCIENCE COACH** en línea para obtener ayuda en inglés sobre este tema.

¿Cuáles son los tipos de galaxias principales?

Una galaxia es un enorme grupo de estrellas individuales, sistemas estelares, cúmulos de estrellas, polvo y gases unidos por la gravedad. Hay miles de millones de galaxias en el universo. Las galaxias más grandes tienen más de un billón de estrellas. **Los astrónomos clasifican la mayoría de las galaxias en tres tipos: espiral, elíptica e irregular.**

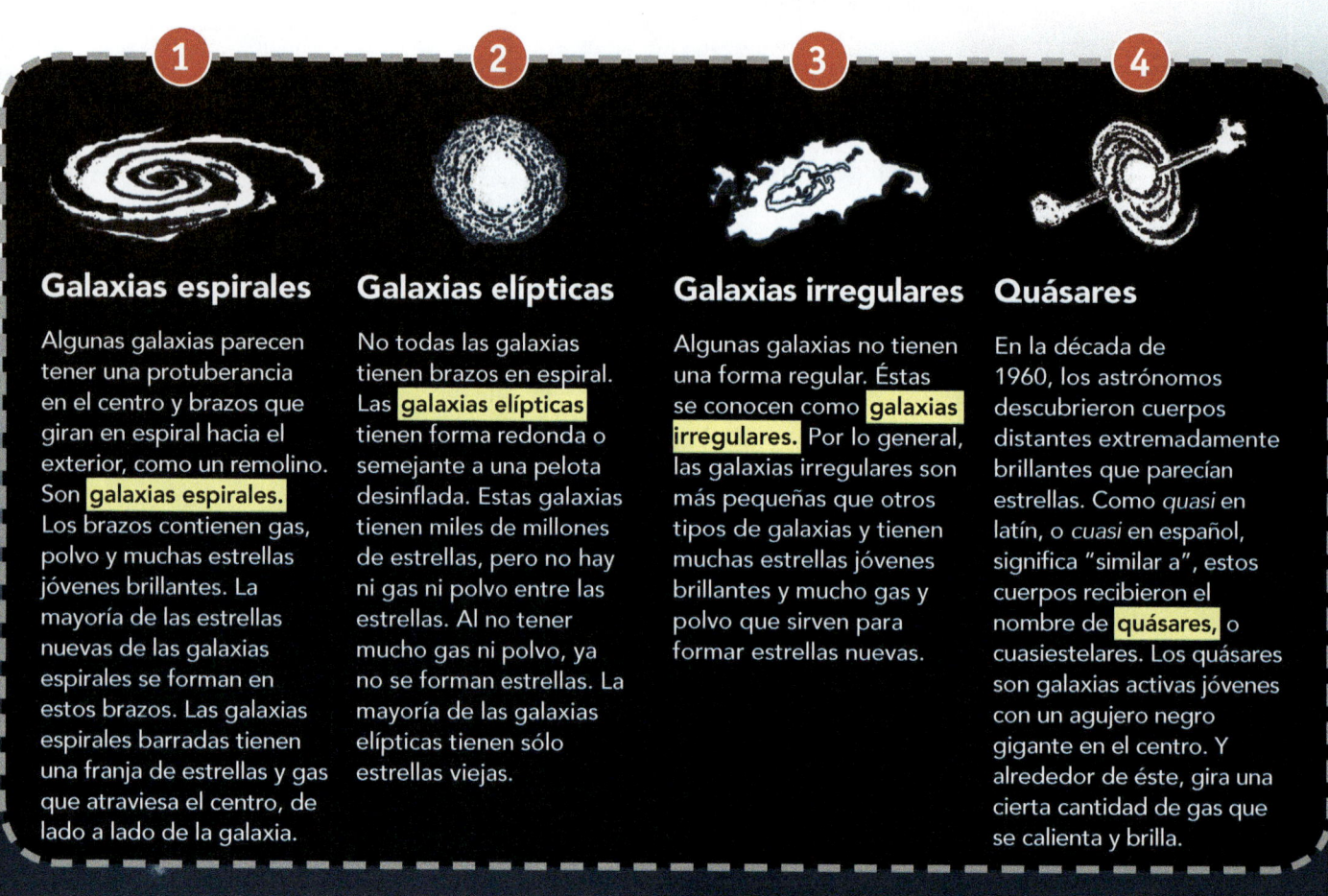

1 Galaxias espirales

Algunas galaxias parecen tener una protuberancia en el centro y brazos que giran en espiral hacia el exterior, como un remolino. Son galaxias espirales. Los brazos contienen gas, polvo y muchas estrellas jóvenes brillantes. La mayoría de las estrellas nuevas de las galaxias espirales se forman en estos brazos. Las galaxias espirales barradas tienen una franja de estrellas y gas que atraviesa el centro, de lado a lado de la galaxia.

2 Galaxias elípticas

No todas las galaxias tienen brazos en espiral. Las galaxias elípticas tienen forma redonda o semejante a una pelota desinflada. Estas galaxias tienen miles de millones de estrellas, pero no hay ni gas ni polvo entre las estrellas. Al no tener mucho gas ni polvo, ya no se forman estrellas. La mayoría de las galaxias elípticas tienen sólo estrellas viejas.

3 Galaxias irregulares

Algunas galaxias no tienen una forma regular. Éstas se conocen como galaxias irregulares. Por lo general, las galaxias irregulares son más pequeñas que otros tipos de galaxias y tienen muchas estrellas jóvenes brillantes y mucho gas y polvo que sirven para formar estrellas nuevas.

4 Quásares

En la década de 1960, los astrónomos descubrieron cuerpos distantes extremadamente brillantes que parecían estrellas. Como *quasi* en latín, o *cuasi* en español, significa "similar a", estos cuerpos recibieron el nombre de quásares, o cuasiestelares. Los quásares son galaxias activas jóvenes con un agujero negro gigante en el centro. Y alrededor de éste, gira una cierta cantidad de gas que se calienta y brilla.

ILUSTRACIÓN 4

Tipos de galaxias

✏️ Relaciona el texto y los elementos visuales
Identifica las cuatro galaxias de estas páginas y explícalas.

Ⓐ _____

Ⓑ _____

Ⓒ _____

Ⓓ _____

Ⓐ
○ Espiral ○ Elíptica
○ Irregular ○ Quásar

152 Las estrellas, las galaxias y el universo

| Types of Galaxies | APPLY IT | MY SCIENCE COACH |

¡aplícalo!

Nuestro sistema solar se encuentra en una galaxia que se conoce como la Vía Láctea. Vista desde un costado, la Vía Láctea se vería como un disco angosto con una gran protuberancia en el medio. Pero vista desde arriba o desde abajo, la Vía Láctea tendría forma de remolino. No puedes ver la forma de la Vía Láctea desde la Tierra porque nuestro sistema solar está dentro de uno de los brazos.

Cuando observas la Vía Láctea en una noche de verano, en realidad estás viendo el centro de nuestra galaxia. El centro de la galaxia está a unos 25,000 años luz de distancia, pero no lo podemos ver porque lo ocultan grandes nubes de polvo y gas. Sin embargo, los astrónomos sí pueden estudiar el centro de la galaxia mediante rayos X, radiación infrarroja y ondas de radio.

Saca conclusiones ¿Qué clase de galaxia es la Vía Láctea? Explica por qué y haz un bosquejo que muestre cómo se podría ver la Vía Láctea desde afuera.

_____
_____
_____

B
○ Espiral   ○ Elíptica
○ Irregular   ○ Quásar

C
○ Espiral   ○ Elíptica
○ Irregular   ○ Quásar

D
○ Espiral   ○ Elíptica
○ Irregular   ○ Quásar

Zona de laboratorio Haz la Actividad rápida de laboratorio *Una galaxia espiral*.

Evalúa tu comprensión

¿comprendiste? ....

○ ¡Comprendí! Ahora sé que los astrónomos clasifican la mayoría de las galaxias en estos tres tipos: _____
_____

○ Necesito más ayuda con _____
_____

Consulta **MY SCIENCE COACH** en línea para obtener ayuda en inglés sobre este tema.

LECCIÓN 6

El universo en expansión

🔑 ¿Qué dice la teoría del *Big Bang* sobre el universo?

mi Diario del planeta

Enviado por: David
Ubicación: Bowie, Maryland

El domingo 15 de marzo de 2009, volé a Orlando, en la Florida, para ver el lanzamiento del *Discovery* en Cabo Cañaveral. Fue el primer lanzamiento que vi en mi vida. En el segundo 5, los motores se encendieron y, en el segundo 0, el *Discovery* salió disparado hacia el cielo. Pude sentir las vibraciones. El *Discovery* parecía una bola de fuego del color de las hojas en otoño y dejó un rastro de humo a medida que se elevaba.

BLOG

Comunica ideas Escribe tu respuesta a la pregunta siguiente. Luego, comenta tu respuesta con un compañero.

¿Qué te gustaría que aprendieran los científicos sobre el universo tras una misión de un transbordador espacial?

_____
_____
_____
_____
_____

▶ **PLANET DIARY** Consulta *Planet Diary* para aprender más en inglés sobre el universo.

Zona de laboratorio
Haz la Indagación preliminar
¿Cómo se expande el universo?

¿Qué dice la teoría del *Big Bang* sobre el universo?

Los astrónomos han aprendido mucho sobre el universo. Según sus teorías, el universo comenzó hace 13,700 millones de años. En ese momento, la porción del universo que podemos ver hoy no era más grande que un punto. Este universo diminuto era increíblemente caliente y denso. Y entonces, el universo hizo una gran explosión que hoy los astrónomos denominan *Big Bang*.

154 Las estrellas, las galaxias y el universo

Vocabulario
- *Big Bang*
- ley de Hubble
- radiación cósmica de fondo
- materia oscura
- energía oscura

Destrezas
- Lectura: Identifica la evidencia de apoyo
- Indagación: Haz modelos

Según la teoría del *Big Bang*, **el universo se formó en un instante, hace miles de millones de años, tras una explosión enorme. Nuevas observaciones permiten a los astrónomos llegar a la conclusión de que es probable que el universo continúe expandiéndose eternamente.** Desde que ocurrió el *Big Bang*, el tamaño del universo ha seguido aumentando. El universo es mucho más grande hoy que antes.

A medida que el universo se expandía, también se enfriaba gradualmente. Tras unos cientos de miles de años, se formaron átomos. Y aproximadamente en los primeros 500 millones de años después del *Big Bang*, se empezaron a formar las primeras estrellas y galaxias.

Galaxias en movimiento En la década de 1920, el astrónomo estadounidense Edwin Hubble descubrió evidencia importante que luego se tradujo en la teoría del *Big Bang*. Hubble estudió los espectros de muchas galaxias que se encontraban a distintas distancias de la Tierra. Al examinar el espectro de una galaxia, Hubble pudo saber la velocidad a la que se movía esa galaxia y si se estaba acercando o alejando de nuestra galaxia.

Hubble descubrió que casi todas las galaxias se alejan de la nuestra y de todas las demás. Hubble descubrió la relación que existe entre la distancia a una galaxia y su velocidad. La **ley de Hubble** enuncia que mientras más lejos se encuentre una galaxia, se aleja con mayor rapidez de la nuestra. La ley de Hubble ciertamente apoya la teoría del *Big Bang*.

Radiación cósmica de fondo Otra prueba que apoya la teoría del *Big Bang* se descubrió por accidente. En 1965, dos físicos estadounidenses, Arno Penzias y Robert Wilson, detectaron radiaciones leves en su radiotelescopio que provenían de todas las direcciones. Más tarde, los científicos llegaron a la conclusión de que esta **radiación cósmica de fondo** es la energía térmica que quedó del *Big Bang*. Esta energía se extendió en todas las direcciones a medida que el universo se expandía.

Identifica la evidencia de apoyo Subraya la evidencia principal que encontró Hubble que demuestra que el universo se expande.

¡aplícalo!

Las galaxias del universo son como las pasas en la masa de pan mientras leuda.

Haz modelos Dibuja las pasas en su nueva posición en la imagen de abajo. Explica por qué las pasas son como las galaxias.

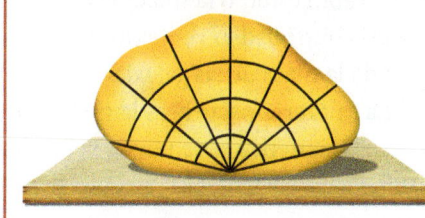

_____
_____
_____
_____
_____

ILUSTRACIÓN 1
La edad del universo
Gracias a la medición de la velocidad a la que se expande el universo, los astrónomos pueden inferir desde cuándo se está expandiendo. El satélite COBE de la izquierda midió la radiación cósmica de fondo, que también dio pistas sobre la edad del universo.

El *Big Bang* y el futuro del universo

¿Qué ocurrirá con el universo en el futuro? Una posibilidad es que el universo continúe expandiéndose. En algún momento, todas las estrellas se quedarán sin combustible y se apagarán, y el universo será oscuro y frío. Otra posibilidad es que la fuerza de gravedad comience a atraer y a unir las galaxias nuevamente, como muestra la **ilustración 2**. Como resultado, tendríamos el Gran Colapso, o *Big Crunch*, es decir, el proceso inverso al *Big Bang*. El universo entero caería dentro de un enorme agujero negro.

ILUSTRACIÓN 2

El Gran Colapso o *Big Crunch*

El diagrama pequeño representa la expansión del universo hasta el momento. El *Big Bang* está en la parte inferior.

✏️ **DESAFÍO** En la parte superior del diagrama, haz un bosquejo del universo a medida que colapsa y ocurre el *Big Crunch*. Explica tu dibujo.

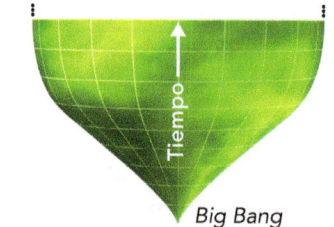

_____
_____
_____
_____

Tiempo
Big Bang

¿Cuál de estas posibilidades es más probable? Distintos descubrimientos recientes han brindado una visión nueva sobre el universo que aún no se comprende del todo. Pero muchos astrónomos llegan a la conclusión de que es probable que el universo se expanda eternamente.

La materia oscura Hasta hace poco tiempo, los astrónomos suponían que el universo estaba compuesto solamente de la materia que podían observar directamente. Pero la astrónoma estadounidense Vera Rubin refutó esta idea. Rubin estudió la rotación de las galaxias espirales y descubrió que la materia que pueden ver los astrónomos representa apenas el diez por ciento de toda la masa de las galaxias. El resto existe en forma de materia oscura.

La **materia oscura** es la materia que no despide radiación electromagnética y no puede verse de forma directa. Pero se puede inferir su presencia observando el efecto de su gravedad sobre los cuerpos visibles.

Una expansión acelerada A finales de la década de 1990, los astrónomos observaron que la expansión del universo parecía estar acelerándose. Es decir, las galaxias parecían estar alejándose unas de otras más rápido que antes. Esta observación fue desconcertante, ya que ninguna fuerza conocida podía explicar esta teoría. Los astrónomos infieren que una nueva fuerza misteriosa, a la que denominan **energía oscura,** está acelerando la expansión del universo, tal como muestra la **ilustración 3**.

La estática de la pantalla de tu TV tiene restos de radiación del *Big Bang*.

156 Las estrellas, las galaxias y el universo

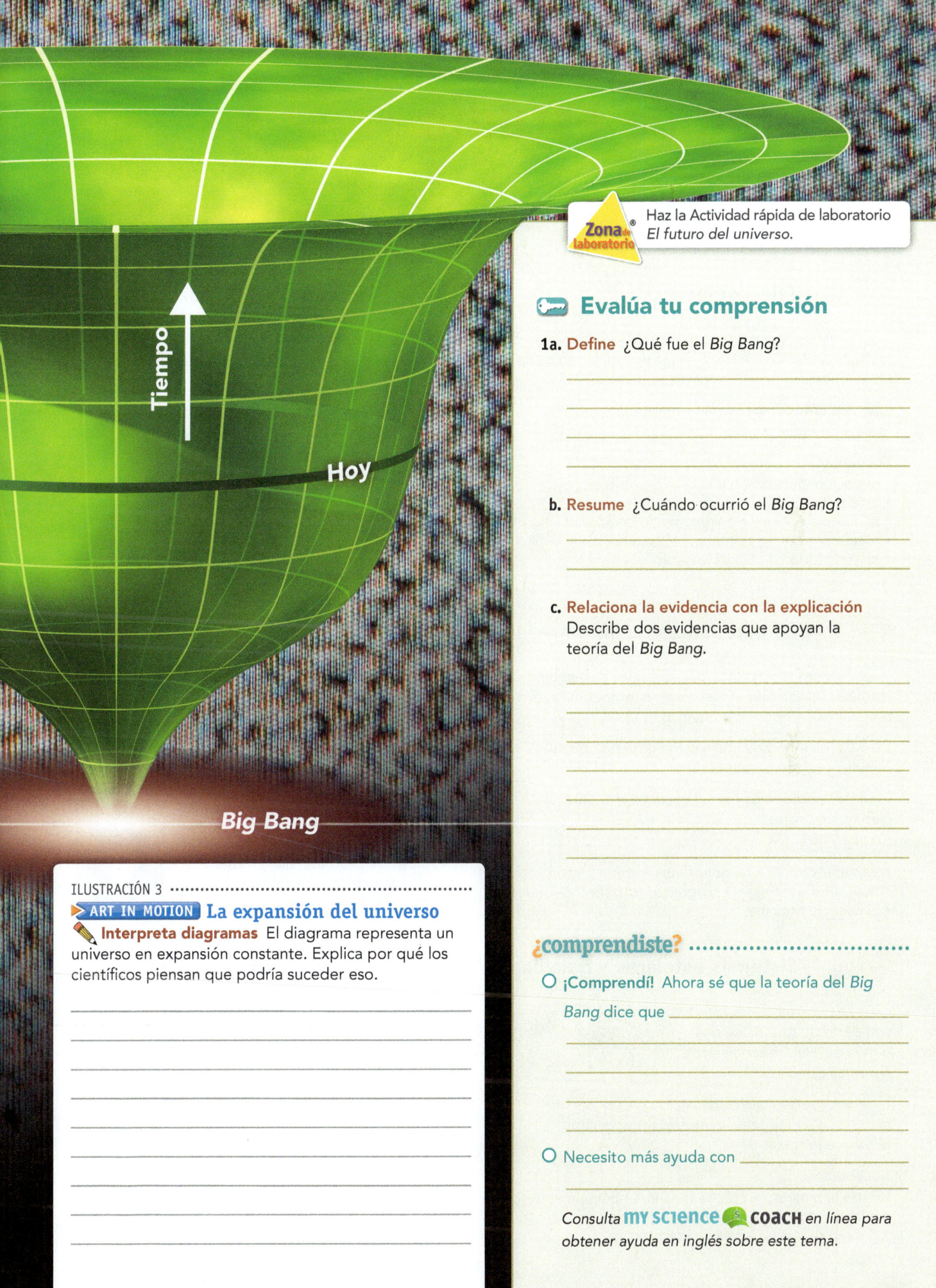

Haz la Actividad rápida de laboratorio *El futuro del universo.*

Evalúa tu comprensión

1a. Define ¿Qué fue el *Big Bang*?
_____
_____
_____
_____

b. Resume ¿Cuándo ocurrió el *Big Bang*?
_____
_____

c. Relaciona la evidencia con la explicación Describe dos evidencias que apoyan la teoría del *Big Bang*.
_____
_____
_____
_____
_____
_____
_____
_____

ILUSTRACIÓN 3
ART IN MOTION **La expansión del universo**
Interpreta diagramas El diagrama representa un universo en expansión constante. Explica por qué los científicos piensan que podría suceder eso.
_____
_____
_____
_____
_____
_____

¿comprendiste?

○ **¡Comprendí!** Ahora sé que la teoría del *Big Bang* dice que _____
_____
_____

○ Necesito más ayuda con _____
_____

Consulta **MY SCIENCE COACH** en línea para obtener ayuda en inglés sobre este tema.

157

CAPÍTULO 4 Guía de estudio

REPASA LA PREGUNTA PRINCIPAL

Los astrónomos aprenden sobre los cuerpos distantes del universo estudiando _____

LECCIÓN 1 Telescopios

🔑 El espectro electromagnético incluye las ondas de radio, la radiación infrarroja, la luz visible, la radiación ultravioleta, los rayos X y los rayos gamma.

🔑 Los telescopios captan y enfocan luz y otras formas de radiación electromagnética.

Vocabulario
- radiación electromagnética • luz visible
- longitud de onda • espectro • telescopio
- telescopio óptico • telescopio de refracción
- lente convexa • telescopio de reflexión
- observatorio • radiotelescopio

LECCIÓN 2 La escala del universo

🔑 Por lo general, los astrónomos usan la paralaje para medir la distancia que hay a las estrellas cercanas.

🔑 Como los astrónomos a menudo usan números muy grandes o muy pequeños, generalmente expresan los tamaños y las distancias en el universo en notación científica. Además, usan una unidad denominada año luz para medir las distancias entre las estrellas.

Vocabulario
- paralaje • universo
- año luz • notación científica

LECCIÓN 3 Características de las estrellas

🔑 Algunas de las características que se usan para clasificar las estrellas son el color, la temperatura, el tamaño, la composición y la magnitud.

🔑 La magnitud de una estrella depende de su tamaño y su temperatura.

🔑 Los astrónomos usan diagramas H-R para clasificar las estrellas.

Vocabulario
- espectrógrafo • magnitud aparente
- magnitud absoluta • diagrama Hertzsprung-Russell
- secuencia principal

LECCIÓN 4 La vida de las estrellas

🔑 Una estrella nace cuando el gas y el polvo que se contraen dentro de una nebulosa se vuelven tan densos y calientes que dan lugar a una fusión nuclear. El tiempo de vida de una estrella depende de su masa.

🔑 Después de que una estrella se queda sin combustible, se convierte en una enana blanca, en una estrella de neutrones o en un agujero negro.

Vocabulario
- nebulosa • protoestrella • enana blanca • supernova • estrella de neutrones • pulsar • agujero negro

LECCIÓN 5 Sistemas estelares y galaxias

🔑 La mayoría de las estrellas son parte de grupos de dos o más estrellas, denominados sistemas estelares.

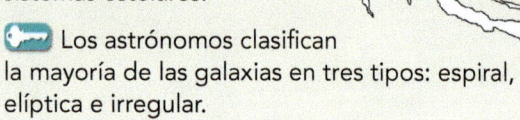

🔑 Los astrónomos clasifican la mayoría de las galaxias en tres tipos: espiral, elíptica e irregular.

Vocabulario
- estrella binaria • eclipse binario • cúmulo abierto
- cúmulo globular • galaxia • galaxia espiral
- galaxia elíptica • galaxia irregular • quásar

LECCIÓN 6 El universo en expansión

🔑 Según la teoría del *Big Bang*, el universo se formó en un instante, hace miles de millones de años, tras una explosión enorme. Nuevas observaciones permiten a los astrónomos llegar a la conclusión de que es probable que el universo continúe expandiéndose eternamente.

Vocabulario
- *Big Bang* • ley de Hubble
- radiación cósmica de fondo
- materia oscura • energía oscura

158 Las estrellas, las galaxias y el universo

Repaso y evaluación

LECCIÓN 1 Telescopios

1. ¿Qué es la luz visible?
   a. rayos gamma y rayos X
   b. el espectro de rayos
   c. una longitud de onda particular
   d. una forma de radiación electromagnética

2. **Explica** Un telescopio óptico funciona
   _____
   _____
   _____

3. **Saca conclusiones** ¿Qué ventaja podría tener colocar un telescopio en la Luna?
   _____
   _____
   _____
   _____

LECCIÓN 2 La escala del universo

4. ¿Qué tipo de números se describen mejor en notación científica?
   a. muy pequeños o muy grandes
   b. sólo muy grandes
   c. sólo muy pequeños
   d. grandes y pequeños juntos

5. **Desarrolla hipótesis** ¿Por qué los astrónomos no pueden medir la paralaje de una estrella que se encuentra a un millón de años luz de distancia?
   _____
   _____
   _____
   _____

6. **¡matemáticas!** La estrella Antares está a unos 604 años luz de la Tierra. Expresa esta distancia en notación científica.

LECCIÓN 3 Características de las estrellas

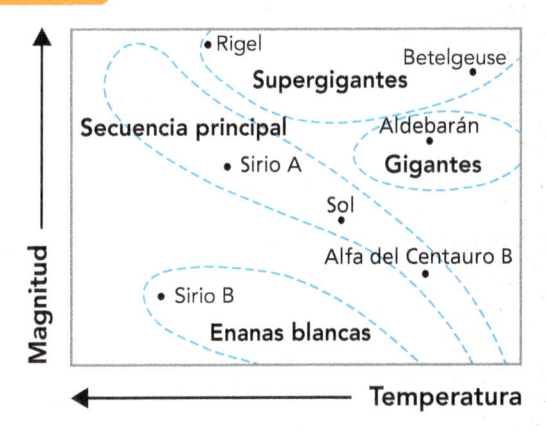

Usa el diagrama y responde las preguntas siguientes.

7. **Interpreta diagramas** En el diagrama, encierra en un círculo la estrella que tiene la mayor magnitud absoluta: Aldebarán o Sirio B.

8. **Aplica conceptos** En el diagrama, subraya la estrella que tiene más probabilidades de ser roja: Rigel, Sirio B o Betelgeuse.

LECCIÓN 4 La vida de las estrellas

9. **Relaciona causa y efecto** ¿Qué efecto tiene la masa de una estrella sobre su período de vida?
   _____
   _____
   _____
   _____

10. **Sigue la secuencia** Explica cómo se forma un agujero negro.
    _____
    _____
    _____
    _____
    _____
    _____

CAPÍTULO 4 Repaso y evaluación

LECCIÓN 5 Sistemas estelares y galaxias

11. ¿En qué tipo de sistema solar una estrella bloquea la luz de otra?

    a. cúmulo abierto   **b.** sistema de estrella binaria

    c. sistema de quásar   **d.** eclipse binario

12. Compara y contrasta ¿En qué se diferencian el número de estrellas de un cúmulo abierto y el número de un cúmulo globular?

_____

_____

_____

_____

13. Escríbelo Describe la "historia de vida" de una estrella en una galaxia espiral. Explica dónde nació y cómo era ese lugar.

LECCIÓN 6 El universo en expansión

14. ¿Cuál es el nombre de la explosión que dio origen al universo?

    a. nebulosa solar   **b.** *Big Bang*

    c. materia oscura   **d.** supernova

15. Clasifica Los radiotelescopios pueden detectar radiación cósmica de fondo, que es

_____

_____

16. Compara y contrasta Explica la diferencia que hay entre el Gran Colapso y un universo en expansión constante.

_____

_____

_____

_____

_____

APLICA LA PREGUNTA PRINCIPAL ¿Cómo estudian los astrónomos los cuerpos distantes del universo?

17. Escribe la introducción de un manual para jóvenes astrónomos. Describe brevemente las diferentes herramientas que tienen los astrónomos para aprender sobre los cuerpos distantes del universo. Explica qué tipo de información puede proporcionar cada herramienta.

Preparación para exámenes estandarizados

Selección múltiple

Encierra en un círculo la letra de la mejor respuesta.

1. En la tabla siguiente encontrarás una estimación de la distribución de las estrellas en la Vía Láctea. Según la tabla, ¿qué tipo de estrella es la más común en la Vía Láctea?

Tipo de estrella	Porcentaje del total
Secuencia principal	90.75 %
Gigante roja	0.50 %
Supergigante	< 0.0001 %
Enana blanca	8.75 %

   A estrella de secuencia principal
   B gigante roja
   C supergigante
   D enana blanca

2. ¿Cuál es el factor principal que afecta a la evolución de una estrella?
   A el color
   B la magnitud
   C la masa
   D la paralaje

3. ¿Qué mide un año luz?
   A el tiempo
   B el volumen
   C la magnitud
   D la distancia

4. ¿Cuál de estas opciones describe mejor un telescopio de reflexión?
   A Es un invento de Isaac Newton.
   B Tiene una lente del objetivo.
   C Es el telescopio más pequeño.
   D Tiene un espejo de lente.

5. ¿Cuál de estas opciones explica la teoría del *Big Bang*?
   A El universo se formó a partir de una serie de explosiones hace miles de millones de años.
   B El universo explotará en 10 millones de años y destruirá nuestro sistema solar.
   C El universo se formó rápidamente a partir de una explosión enorme.
   D El universo se calentó gradualmente hasta que explotó.

Respuesta elaborada

Usa el diagrama que sigue y tus conocimientos de ciencias para responder la pregunta 6. Escribe tu respuesta en una hoja aparte.

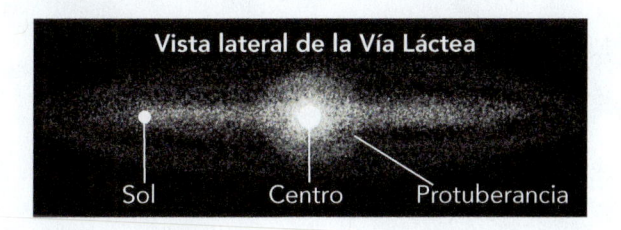

Vista lateral de la Vía Láctea
Sol   Centro   Protuberancia

6. Describe el aspecto de la Vía Láctea vista desde la Tierra y desde un punto situado justo encima de la galaxia. ¿Por qué se ve diferente desde las distintas ubicaciones?

EL RINCÓN DE LA CIENCIA

Lo último en la ciencia

AGUJEROS NEGROS

Los científicos no pueden verlos, pero siguen estudiándolos. Los astrónomos saben desde hace años que los agujeros negros existen. La gravedad extrema de un agujero negro no permite que nada escape, ni siquiera la luz. Por eso, los astrónomos necesitan instrumentos muy potentes para estudiarlos.

Los astrónomos usan los datos recogidos por los telescopios espaciales para medir la luz visible, los rayos X y las ondas de radio emitidas por los cuerpos cercanos a los agujeros negros. Han usado estos datos para saber un montón de cosas sobre los agujeros negros. Saben que los agujeros negros son de dos tamaños principales: estelares, agujeros que se forman cuando estrellas gigantes chocan entre sí, y supermasivos.

Los agujeros negros supermasivos se encuentran en el centro de las galaxias. La gravedad de los agujeros negros ayuda a mantener unidos en la misma galaxia a las estrellas, sistemas estelares, cúmulos de estrellas, polvo y gas.

Evalúalo Muchas películas y novelas de ciencia ficción describen los agujeros negros. Encuentra un ejemplo de agujero negro en una novela, una novela gráfica, un programa de TV o una película. Escribe un ensayo donde expliques cómo se describe al agujero negro en la fuente que elegiste. Evalúa la precisión científica de tu fuente y corrige cualquier información inexacta.

◀ Esta imagen que muestra el choque de dos galaxias fue tomada por el telescopio espacial Hubble en 2008. Los astrónomos piensan que los agujeros negros supermasivos se encuentran en el centro de las galaxias.

APRENDICES DE ASTRÓNOMOS

Los jóvenes y la ciencia

Los chicos del área de Boston tienen la cabeza puesta en las estrellas. O al menos, los que tienen suerte. Estos chicos son parte del programa Jóvenes Aprendices de Astrónomos (YAA, por sus siglas en inglés) que llevan a cabo cuatro instituciones astronómicas y educativas de la zona.

El objetivo del YAA es que los chicos que viven en ciudades tengan un mayor contacto con los astrónomos y la astronomía. En los programas extracurriculares, los aprendices aprenden muchas cosas, entre ellas, cómo entender e interpretar imágenes tomadas por una red de telescopios que los estudiantes controlan en línea, y cómo preparar las imágenes para ilustrar sus propias investigaciones. En la etapa 2 del programa, los aprendices pueden asistir a un programa de aprendices de verano. En el programa de verano, los participantes reciben una paga por ayudar a armar exhibiciones en museos y representar obras de teatro sobre ciencias y astronomía. Los participantes también ayudan a enseñar a otras personas lo que saben sobre el universo. Algunos estudiantes continúan en el programa y se convierten en jóvenes asistentes que se encargan de enseñarle al próximo grupo de jóvenes observadores de estrellas.

¿Han logrado los aprendices llegar al "estrellato"? El programa YAA espera que así sea.

Diséñalo Elige un tema sobre astronomía que te interese. Con un compañero, prepara una exposición sobre ese tema. Presenta tu exhibición a miembros de la comunidad de tu escuela.

APÉNDICE A

Mapas de estrellas

Usa estos mapas de estrellas para ubicar las estrellas más brillantes y las constelaciones principales en el cielo nocturno en distintas épocas del año. Elige el mapa de estrellas correspondiente a la estación del año en la que te encuentres.

Cielo de otoño Este mapa se aplica mejor en los siguientes días y horarios: 1 de septiembre a las 10:00 p.m., 1 de octubre a las 8:00 p.m. o 1 de noviembre a las 6:00 p.m. Busca las constelaciones Osa Menor (o Cucharón Pequeño) y Casiopea en el cielo del Norte, y la estrella Deneb, que en otoño está casi directamente encima de tu cabeza.

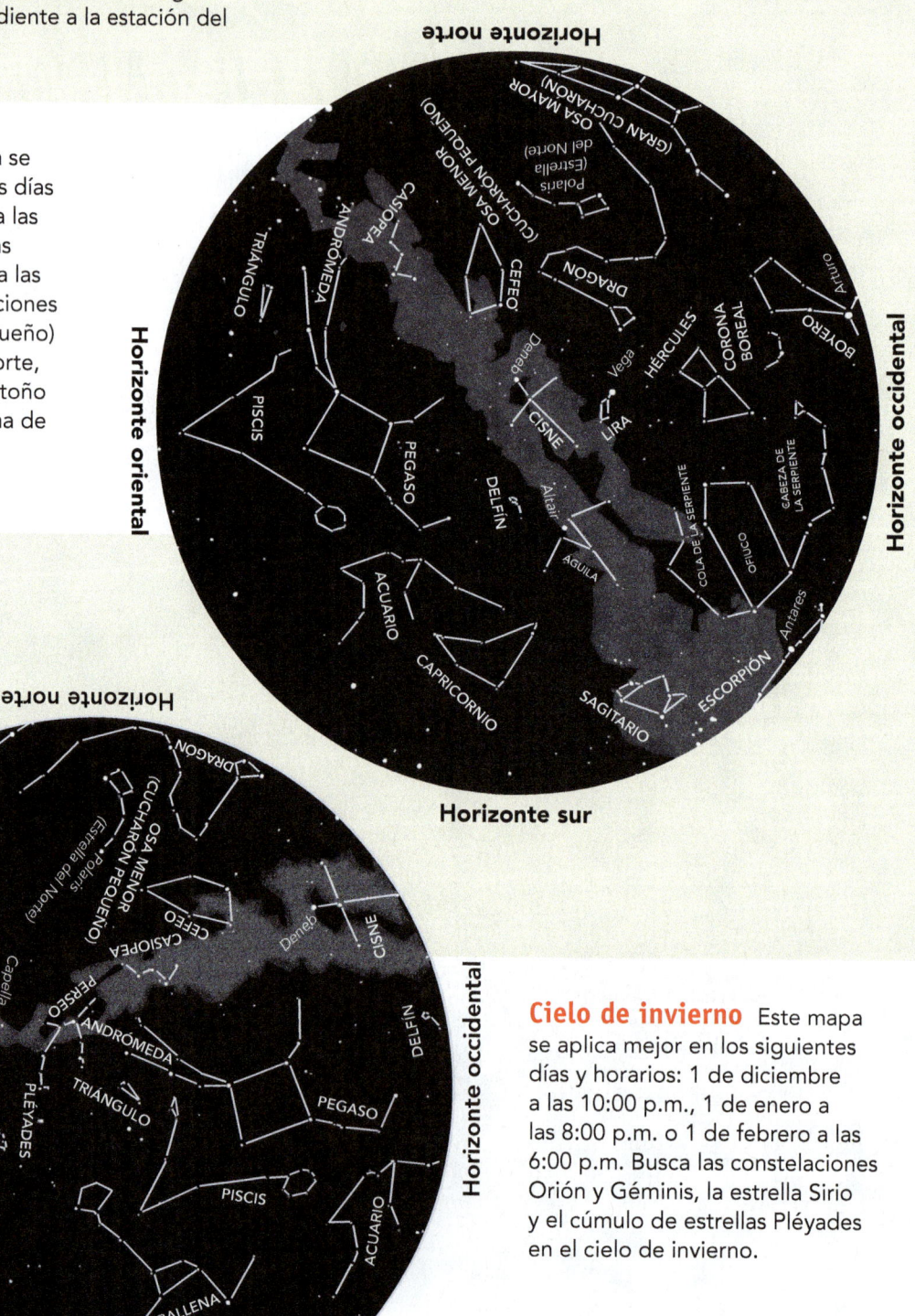

Cielo de invierno Este mapa se aplica mejor en los siguientes días y horarios: 1 de diciembre a las 10:00 p.m., 1 de enero a las 8:00 p.m. o 1 de febrero a las 6:00 p.m. Busca las constelaciones Orión y Géminis, la estrella Sirio y el cúmulo de estrellas Pléyades en el cielo de invierno.

164

Cómo usar los mapas de estrellas

Necesitarás una linterna y una brújula. Sostén el mapa correspondiente y gíralo de manera tal que la dirección en la que estás mirando quede en la parte inferior del mapa. Estos mapas de estrellas se aplican mejor a 34° de latitud norte, pero se pueden usar en otras latitudes centrales.

Cielo de primavera Este mapa se aplica mejor en los siguientes días y horarios: 1 de marzo a las 10:00 p.m, 15 de marzo a las 9:00 p.m., o 1 de abril a las 8:00 p.m. Busca las constelaciones Osa Mayor (que incluye el Gran Cucharón), Boyero y Leo en el cielo de primavera. Las estrellas Arturo y Espiga se pueden ver en el Este.

Cielo de verano Este mapa se aplica mejor en los siguientes días y horarios: 15 de mayo a las 11:00 p.m., 1 de junio a las 10:00 p.m. o 15 de junio a las 9:00 p.m. Busca la estrella Arturo en la constelación Boyero justo sobre tu cabeza a principios del verano. Hacia el Este, busca las estrellas Vega, Altair y Deneb, que forman un triángulo.

GLOSARIO

A

agujero negro Cuerpo cuya gravedad es tan fuerte que nada, ni siquiera la luz, puede escapar. (47)
black hole An object whose gravity is so strong that nothing, not even light, can escape.

anillo Disco fino de pequeñas partículas de hielo y roca que rodea un planeta. (103)
ring A thin disk of small ice and rock particles surrounding a planet.

año luz Distancia que viaja la luz en un año; aproximadamente 9.5 millones de millones de kilómetros. (134)
light-year The distance that light travels in one year, about 9.5 million million kilometers.

asteroide Uno de los cuerpos rocosos que se mueven alrededor del Sol y que son demasiado pequeños y numerosos como para ser considerados planetas. (114)
asteroid One of the rocky objects revolving around the sun that are too small and numerous to be considered planets.

B

Big bang Explosión inicial que resultó en la formación y expansión del universo. (154)
big bang The initial explosion that resulted in the formation and expansion of the universe.

C

calendario Sistema de organización del tiempo que define el principio, la duración y las divisiones de un año. (12)
calendar A system of organizing time that defines the beginning, length, and divisions of a year.

cinturón de asteroides Región del sistema solar entre las órbitas de Marte y Júpiter, donde se encuentran muchos asteroides. (111)
asteroid belt The region of the solar system between the orbits of Mars and Jupiter, where many asteroids are found.

cinturón de Kuiper Región en la cual muchos cuerpos pequeños giran alrededor del Sol y que se extiende desde más allá de la órbita de Neptuno hasta aproximadamente cien veces la distancia entre la Tierra y el Sol. (111)
Kuiper belt A region where many small objects orbit the sun and that stretches from beyond the orbit of Neptune to about 100 times Earth's distance from the sun.

cohete Aparato que expulsa gases en una dirección para moverse en la dirección opuesta. (46)
rocket A device that expels gas in one direction to move in the opposite direction.

coma Capa exterior y difusa de un cometa. (115)
coma The fuzzy outer layer of a comet.

cometa Cuerpo poco denso de hielo y polvo que orbita alrededor del Sol. Generalmente su órbita es larga y estrecha. (5, 113)
comet A loose collection of ice and dust that orbits the sun, typically in a long, narrow orbit.

constelación Patrón de estrellas que se dice se asemeja a una figura u objeto. (6)
constellation A pattern or grouping of stars that people imagine to represent a figure or object.

corona Capa externa de la atmósfera solar. (91)
corona The outer layer of the sun's atmosphere.

cráter 1. Gran hoyo redondo que se forma por el impacto de un meteorito. (33) 2. Área en forma de tazón que se forma en la abertura central de un volcán.
crater 1. A large round pit caused by the impact of a meteoroid. 2. A bowl-shaped area that forms around a volcano's central opening.

cromósfera Capa central de la atmósfera solar. (90)
chromosphere The middle layer of the sun's atmosphere.

cúmulo abierto Cúmulo de estrellas que tiene una apariencia no compacta y desorganizada, y que no contiene más de unas pocos miles de estrellas. (150)
open cluster A star cluster that has a loose, disorganized appearance and contains no more than a few thousand stars.

cúmulo globular Conjunto grande y redondo de estrellas viejas densamente agrupadas. (150)
globular cluster A large, round, densely-packed grouping of older stars.

166

D

derivación espacial Objeto que se puede usar en la Tierra, pero que originalmente se construyó para ser usado en el espacio. (64)
space spinoff An item that has uses on Earth but was originally developed for use in space.

destello solar Erupción de los gases de la superficie solar que ocurre cuando las burbujas de las manchas solares se conectan repentinamente. (92)
solar flare An eruption of gas from the sun's surface that occurs when the loops in sunspot regions suddenly connect.

diagrama Hertzsprung-Russell Gráfica que muestra la relación entre la temperatura de la superficie de una estrella y su magnitud absoluta. (140)
Hertzsprung-Russell diagram A graph relating the surface temperatures and absolute brightnesses of stars.

E

eclipse Bloqueo parcial o total de un cuerpo en el espacio por otro. (25)
eclipse The partial or total blocking of one object in space by another.

eclipse binario Sistema estelar binario en el que una estrella bloquea periódicamente la luz de la otra. (149)
eclipsing binary A binary star system in which one star periodically blocks the light from the other.

eclipse lunar Bloqueo de la luz solar que ilumina la Luna que ocurre cuando la Tierra se interpone entre el Sol y la Luna. (26)
lunar eclipse The blocking of sunlight to the moon that occurs when Earth is directly between the sun and the moon.

eclipse solar Bloqueo de la luz solar que ilumina la Tierra que ocurre cuando la Luna se interpone entre el Sol y la Tierra. (25)
solar eclipse The blocking of sunlight to Earth that occurs when the moon is directly between the sun and Earth.

efecto invernadero Retención de calor cerca de la superficie de un planeta debido a la presencia de ciertos gases en la atmósfera. (98)
greenhouse effect The trapping of heat near a planet's surface by certain gases in the planet's atmosphere.

eje Línea imaginaria alrededor de la cual gira un planeta, y que atraviesa su centro y sus dos polos, norte y sur. (11)
axis An imaginary line that passes through a planet's center and its north and south poles, about which the planet rotates.

elipse Forma ovalada que puede ser alargada o casi circular; la forma de la órbita de los planetas. (81)
ellipse An oval shape, which may be elongated or nearly circular; the shape of the planets' orbits.

empuje Fuerza de reacción que propulsa un cohete hacia delante. (48)
thrust The reaction force that propels a rocket forward.

enana blanca Núcleo caliente y azul blanquecino de una estrella que queda después de que sus capas externas se han expandido y esparcido por el espacio. (145)
white dwarf The blue-white hot core of a star that is left behind after its outer layers have expanded and drifted out into space.

energía oscura Misteriosa fuerza que parece acelerar la expansión del universo. (156)
dark energy A mysterious force that appears to be causing the expansion of the universe to accelerate.

equinoccio Cualquiera de los dos días del año en el que ningún hemisferio se retrae o inclina hacia el Sol. (16)
equinox Either of the two days of the year on which neither hemisphere is tilted toward or away from the sun.

espectro Gama de las longitudes de ondas electromagnéticas. (127)
spectrum The range of wavelengths of electromagnetic waves.

espectrógrafo Instrumento que separa la luz en colores y crea una imagen del espectro resultante. (138)
spectrograph An instrument that separates light into colors and makes an image of the resulting spectrum.

GLOSARIO

estación espacial Enorme satélite artificial en el que la gente puede vivir y trabajar durante largos períodos. (58)
space station A large artificial satellite on which people can live and work for long periods.

estrella Bola de gases calientes, principalmente hidrógeno y helio, en cuyo interior se produce una fusión nuclear. (5)
star A ball of hot gas, primarily hydrogen and helium, that undergoes nuclear fusion.

estrella binaria Sistema estelar de dos estrellas. (149)
binary star A star system with two stars.

estrella de neutrones Restos pequeños y densos de una estrella de gran masa tras ocurrir una supernova. (146)
neutron star The small, dense remains of a high-mass star after a supernova.

F

fase Una de las distintas formas aparentes de la Luna vistas desde la Tierra. (22)
phase One of the different apparent shapes of the moon as seen from Earth.

fotósfera Capa más interna de la atmósfera solar que provoca la luz que vemos; superficie del Sol. (90)
photosphere The inner layer of the sun's atmosphere that gives off its visible light; the sun's surface.

fusión nuclear Unión de dos núcleos atómicos que produce un elemento con una mayor masa atómica y que libera una gran cantidad de energía; el proceso mediante el cual las estrellas producen energía. (89)
nuclear fusion The process in which two atomic nuclei combine to form a larger nucleus, forming a heavier element and releasing huge amounts of energy; the process by which energy is produced in stars.

G

galaxia Enorme grupo de estrellas individuales, sistemas estelares, cúmulos de estrellas, polvo y gases unidos por la gravedad. (152)
galaxy A huge group of single stars, star systems, star clusters, dust, and gas bound together by gravity.

galaxia elíptica Galaxia de forma redonda o semejante a una pelota desinflada, que generalmente sólo contiene estrellas viejas. (152)
elliptical galaxy A galaxy shaped like a round or flattened ball, generally containing only old stars.

galaxia espiral Galaxia con una protuberancia en el centro y brazos que giran en espiral hacia el exterior, como un remolino. (152)
spiral galaxy A galaxy with a bulge in the middle and arms that spiral outward in a pinwheel pattern.

galaxia irregular Galaxia que no tiene una forma regular. (152)
irregular galaxy A galaxy that does not have a regular shape.

geocéntrico Término que describe un modelo del universo en el cual la Tierra se encuentra al centro de los planetas y estrellas que circulan a su alrededor. (79)
geocentric Term describing a model of the universe in which Earth is at the center of the revolving planets and stars.

gigantes gaseosos Nombre que normalmente se da a los cuatro planetas exteriores: Júpiter, Saturno, Urano y Neptuno. (102)
gas giant The name often given to the outer planets: Jupiter, Saturn, Uranus, and Neptune.

gravedad Fuerza que atrae a los cuerpos entre sí; fuerza que mueve un cuerpo cuesta abajo. (19)
gravity The attractive force between objects; the force that moves objects downhill.

H

heliocéntrico Término que describe un modelo del universo en el cual la Tierra y los otros planetas giran alrededor del Sol. (80)
heliocentric Term describing a model of the solar system in which Earth and the other planets revolve around the sun.

I

inercia Tendencia de un cuerpo de resistirse a cambios de movimiento. (20)
inertia The tendency of an object to resist a change in motion.

L

lente convexa Lente que es más gruesa en el centro que en los extremos. (128)
convex lens A lens that is thicker in the center than at the edges.

ley de gravitación universal Ley científica que establece que todos los cuerpos del universo se atraen entre sí. (19)
law of universal gravitation The scientific law that states that every object in the universe attracts every other object.

ley de Hubble Observación que enuncia que mientras más lejos se encuentre una galaxia, se aleja con mayor rapidez. (155)
Hubble's law The observation that the farther away a galaxy is, the faster it is moving away.

longitud de onda Distancia entre dos partes correspondientes de una onda, por ejemplo la distancia entre dos crestas. (127)
wavelength The distance between two corresponding parts of a wave, such as the distance between two crests.

luz visible Radiación electromagnética que se puede ver a simple vista. (126)
visible light Electromagnetic radiation that can be seen with the unaided eye.

M

magnitud absoluta Brillo que tendría una estrella si estuviera a una distancia estándar de la Tierra. (139)
absolute brightness The brightness a star would have if it were at a standard distance from Earth.

magnitud aparente Brillo de una estrella vista desde la Tierra. (139)
apparent brightness The brightness of a star as seen from Earth.

mancha solar Área gaseosa oscura de la superficie solar, que es más fría que los gases que la rodean. (92)
sunspot A dark area of gas on the sun's surface that is cooler than surrounding gases.

marea La subida y bajada periódica del nivel de agua del océano. (29)
tide The periodic rise and fall of the level of water in the ocean.

marea muerta Marea con la mínima diferencia entre las mareas altas y bajas consecutivas. (30)
neap tide The tide with the least difference between consecutive low and high tides.

marea viva Marea con la mayor diferencia entre las mareas altas y bajas consecutivas. (30)
spring tide The tide with the greatest difference between consecutive low and high tides.

maria Áreas oscuras y llanas de la superficie lunar formadas por enormes flujos de lava antiguos. (33)
maria Dark, flat areas on the moon's surface formed from huge ancient lava flows.

masa Medida de cuánta materia hay en un cuerpo. (19)
mass A measure of how much matter is in an object.

materia oscura Materia que es muy abundante en el universo y no despide radiación electromagnética. (156)
dark matter Matter that does not give off electromagnetic radiation but is quite abundant in the universe.

meteorito Meteoroide que pasa por la atmósfera y toca la superficie terrestre. (115)
meteorite A meteoroid that passes through the atmosphere and hits Earth's surface.

meteoro Rayo de luz en el cielo producido por el incendio de un meteoroide en la atmósfera terrestre. (5, 115)
meteor A streak of light in the sky produced by the burning of a meteoroid in Earth's atmosphere.

meteoroide Un trozo de roca o polvo, generalmente más pequeño que un asteroide, que existe en el espacio. (33, 115)
meteoroid A chunk of rock or dust in space, generally smaller than an asteroid.

microgravedad Manifestación de la falta de pesadez al estar en órbita. (63)
microgravity The condition of experiencing weightlessness in orbit.

GLOSARIO

N

nebulosa Gran nube de gas y polvo en el espacio. (143)
nebula A large cloud of gas and dust in space.

notación científica Método matemático de escritura de números que usa la potencia de diez. (134)
scientific notation A mathematical method of writing numbers using powers of ten.

nube de Oort Región esférica de cometas que rodea al sistema solar. (111)
Oort cloud A spherical region of comets that surrounds the solar system.

núcleo 1. Orgánulo ovalado de una célula que contiene el material genético en forma de ADN y controla las distintas funciones celulares. **2.** Parte central de un átomo que contiene los protones y los neutrones. **3.** Centro denso e interior de un cometa. (113) **4.** Región central del Sol, donde ocurre la fusión nuclear. (89)
nucleus 1. In cells, a large oval organelle that contains the cell's genetic material in the form of DNA and controls many of the cell's activities. **2.** The central core of an atom which contains protons and neutrons. **3.** The solid inner core of a comet.
core The central region of the sun, where nuclear fusion takes place.

O

observatorio Edificio que contiene uno o más telescopios. (130)
observatory A building that contains one or more telescopes.

órbita Trayectoria de un cuerpo a medida que gira alrededor de otro en el espacio. (12)
orbit The path of an object as it revolves around another object in space.

órbita geoestacionaria Órbita en la que un satélite orbita alrededor de la Tierra a la misma velocidad que rota la Tierra y que, por lo tanto, permanece en el mismo lugar todo el tiempo. (66)
geostationary orbit An orbit in which a satellite orbits Earth at the same rate as Earth rotates and thus stays over the same place all the time.

P

paralaje Cambio aparente en la posición de un cuerpo cuando es visto desde distintos lugares. (132)
parallax The apparent change in position of an object when seen from different places.

penumbra Parte de la sombra que rodea su parte más oscura. (25)
penumbra The part of a shadow surrounding the darkest part.

percepción remota Recolección de información sobre la Tierra y otros cuerpos del espacio usando satélites o sondas. (66)
remote sensing The collection of information about Earth and other objects in space using satellites or probes.

peso Medida de la fuerza de gravedad que actúa sobre un objeto. (19)
weight A measure of the force of gravity acting on an object.

planeta Cuerpo que orbita alrededor de una estrella, que tiene suficiente masa como para permitir que su propia gravedad le dé una forma casi redonda, y que además ha despejado las proximidades de su órbita. (5, 84)
planet An object that orbits a star, is large enough to have become rounded by its own gravity, and has cleared the area of its orbit.

planeta enano Un cuerpo esférico que orbita alrededor del Sol, pero que no ha despejado las proximidades de su órbita. (84)
dwarf planet An object that orbits the sun and is spherical, but has not cleared the area of its orbit.

planetas telúricos Nombre dado normalmente a los cuatro planetas interiores: Mercurio, Venus, Tierra y Marte. (95)
terrestrial planets The name often given to the four inner planets: Mercury, Venus, Earth, and Mars.

planetesimal Uno de los cuerpos pequeños parecidos a asteroides que dieron origen a los planetas. (86)
planetesimal One of the small asteroid-like bodies that formed the building blocks of the planets.

Primera ley de movimiento de Newton Ley científica que establece que un cuerpo en reposo se mantendrá en reposo y un cuerpo en movimiento se mantendrá en movimiento con una velocidad y dirección constantes a menos que se ejerza una fuerza sobre él. (20)
Newton's first law of motion The scientific law that states that an object at rest will stay at rest and an object in motion will stay in motion with a constant speed and direction unless acted on by a force.

prominencia Enorme burbuja de gas rojiza que sobresale de la superficie solar, y conecta partes de las manchas solares. (92)
prominence A huge, reddish loop of gas that protrudes from the sun's surface, linking parts of sunspot regions.

protoestrella Nube de gas y polvo que se contrae, con suficiente masa como para formar una estrella. (143)
protostar A contracting cloud of gas and dust with enough mass to form a star.

pulsar Estrella de neutrones que gira rápidamente y produce ondas de radio. (146)
pulsar A rapidly spinning neutron star that produces radio waves.

Q

quásar Galaxia extraordinariamente luminosa y distante con un agujero negro gigante en el centro. (152)
quasar An enormously bright, distant galaxy with a giant black hole at its center.

R

radiación cósmica de fondo Radiación electromagnética que quedó del *Big bang*. (155)
cosmic background radiation The electromagnetic radiation left over from the big bang.

radiación electromagnética Energía transferida a través del espacio por ondas electromagnéticas. (126)
electromagnetic radiation The energy transferred through space by electromagnetic waves.

radiotelescopio Aparato usado para detectar ondas de radio de los cuerpos en el espacio. (130)
radio telescope A device used to detect radio waves from objects in space.

revolución Movimiento de un cuerpo alrededor de otro. (12)
revolution The movement of an object around another object.

rotación Movimiento giratorio de un planeta sobre su eje. (11)
rotation The spinning motion of a planet on its axis.

rover Pequeña sonda espacial robótica que puede desplazarse sobre la superficie de un planeta o sobre la Luna. (59)
rover A small robotic space probe that can move about the surface of a planet or moon.

S

satélite Cuerpo que orbita alrededor de un planeta. (5, 53)
satellite An object that orbits a planet.

secuencia principal Área diagonal en un diagrama de Hertzsprung-Russell que incluye más del 90 por ciento de todas las estrellas. (141)
main sequence A diagonal area on an Hertzsprung-Russell diagram that includes more than 90 percent of all stars.

sistema solar Sistema formado por el Sol, los planetas y otros cuerpos que giran alrededor de él. (83)
solar system The system consisting of the sun and the planets and other objects that revolve around it.

solsticio Uno de los dos días del año en el que el Sol alcanza la mayor distancia al norte o al sur del ecuador. (16)
solstice Either of the two days of the year on which the sun reaches its greatest distance north or south of the equator.

sonda espacial Nave espacial que tiene varios instrumentos científicos que pueden reunir datos e imágenes, pero que no tiene una tripulación. (59)
space probe A spacecraft that has various scientific instruments that can collect data, including visual images, but has no human crew.

GLOSARIO

supernova Explosión brillante de una estrella supergigante en extinción. (145)
supernova The brilliant explosion of a dying supergiant star.

T
---

telescopio Instrumento óptico que provee ampliaciones de los cuerpos lejanos. (128)
telescope An optical instrument that forms enlarged images of distant objects.

telescopio de reflexión Telescopio que usa un espejo curvado para captar y enfocar la luz. (128)
reflecting telescope A telescope that uses a curved mirror to collect and focus light.

telescopio de refracción Telescopio que usa lentes convexas para captar y enfocar la luz. (128)
refracting telescope A telescope that uses convex lenses to gather and focus light.

telescopio óptico Telescopio que usa lentes o espejos para captar y enfocar la luz visible. (128)
optical telescope A telescope that uses lenses or mirrors to collect and focus visible light.

transbordador espacial Nave espacial que puede llevar a una tripulación al espacio, volver a la Tierra, y luego volver a ser usada para el mismo propósito. (57)
space shuttle A spacecraft that can carry a crew into space, return to Earth, and then be reused for the same purpose.

U
---

umbra La parte más oscura de una sombra. (25)
umbra The darkest part of a shadow.

unidad astronómica Unidad de medida equivalente a la distancia media entre la Tierra y el Sol, aproximadamente 150 millones de kilómetros. (83)
astronomical unit A unit of distance equal to the average distance between Earth and the sun, about 150 million kilometers.

universo Todo el espacio y todo lo que hay en él. (134)
universe All of space and everything in it.

V
---

vacío Lugar en donde no existe materia. (63)
vacuum A place that is empty of all matter.

velocidad Rapidez en una dirección dada. (48)
velocity Speed in a given direction.

velocidad de escape Velocidad que debe alcanzar un cohete para salir del empuje gravitacional de un planeta o luna. (49)
escape velocity The velocity an object must reach to fly beyond a planet's or moon's gravitational pull.

velocidad orbital Velocidad que un cohete debe alcanzar para establecer una órbita alrededor de un cuerpo en el espacio. (49)
orbital velocity The velocity a rocket must achieve to establish an orbit around a body in space.

viento solar Flujo de partículas cargadas que emanan de la corona del Sol. (91)
solar wind A stream of electrically charged particles that emanate from the sun's corona.

Z
---

zona de convección Capa más superficial del interior del Sol. (89)
convection zone The outermost layer of the sun's interior.

zona radiactiva Región al interior del Sol de gases densamente acumulados y donde se transmite energía principalmente en la forma de radiación electromagnética. (89)
radiation zone A region of very tightly packed gas in the sun's interior where energy is transferred mainly in the form of electromagnetic radiation.

ÍNDICE

Los números de página de los términos clave están impresos en negrita.

A

Actividades interactivas. *Ver* Aplicación de destrezas
Agua
en la Tierra, 99
en Marte, 100, 120
Agujeros negros, 136, **147,** 162
Anillos, 103
de Saturno, 74–75, 107
Año luz, 134–135
Aplicación de destrezas
Actividades interactivas, 6–7, 9, 11, 12, 14, 16, 19, 23, 24, 26, 27, 30, 40–41, 47, 48, 53, 57, 72–73, 80, 81, 86, 87, 89, 90, 98, 99, 101, 105, 111, 113, 138, 140, 152–153, 155, 156, 162–163
¡Aplícalo!, 6, 24, 31, 35, 60, 64, 79, 101, 109, 114, 131, 138, 146, 155
El rincón de la ciencia
¡Adiós, Plutón!, 121
Agujeros negros, 162
Aprendices de astrónomos, 163
Después de Apolo: Explorar la Luna, 41
Llevar la cuenta del tiempo, 40
María Mitchell, 121
Rovers de Marte, 120
Un pasaje al espacio, por favor, 72
Vivir en el espacio: La tripulación de la expedición 18, 73
¡Usa las matemáticas!, 17, 21, 37, 49, 69, 83, 91, 117, 134, 153, 159
¡Aplícalo! *Ver* Aplicación de destrezas
Aprendizaje digital
Apply It!, 23, 33, 59, 65, 79, 97, 105
Art in Motion, 29, 86, 87, 157
Do the Math!, 15, 49
Interactive Art, 6, 15, 25, 27, 50, 51, 59, 67, 83, 84, 89, 90, 95, 103, 129, 134, 146
My Reading Web, 2, 3, 44, 45, 76, 77, 124, 125
My Science Coach, 5, 7, 9, 11, 13, 17, 19, 21, 24, 25, 27, 31, 35, 47, 49, 51, 53, 56, 57, 58, 61, 63, 65, 67, 69, 79, 81, 85, 87, 91, 93, 95, 97, 101, 103, 105, 109, 115, 117, 127, 131, 133, 135, 139, 141, 144, 147, 151, 153, 157, 159

Planet Diary, 4, 5, 10, 11, 18, 19, 22, 23, 28, 29, 32, 33, 46, 47, 52, 53, 62, 63, 78, 79, 82, 83, 88, 89, 94, 95, 102, 103, 110, 111, 126, 127, 132, 133, 136, 137, 142, 143, 148, 149, 154, 155
Untamed Science, xxii, 1, 42, 43, 74, 75, 122, 123
Virtual Lab, 19, 48, 49, 111, 112
Vocab Flash Cards, 3, 45, 77, 125
Aryabhata, 4
Asteroide, 114
Astrónomos, historia, 4, 79–81, 102, 122
Atmósfera
Júpiter, 104
Marte, 100
Mercurio, 96
Neptuno, 109
Sol, 90–91
Tierra, 99
Venus, 97

B

Brahe, Tycho, 81

C

Calendarios, 12–13, 40
Cambios estacionales
causas, 10, 14–16
y constelaciones, 8
mareas, 30–31
solsticios y equinoccios, 16
Carrera espacial, 52
Ciencia de los cohetes, 46–51
cohetes de múltiples etapas, 50–51
componentes, 48–49
historia, 46–47
Cinturón de asteroides, 111
Cinturón de Kuiper, 111, 112
Cohete, 46
Coma, 113
Cometas, 5, **113**
Comprensión a través del diseño. *Ver* Gran idea, la; Pregunta principal, la
Constelaciones, 6–8
Contaminación lumínica, 130
Copérnico, 80–81
Corona solar, 91
Cráteres lunares, 33

Cromósfera solar, 90
Cúmulos abiertos de estrellas, 150
Cúmulos de estrellas, abiertos y globulares, 150
Cúmulos globulares de estrellas, 150

D

Derivación espacial, 64–67
Destellos solares, 92
Destrezas de conocimiento científico
destrezas de proceso integradas
demuestra el comportamiento de un consumidor consciente, 67
desarrolla hipótesis, 35, 42, 74, 106, 122, xxii
evalúa el diseño, 130
identifica razonamientos erróneos, 131
plantea preguntas, 109
relaciona la evidencia con la explicación, 81
saca conclusiones, 21, 56, 63, 64, 137, 159
Destrezas de indagación. *Ver* Destrezas de indagación científica; Destrezas de conocimiento científico
Destrezas de indagación científica
destrezas de proceso básicas
calcula, 17, 83, 104, 134, 135, 153
clasifica, 69, 70, 92, 114, 153
comunica ideas, 4, 32, 52, 62, 88, 101, 102, 110, 126, 132, 136, 142, 148, 154
diseña soluciones, 100
haz modelos, 24, 60, 80, 155
infiere, 13, 14, 17, 23, 26, 30, 37, 67, 97, 127
observa, 5, 31, 133
predice, 8, 9, 17, 20, 37, 115, 118, 131, 144, 146, 147
Destrezas de lectura
destrezas clave de lectura
compara y contrasta, 19, 34, 35, 37, 58, 65, 69, 91, 98, 108, 115, 117, 118, 129, 145, 160
haz un esquema, 104
identifica la evidencia de apoyo, 83, 155

173

ÍNDICE

Los números de página de los términos clave están impresos en negrita.

identifica la idea principal, 8, 66, 137
pregunta, 20, 59, 128, 130
relaciona causa y efecto, 17, 29, 31, 37, 38, 69, 92, 93, 101, 115, 117, 149, 159
relaciona el texto y los elementos visuales, 25, 26, 33, 50, 53, 90, 99, 105, 111, 146, 152
resume, 55, 61, 65, 113, 134, 143, 144, 157
sigue la secuencia, 11, 12, 80, 85, 86, 131, 159
estrategias de apoyo para la lectura/el razonamiento
aplica conceptos, 12, 16, 69, 83, 89, 98, 113, 117, 139, 151, 159
define, 17, 65, 93, 151, 157
describe, 51, 56, 58, 109, 157
estima, 103
explica, 9, 13, 27, 37, 38, 49, 87, 93, 117, 135, 141, 144, 145
expresa opiniones, 61, 106, 109, 112
haz generalizaciones, 9, 15, 21, 38, 54, 69, 70, 85, 93, 107
haz una lista, 35, 67, 91, 153
identifica, 13, 21, 56, 147
interpreta datos, 31, 49, 84, 91, 95, 138
interpreta diagramas, 6, 11, 24, 29, 38, 49, 57, 118, 140, 141, 156, 157, 159
interpreta fotos, 109, 150
lee gráficas, 21, 70
marca texto, 8, 14, 29, 66, 83, 89, 137, 155
nombra, 101, 149
repasa, 31, 81, 115, 135, 141, 144, 153
resuelve problemas, 35, 96
Destrezas de proceso. *Ver* Destrezas de indagación científica; Destrezas de conocimiento científico
Destrezas de vocabulario
identificar familias de palabras, 44, 57
identificar significados múltiples, 2, 23, 31
origen de las palabras (griego o latino), 76, 90, 112
sufijos, 124, 128
Diagrama Hertzsprung-Russell (H-R), 140

Distancias astronómicas, 83, 122–123, 132–135

E

Eclipse binario, 149
Eclipse lunar, 26
Eclipse solar, 25, 91
Eclipses, lunar y solar, 25–26, 91
Efecto invernadero en Venus, 98
Eje de la Tierra, 11
y las estaciones, 14–15
El rincón de la ciencia. *Ver* Aplicación de destrezas
Elipse, 81
Empuje (de los cohetes), 48
Enanas blancas, 141, **145**
Energía oscura, 156
Equinoccio, 16
Espectro, 127, 138
Espectro electromagnético, 127
Espectrógrafo, 138
Estación espacial, 58
Estrella, 5, 136–153
ciclo de vida, 143–147
clasificación, 137–141
color y temperatura, 137, 140–141
composición química, 138
constelaciones, 6–8
magnitud, 139–141
masa, 144
medir distancias a las, 83, 122–123, 132–135
movimiento aparente de, 8
nombrar, 144
sistemas estelares y galaxias, 148–153
tamaño, 137
Estrellas binarias, 149
Estrellas de neutrones, 146
Evaluación
Evalúa tu comprensión, 7, 9, 13, 17, 19, 21, 24, 27, 31, 35, 47, 49, 51, 56, 58, 61, 63, 65, 67, 79, 81, 85, 87, 91, 93, 95, 101, 103, 109, 115, 127, 131, 133, 135, 139, 141, 144, 147, 151, 153, 157
Guía de estudio, 36, 68, 116, 158
Preparación para exámenes estandarizados, 39, 71, 119, 161
Repaso y evaluación, 37–38, 69–70, 117–118, 159–160

Exploración espacial
astronautas, 54–55, 62, 73
ciclo de vida de las estrellas, 142–147
clasificación de las estrellas, 137–141
con telescopios, 126–131
condiciones en el espacio, 62–63, 73, 82
del universo, 154–157
descubrimientos, 52, 56, 66, 73, 120
desde cohetes, 46–50
historia, 46–47, 52–59, 62, 72
medir distancias astronómicas, 83, 122–123, 132–135
sistemas estelares y galaxias, 148–157
tecnología relacionada con el espacio, 42, 46, 64–66, 72

F

Fases lunares, 22–24
Fotósfera solar, 90
Fuerza, 18
Fusión nuclear, solar, 89

G

Galaxias, 122–123, 152–155
movimiento de las, 154–155
tipos de, 152
Vía Láctea, 153
Galaxias espirales, 152
Galaxias irregulares, 152
Galileo Galilei, 32, 81
Gigantes gaseosos, 102
Ver también Planetas exteriores
Gran idea, la, xx–xxi
Gravedad, 18–**19**
en el espacio, 62–63
y las mareas, 29–30

I

Inercia, 20

J

Júpiter, 85, 104–105

K

Kepler, Johannes, 81

L

Lente convexa (telescopio), 128
Ley de gravitación universal, 19
Ley de gravitación universal de Newton, 19
Ley de Hubble, 155
Ley de movimiento, 20
Longitud de onda, 127
Luna (de la Tierra), 1, 5
    calendarios basados en la, 12, 40
    características, 32–34
    eclipses, 25–26
    exploración, 41, 54–55
    fases, 22–24
    y mareas, 29–30
    origen, 34
Lunas
    de Júpiter, 105
    de los planetas exteriores, 103
    de Marte, 101
    de Neptuno, 109
    de Saturno, 61, 107
    de Urano, 108
Luz visible, 126–127

M

Magnitud absoluta de las estrellas, 139
Magnitud aparente de las estrellas, 139
Magnitud de las estrellas, absoluta y aparente, 139
Mancha solar, 92
Mapas de estrellas, 6–7
Marea muerta, 30
Marea viva, 30
Mareas, 28, **29**–31
Maria lunar, 33
Marte, 100–101, 120
Masa, 19
Matemáticas. *Ver* Aplicación de destrezas
Materia oscura, 156

Medir distancias astronómicas, 83, 122–123, 132–135
Mercurio, 82, 96
Meteoritos, 115
Meteoroides, 33, 115
Meteoros, 5, 115
Microgravedad, 63
Mi diario del planeta
    Biografía, 4
    Blog, 22, 110, 148, 154
    Concepto erróneo, 10
    Datos curiosos, 28, 46, 94, 132
    Desastre, 88
    Descubrimiento, 52, 102, 142
    Profesión, 62, 78, 136
    Tecnología, 18, 82, 126
    Voces de la historia, 32
Mitchell, María, 121
Modelo geocéntrico, 79
Modelo heliocéntrico, 80
Movimiento
    de la Luna, 23–26
    de la Tierra, 11–12
    de las estrellas y el Sol, 8
    de los planetas, 9
    e inercia, 20
    y gravedad, 18–19
Movimiento orbital, 20

N

Nebulosa, 143
Neptuno, 85, 109
Nombrar cuerpos del espacio, 94
Notación científica, 134–135
Nube de Oort, 111
Núcleo de los cometas, 113
Núcleo solar, 89

O

Observatorio, 130
Órbita
    de la Tierra, **12**
    geoestacionaria, 66
Órbita geoestacionaria, 66

P

Paralaje de las estrellas, 132–133

Penumbra, 25
Percepción remota de los satélites, 66
Peso, 19
Planetas, 5, 84
    en sistemas estelares, 150
    enanos, **84**, 112
    exteriores, 86, 102–108
        Júpiter, 85, 102–105
        Neptuno, 85, 102–103, 109
        Saturno, 85, 102–103, 106–107
        Urano, 85, 102–103, 108
    interiores, 86, 95–101
        Marte, 84, 100–101, 120
        Mercurio, 82, 84, 96
        Tierra, 84, 99
        Venus, 84, 97–98
    movimiento aparente de los, 8
Planetas enanos, 84
Planetas exteriores, 102–109
    características, 85, 102–103
    formación de, 86
    Júpiter, 85, 102–105
    Neptuno, 85, 102–103, 109
    Saturno, 85, 102–103, 106–107
    Urano, 85, 102–103, 108
Planetas interiores, 95–101
    características, 84, 95–96
    formación, 86
    Marte, 84, 100–101, 120
    Mercurio, 82, 84, 96
    Tierra, 84, 99
    Venus, 84, 97–98
Planetas telúricos, 95
    Ver también Planetas interiores
Planetesimales, 86
Plutoides, 112
Plutón, 61, 84, 112, 121
Pregunta principal, la
    Aplica la Pregunta principal, 37–38, 69–70, 117–118, 159–160
    Descubre la Pregunta principal, 4, 10, 18, 22, 28, 32, 46, 52, 62, 78, 82, 88, 94, 102, 110, 126, 132, 136, 142, 148, 154
    Explora la Pregunta principal, 27, 67, 87, 150
    Introducción al capítulo, 1, 43, 73, 123
    Repasa la Pregunta principal, 36, 68, 116, 158
    Responde la Pregunta principal, 27, 67, 87, 151
Primera ley de movimiento de Newton, 20

175

ÍNDICE

Los números de página de los términos clave están impresos en negrita.

Prominencias, solares, 92
Protoestrella, 143
Pulsares, 146

Q

Quásares, 152

R

Radiación
    cósmica de fondo, 155
    electromagnética, 126, 127
Radiación cósmica de fondo, 155
Radiación electromagnética, 126, **127**
Radiotelescopio, 130
Revolución de la Tierra, 12
Rotación de la Tierra, 11
Rovers (sonda espacial) 59, 120

S

¿Sabías que...?, 19, 107, 130
Satélites
    artificiales, **53**
    naturales, **5**
Saturno, 74–75, 85, 102–103, 106–107
Secuencia principal (diagrama H-R), 141
Sistema solar, 83
    áreas del, 111
    asteroides, 114
    cometas, 113
    elementos, 83–85
    en la Vía Láctea, 153
    formación, 86
    meteoroides, 115
    modelos geocéntrico y heliocéntrico, 79–81
    planetas enanos, 112
    planetas exteriores, 102–109
    planetas interiores, 82, 95–101
    Sol, 83, 88–93
    Ver también Sol
Sistemas estelares, 148–153
    binarios, 149
    en cúmulos, 150
    en galaxias, 152–153
    y planetas, 150

Sol
    calendarios basados en el, 40
    características, 83, 88–93
    eclipses, 25–26, 91
    estructura, 89–90
    y las estaciones, 14–17
    y las fases de la luna, 23–24
    y las mareas, 30
    movimiento aparente del, 8
    solsticios y equinoccios, 16
    Ver también Sistema solar
Solsticio, 16
Sonda espacial, 59–61
Supernova, 142, 145

T

Telescopio de reflexión, 128
Telescopio de refracción, 128
Telescopio óptico, 128
Telescopios, 128
    y la radiación electromagnética, 126–127
    tipos de, 128–130
Teoría del *Big Bang*, 154–155
Tierra, 99
    movimiento de la, 11–12
Tolomeo, 79, 81
Transbordador espacial, 57

U

Umbra, 25
Unidad astronómica, 83
Universo, 134
    medir el, 133
    origen y expansión, 154–157
Urano, 85, 108
¡Usa las matemáticas! *Ver* Aplicación de destrezas

V

Vacío, 63
Velocidad, 48
Velocidad de escape de los cohetes, 49
Velocidad orbital, 49
Venus, 97–98
Vía Láctea, 148, 153
Viento solar, 91, 93

Z

Zona de convección solar, 89
Zona de laboratorio
    Actividad rápida de laboratorio, 7, 9, 13, 19, 21, 24, 27, 31, 35, 47, 49, 51, 56, 58, 61, 63, 67, 79, 81, 87, 91, 93, 95, 101, 103, 109, 115, 127, 131, 133, 135, 139, 141, 144, 147, 151, 153, 157
    Indagación preliminar, 4, 10, 18, 22, 28, 32, 46, 52, 62, 78, 82, 88, 94, 102, 110, 126, 132, 136, 142, 148, 154
    Investigación de laboratorio, 17, 65, 85, 131
Zona radiactiva solar, 89

RECONOCIMIENTOS

Reconocimientos al personal

Los miembros del equipo de *Ciencias interactivas,* en representación de los sevicios de producción, servicios de producción multimedia y diseño digital, desarrollo de productos digitales, editorial, servicios editoriales, manufactura y producción, se incluyen a continuación.
Jan Van Aarsen, Samah Abadir, Ernie Albanese, Gisela Aragón, Bridget Binstock, Suzanne Biron, MJ Black, Nancy Bolsover, Stacy Boyd, Jim Brady, Katherine Bryant, Michael Burstein, Pradeep Byram, Jessica Chase, Jonathan Cheney, Arthur Ciccone, Allison Cook-Bellistri, Vanessa Corzano, Rebecca Cottingham, AnnMarie Coyne, Bob Craton, Chris Deliee, Paul Delsignore, Michael Di Maria, Diane Dougherty, Kristen Ellis, Theresa Eugenio, Amanda Ferguson, Jorgensen Fernandez, Kathryn Fobert, Julia Gecha, Mark Geyer, Steve Gobbell, Paula Gogan-Porter, Jeffrey Gong, Sandra Graff, Adam Groffman, Lynette Haggard, Christian Henry, Karen Holtzman, Susan Hutchinson, Sharon Inglis, Marian Jones, Sumy Joy, Sheila Kanitsch, Courtenay Kelley, Chris Kennedy, Marjorie Kirstein, Toby Klang, Greg Lam, Russ Lappa, Margaret LaRaia, Ben Leveillee, Thea Limpus, Dotti Marshall, Kathy Martin, Robyn Matzke, John McClure, Mary Beth McDaniel, Krista McDonald, Tim McDonald, Rich McMahon, Cara McNally, Melinda Medina, Angelina Mendez, Maria Milczarek, Claudi Mimó, Mike Napieralski, Deborah Nicholls, Dave Nichols, William Oppenheimer, Jodi O'Rourke, Ameer Padshah, Lorie Park, Celio Pedrosa, Jonathan Penyack, Linda Zust Reddy, Jennifer Reichlin, Stephen Rider, Charlene Rimsa, Stephanie Rogers, Marcy Rose, Rashid Ross, Anne Rowsey, Logan Schmidt, Amanda Seldera, Laurel Smith, Nancy Smith, Ted Smykal, Emily Soltanoff, Cindy Strowman, Dee Sunday, Barry Tomack, Patricia Valencia, Ana Sofía Villaveces, Stephanie Wallace, Christine Whitney, Brad Wiatr, Heidi Wilson, Heather Wright, Rachel Youdelman

Fotografía

All uncredited photos copyright © 2011 Pearson Education.

Portadas
NASA

Páginas preliminares
Page vi, Tom Fox/Dallas Morning News/Corbis; **vii,** Corbis; **viii,** ESA/J. Clarke (Boston University)/Z. Levay (STScI)/NASA; **ix,** ESA/HEIC/Hubble Heritage Team (STScI/AURA)/NASA; **xi laptop,** iStockphoto.com; **xiii br,** JupiterImages/Getty Images; **xvi laptop,** iStockphoto.com; **xx bkgrnd,** NASA; **xx earth,** Apollo 17 Crew/NASA; **xxi l,** NASA Marshall Space Flight Center Collection; **xxi r,** ESA/CXC/JPL-CalTech/NASA.

Capítulo 1
Page 1 spread, Tom Fox/Dallas Morning News/Corbis; **3 b,** Space Frontiers/Getty; **3 full moon,** John W. Bova/Photo Researchers, Inc.; **3 quarter moon,** John W. Bova/Photo Researchers, Inc.; **3 crescent moon,** John W. Bova/Photo Researchers, Inc.; **4** The Inter-University Centre for Astronomy and Astrophysics, Pune, India; **5 bkgrnd,** UVimages/Amana Images/Corbis; **5 l inset,** NASA; **5 m inset,** NASA; **5 r,** T. Rector (University of Alaska Anchorage), Z. Levay and L. Frattare (Space Telescope Science Institute) and National Optical Astronomy Observatory/Association of Universities for Research in Astronomy/National Science Foundation/Solar System Exploration/NASA; **8 bkgrnd,** Ted Spiegel/Corbis; **9,** Frank Zullo/Photo Researchers, Inc.; **10 t,** Robert Harding Picture Library Ltd/Alamy; **10 b,** John White Photos/Alamy; **13 tl,** Ragab Papyrus Institute Cairo/Gianni Dagli Orti/The Art Archive/The Picture Desk; **13 tr,** Dea/A. Dagli Orti/Getty Images; **13,** Science Museum Pictorial/SSPL; **17,** Gavin Hellier/Photolibrary Group; **18–19 spread,** Paul & Lindamarie Ambrose/Getty Images; **22 moon series,** Jeff Vanuga/Corbis; **22,** UV Images/Amana Images/Corbis; **24 l,** Eckhard Slawik/Photo Researchers, Inc.; **24 ml,** John W. Bova/Photo Researchers, Inc.; **24 m** John W. Bova/Photo Researchers, Inc.; **24 mr,** John W. Bova/Photo Researchers, Inc.; **24 r,** John W. Bova/Photo Researchers, Inc.; **25,** Space Frontiers/Getty; **26 lunar eclipse;** Fred Espenak/Photo Researchers, Inc.; **28 l and r,** Michael P. Gadomski/Science Source; **31,** David Chapman/Photolibrary New York; **32 m,** Omikron/Photo Researchers, Inc.; **32–33 spread,** JPL/USGS/NASA; **34 earth in chart,** NASA Langley Research Center; **34 moon in chart,** JPL/USGS/NASA; **34–35 spread,** Apollo 11 Image Library/NASA; **36 br,** Omikron/Photo Researchers, Inc.

Sección especial
Page 40 ml, Andy Crawford/University Museum of Archaeology and Anthropology, Cambridge/Dorling Kindersley; **40 tl,** iStockphoto.com; **40 bl,** iStockphoto.com; **41 bl,** NASA; **41 bkgrnd,** NASA.

Capítulo 2
Pages 42–43 spread, Donald Miralle/Getty Images; **45 c1,** NASA/AP Images; **45 c2,** NASA; **45 b,** Photomorgana/Corbis/Photolibrary New York; **46,** Yesikka Vivancos/epa/Corbis; **47,** U.S. Civil Air Patrol/NASA; **49,** Mark Scheuern/Alamy; **52,** David Seal/NASA; **53 t,** NASA/Science Photo Library, **53 cr,** NASA, **53 cl,** Ria Novosti/Science Photo Library; **53 br,** Detlev van Ravenswaay/Science Photo Library; **53 bl,** Sovfoto/Eastfoto; **54 bl,** Hulton Archive/Getty Images; **54 tl,** RGB Ventures LLC dba SuperStock/Alamy; **54–55 footprints,** NASA; **55 b,** Corbis; **54–55 bkgrnd,** NASA; **55 tl,** Science Source; **56,** John Frassanito & Associates; **60 t,** NASA/Johns Hopkins University Applied Physics Laboratory/Southwest Research Institute/Photo Researchers, Inc.; **60 b,** Roger Arno/NASA; **61 b,** JPL/NASA; **61 tr,** David Ducros/Science Photo Library/Photo Researchers, Inc.; **62,** NASA/Science Photo Library; **63,** UPI Photo/NASA; **64 tl,** William King/Getty Images; **64 girl with cell phone,** Mark Andersen/Rubberball; **64 satellite,** NASA/AP Images; **64 astronaut,** AP Photo/NASA; **64 shoes,** iStockphoto.com; **65 tr,** Terry Vine/Getty Images; **65 headphones,** Photomorgana/Corbis/Photolibrary New York; **65 m,** Mehau Kulyk/Photo Researchers, Inc.; **65 shoes,** NASA Human Spaceflight Collection; **66 inset,** Joe Raedle/Getty Images; **66 b,** Frans Lanting/Corbis; **67 inset b,** Steven Puetzer/Getty Images; **67 b,** Robert Nickelsberg/Getty Images; **67 2nd from top,** Colin Anderson/Blend Images/Corbis; **67 t,** John Tomaselli/Alamy; **68 t,** Mark Scheuern/Alamy; **68 m,** Roger Arno/NASA; **68 b,** Robert Nickelsberg/Getty Images.

Sección especial
Pages 72–73 all, NASA.

177

Capítulo 3
Pages 74–75 spread, ESA/J. Clarke (Boston University)/ Z. Levay (STScI)/NASA; **77 b,** JPL/Caltech/T. Pyle (SSC)/NASA; **77 t,** NASA Lunar and Planetary Laboratory; **78 r,** Walter Myers; **78 l,** Walter Myers; **80 r,** Detlev van Ravensway/Photo Researchers, Inc.; **80 l,** Crawford Library/Royal Observatory, Edinburgh/Photo Researchers, Inc.; **81 r,** Pictorial Press Ltd/Alamy; **81 l,** SPL/Photo Researchers, Inc.; **82,** Johns Hopkins University Applied Physics Laboratory/NASA; **84 b,** Friedrich Saurer/Alamy; **84–85 middle row,** NASA Lunar and Planetary Laboratory; **85,** NASA Lunar and Planetary Laboratory; **87,** NASA Lunar and Planetary Laboratory; **88,** LOOK Die Bildagentur der Fotografen GmbH/Alamy; **90 bkgrnd,** Space Frontiers/Hulton Archive/Getty Images; **90–91 sun,** NASA Solar and Heliospheric Observatory Collection; **92 r,** SOHO/ESA/NASA; **92 l,** SOHO-EIT Consortium/ESA/NASA; **94 Frida Kahlo,** Bettmann/Corbis; **94 Venus,** Magellan Project/JPL/NASA; **94 Helen Keller,** Bettmann/Corbis; **94 Sojourner Truth,** Library of Congress Department of Prints and Photographs [LC-USZ62-119343]; **95 Mercury,** Messenger Teams/Johns Hopkins University Applied Physics Laboratory/NASA; **95 Venus,** Magellan Project/JPL/NASA; **95 Earth,** Apollo 17 Crew/NASA; **95 Mars,** NASA; **96 Mercury,** Messenger Teams/Johns Hopkins University Applied Physics Laboratory/NASA; **96 Earth,** Apollo 17 Crew/NASA; **97 Venus,** NASA; **97 Earth,** Apollo 17 Crew/NASA; **97 Venus surface,** JPL/USGS/NASA; **97 tl,** NASA; **100 b,** Mars Exploration Rover Mission/JPL/NASA; **100 lander,** JPL/CalTech/NASA; **100 Mars,** NASA; **100 Earth,** Apollo 17 Crew/NASA; **100 Mars,** NASA; **101,** Goddard Space Flight Center Scientific Visualization Studio, and Virginia Butcher (SSAI)/NASA; **102,** Judy Dole/The Image Bank/Getty Images; **103 Jupiter,** JPL/NIX/NASA **103 Saturn,** JPL/NASA; **103 Uranus,** ESA/L. Sromovsky (University of Wisconsin–Madison)/ H. Hammel (Space Science Institute)/K. Rages (SETI)/NASA; **103 Neptune,** NASA; **104 r,** JPL/NASA; **104 tr,** Apollo 17 Crew/NASA; **104 tl,** JPL/NIX/NASA; **105 bkgrnd,** NASA; **106 Saturn,** JPL/NASA; **106 Titan,** JPL/University of Arizona/NASA; **106 Iapetus,** JPL/Space Science Institute/NASA; **106 Mimas,** JPL/NASA; **107 br,** JPL/Space Science Institute/NASA; **107 bl,** Science Source/Photo Researchers Inc.; **107 tl,** Apollo 17 Crew/NASA; **107 t,** JPL/NASA; **108 b,** Lawrence Sromovsky, University of Wisconsin–Madison/W. M. Keck Observatory; **108 tr,** Apollo 17 Crew/NASA; **108 tl,** ESA/L. Sromovsky (University of Wisconsin–Madison)/H. Hammel (Space Science Institute)/K. Rages (SETI)/NASA; **109 b,** L. Sromovsky/P. Fry (University of Wisconsin–Madison)/NASA; **109 tl,** Apollo 17 Crew/NASA; **109 tr,** NASA; **110 bkgrnd,** Alan Sirulnikoff/Getty Images; **110 inset,** Courtesy Haley West; **112,** Detlev van Ravensway/Photo Researchers, Inc.; **113,** Jerry Lodriguss/Photo Researchers, Inc.; **114 inset,** JPL/NASA; **114 bkgrnd,** JPL/ Caltech/T. Pyle (SSC)/NASA; **115,** Paolo Koch/Photo Researchers, Inc.; **116 t,** SOHO-EIT Consortium/ESA/NASA; **116 br,** Jerry Lodriguss/Photo Researchers, Inc.; **116 bl,** JPL/NIX/NASA.

Sección especial
Page 120 bkgrnd, JPL/Cornell University/NASA; **121 tr,** Maria Mitchell Association; **121 br,** NASA.

Capítulo 4
Page 122 spread, JPL-CalTech/STScI/Vassar/NASA; Photo Researchers, Inc.; **125 b, bkgrnd** Bojan Pavlukovic/Shutterstock; **125 c1,** CXC/MIT/UMass Amherst/M.D. Stage/NASA Chandra Space Telescope Collection; **125 t,** David Parker/Photo Researchers, Inc.; **125 c2,** Photograph by David Malin/© 1980-2002, Anglo-Australian Observatory; **126,** Chip Simons/Getty Images; **127 t,** Bjorn Rorslett/Science Photo Library/Photo Researchers; **127 br,** Bjorn Rorslett/Science Photo Library/Photo Researchers; **127 bl,** Don Farrall/Getty; **128 bkgrnd,** Gerard Lodriguss/Photo Researchers; **129 sombrero galaxy,** The Hubble Heritage Team (STScI/AURA)/NASA; **129 Hubble telescope,** NASA Hubble Space Telescope Collection; **129 supernova remnant,** CXC/Rutgers/J. Warren et al.; Optical: NASA/STScI/U. Ill./Y. Chu; Radio: ATCA/U. Ill./J. Dickel/NASA; **129 Cone Nebula,** H. Ford (JHU)/G. Illingworth (UCSC/LO)/M. Clampin (STScI)/G. Hartig (STScI)/ACS Science Team/ESA/NASA; **129 large magellanic cloud,** ESA, HEIC, and The Hubble Heritage Team (STScI/AURA)/NASA; **130 b,** David Parker/Photo Researchers, Inc.; **130 t,** Matt York/AP Images; **132,** Science Source/Photo Researchers, Inc.; **135 Earth,** NASA; **135 sun,** SOHO/ESA/NASA; **135 Andromeda Galaxy,** Chris Cook/Science Source; **135 Alpha Centauri,** Eckhard Slawik/Photo Researchers, Inc.; **136,** NASA/CXC/M. Weiss; Spectra: NASA/CXC/SAO/J. Miller, et al./NASA Chandra Space Telescope Collection; **138–139 spread,** Data Copyrights ESA/ESO/NASA FITS Liberator/NASA Digitized Sky Survey; **141,** Larry Landolfi/Photo Researchers, Inc.; **142,** ESA/CXC/JPL-CalTech/J. Hester and A. Loll (Arizona State Univ.)/R. Gehrz (Univ. Minn.)/STScI/NASA; **143,** ESA/The Hubble Heritage Team/NASA; **145 bkgrnd,** European Space Agency and Justyn R. Maund (University of Cambridge)/NASA; **145 inset,** CXC/MIT/UMass Amherst/M.D. Stage/NASA Chandra Space Telescope Collection; **148 bkgrnd,** Kuiper Airborne Observatory/NASA; **150 b,** Mpia-hd, Birkle, Slawik/Photo Researchers, Inc.; **150 t,** JPL/NASA; **151 r,** Ken Biggs/Photo Researchers, Inc.; **151 l,** ESA/C. Carreau/NASA; **152 b,** Photograph by David Malin/© 1980-2002, Anglo-Australian Observatory; **153 tl,** Photograph by David Malin/© 1980-2002, Anglo-Australian Observatory; **153 tr,** Science Source/Photo Researchers, Inc.; **153 b,** JPL-CalTech/T. Pyle (SSC)/NASA; **154,** ESA/The Hubble Heritage Team/NASA; **154,** Eliot J. Schechter/Getty Images; **155 bl,** NASA; **156–157 bkgrnd,** Bojan Pavlukovic/Shutterstock; **158 tr,** NASA.

Sección especial
Page 162, NASA; **163,** Mike Brinson/The Image Bank/Getty Images.

toma nota
Este espacio es perfecto para dibujar y tomar notas.

Puedes escribir en el libro.
Es tuyo.

toma nota
Este espacio es perfecto para dibujar y tomar notas.

Puedes escribir en el libro.
Es tuyo.

toma nota

Este espacio es perfecto para dibujar y tomar notas.

Puedes escribir en el libro.
Es tuyo.

toma nota
Este espacio es perfecto para dibujar y tomar notas.

Puedes escribir en el libro.
Es tuyo.

toma nota

Este espacio es perfecto para dibujar y tomar notas.

Puedes escribir en el libro.
Es tuyo.